beck **sche**
reihe

b **sr**

Die Globalisierung ist die zentrale Herausforderung unserer Epoche. Doch spätestens seit den gewalttätigen Protesten von Seattle und Genua und der Etablierung des Weltsozialforums in Porto Alegre sind die «Globalisierungskritiker» zu einer ernst zu nehmenden sozialen Bewegung geworden, die immer mehr Anhänger findet. Die umfassende wirtschaftliche und finanzielle Verflechtung wird – zumindest in ihrer neoliberalen Form – nicht mehr als selbstverständlich hingenommen. Weltweit haben Kritiker auf die Probleme der sozial-, umwelt- und entwicklungspolitischen Globalisierung aufmerksam gemacht und eine «Umkehr der Beweislast» erzwungen.

Claus Leggewie, einer der besten Kenner der «Szene», bietet einen konzisen Überblick über die verschiedenen Richtungen der Globalisierungskritik, über Perspektiven und Chancen einer «besseren Welt» sowie über Möglichkeiten und Grenzen der neuen außerparlamentarischen Opposition.

Claus Leggewie, geb. 1950, ist Professsor für Politikwissenschaft und Direktor des Zentrums für Medien und Interaktivität in Gießen.

Claus Leggewie

Die Globalisierung und ihre Gegner

Verlag C.H.Beck

Originalausgabe

© Verlag C.H. Beck oHG, München 2003
Satz: Fotosatz Reinhard Amann, Aichstetten
Druck und Bindung: Druckerei C.H. Beck, Nördlingen
Umschlagabbildung: http://nyc.indymedia.org
Umschlagentwurf: +malsy, Bremen
Printed in Germany
ISBN 3 406 47627 9

www.beck.de

Inhalt

Einleitung:
Eine bessere Welt ist möglich

Ende Januar auf dem Marktplatz von Porto Alegre im Süden Brasiliens. Es ist angenehm warm, immer mehr Menschen strömen herbei, die einen locker schlendernd mit bunten Umhängetaschen, andere entschiedenen Schrittes unter Fahnen und Transparenten. Von den Ladeflächen ihrer Lieferwagen ringen zwei Fraktionen per Megaphon um die Platzherrschaft, und auch wer des Portugiesischen nicht mächtig ist, bekommt mit, dass hier der Narzissmus der kleinsten Differenz herrscht. Wir ziehen uns in die obere Etage der schönen alten Markthalle zurück und schauen dem bunten Treiben aus dem geöffneten Fenster zu. Der Zug setzt sich in Bewegung, und wir, eine Hand voll deutscher Sozialforscher, reihen uns ein, flanieren mit durch breite, baumbestandene Boulevards hinaus auf den großen Messeplatz am Rio Guaíba, vorbei an einem gerade vom *Movimento dos Trabalhadores Rurais Sem Terra*, der Bewegung der Landlosen, besetzten Haus.

Viele Passanten schauen dem Aufmarsch freundlich zu, der ihre Stadt weltbekannt gemacht hat. Es handelt sich ja nicht um ein örtliches Meeting, sondern um den Auftakt zum *Forum Social Mundial*, dem seit 2001 regelmäßig in der südbrasilianischen Millionenstadt tagenden Weltsozialforum. Es entstand in Konkurrenz zum *World Economic Forum*, das die selbst ernannten Wirtschaftseliten mit politischen Führern zusammenbringt – «leaders of the universe» nannte eine Wirtschaftszeitung diesen elitären Club einmal, der zur gleichen Stunde tagt. Das Weltsozialforum hat sich mittlerweile zu einer autonomen Veranstaltung der «Globalisierungsgegner» entwickelt, wie die Presse die transnationale Protestbewegung gegen den (ebenso pauschal etikettierten) «Neoliberalismus» getauft hat. Tausende haben sich jetzt auf dem Rasen des Versammlungsplatzes niedergelassen. Nicht besonders konzentriert lauschen sie den Eröffnungsreden, nehmen einen Imbiss bei den fliegenden Händlern und schielen neugierig auf die Namensschilder, die sich die meisten hier angesteckt haben. So trifft man brasilianische Gewerkschaftler, Frauenrechtlerinnen aus Togo, Abgesandte einer amerikanischen Graswurzelorganisation und, noch in Anzug und Krawatte, den aus Südostasien eingeflogenen NRO-Vertreter, den grünen Europaparlamentär und Delegierte einer katholischen Eine-Welt-Gruppe aus Costa Rica. Hier schwenken Argentinier blau-weiße Fahnen mit dem Konterfei ihres toten Landsmanns Ernesto «Che» Guevara, dort weht die palästinensische Flagge. Schnauzbärtige Funktionäre der Arbeiterpartei, die diese Stadt seit langem regiert, betätigen sich als Ordner, schwarze Landarbeiter verteilen Flugblätter und hellhäutige Engländerinnen werben für den Schuldenerlass in der Dritten Welt, dazwischen streifen Einzelkämpfer in Karnevalskostümen und Stelzengänger umher.

So bunt und gelassen und vor allem neugierig und lernwillig wird es in Porto Alegre eine Woche lang zugehen, in den riesigen Hörsälen der Päpstlichen Universität wie im Stadion des Armeesportvereins, das notdürftig zur Diskussionsarena umfunktioniert wurde, und in vielen kleinen Gesprächsrunden über die ganze Stadt verteilt. Das Weltsozialforum ist eine Mischung aus Sommeruniversität und alternativem Kirchentag, aus Teach-in und Dauerdemo, worin viele alte und neue Protestkulturen aus aller Welt aufgegangen sind. Viele Tonarten sind hier zu hören: das Agitationsstakkato der Landarbeiter, die spröde, fast emotionslos vorgetragene Polemik des amerikanischen Campus-Intellektuellen und die messerscharfe Rhetorik einer smarten Bewegungsadvokatin aus Kalifornien, der selbstverliebte Monolog eines *Open-Source*-Aktivisten. Diese enorme Spannbreite ist das kulturelle, vielleicht auch politische Kapital eines weltdemokratischen Aufbruchs, die seine Wissensunterschiede egalitär und respektvoll behandelt und seine strategischen Divergenzen klug latent hält.

Das übergreifende Motto lautet: *Um outro mundo é possivel* (Eine andere Welt ist möglich). Das klingt scheu, fast anti-utopisch und lässt offen, ob diese andere Welt auch eine bessere sein wird. Doch eine Versammlung, die unter diesem hoffnungsvollen Slogan Tausende aus aller Welt vereint, ist an sich schon beeindruckend, da man genug Gründe hätte, am Zustand der Welt zu verzweifeln, wenige Wochen nach dem Elften September und am Beginn eines langen «Krieges gegen den Terror». Im Nachbarland Argentinien verdörren die Rinderweiden, in seinen einstmals prächtigen Städten hungern Menschen, viele Junge retten sich in die reichen Länder des

Nordens, wo das soziale Netz ebenfalls reißt und Millionen schlicht für überflüssig erklärt werden. Selbst auf dem Gelände der Päpstlichen Universität gab es eine wilde Schießerei mit Bankräubern, während sich gleich nebenan die Erlebniskaufhäuser aufreihen, wo reichere Leute ganze Tage verbringen und sich im Schutz bewaffneter Privatpolizei sicherer fühlen als daheim.

Diese Kontraste werfen ein Licht auf die Globalisierung, wie wir sie kennen, und dazu, sagen ihre Propagandisten in New York (wo das *World Economic Forum* dieses Mal tagt) gibt es keine Alternative: Mehr Freihandel bringt mehr Wachstum bringt mehr Freiheit bringt mehr Demokratie. An solche Glaubenssätze und Selbstüberredungen will unter den Kritikern in Porto Alegre keiner mehr glauben, auch nicht in der kleinen deutschen Delegation, die abends im Goethe-Institut Bilanz zieht. Die deutsche Sektion von Attac ist hier vertreten, ebenso der Deutsche Gewerkschaftsbund und kirchliche Gruppen beider christlicher Konfessionen, während Journalisten diesen «Basis-Gipfel» nicht so wichtig fanden, vermutlich, weil nur eine Hand voll Parteipolitiker (keine Grünen!) angereist war und der deutsche Bundeskanzler das Waldorf Astoria in New York vorgezogen hatte.

Der Autor war 2002 als professioneller Beobachter nach Porto Alegre eingeladen, aber wohl auch als jemand, der seine Zustimmung zu Zielen der hier versammelten «Globalisierungsgegner» zu erkennen gegeben hatte.[1] Passt das zusammen? Teilnahme und Beobachtung, lernt man im ersten Semester, vertragen sich schlecht, aber oft waren Sozialforscher, die soziale Prozesse und Bewegungen studierten, *teilnehmende* Beobachter, waren sie Wissenschaftler und Moralisten, Bürger und Experten in einer Person. Wissenschaftler sollen *sine ira et studio* an ihren Gegenstand herangehen, ihr Geschäft ist die Kritik und sie dürfen sich eine Bewegung auf keinen Fall «schön schreiben» – ganz gleich, ob man gerade Globalisierungsgegner oder Rechtsradikale untersucht. Aber zugleich war ich als Bürger hier, um nicht zu sagen: als Welt-Bürger, der sich genauso für eine «andere Welt» einsetzt, für eine Weltordnung, die gerechter, nachhaltiger, vielfältiger und demokratischer ist. Dieses Engagement bewegt mich noch länger als die Wissenschaft von der Politik, und manche der in Porto Alegre anwesenden Kollegen beschränken sich ebenso wenig darauf, eine private Meinung zum Thema zu haben, sondern sie stellen sich dieser Bewegung als Berater zur Verfügung. Als «Experte» wird man leicht vereinnahmt und setzt sich dem Vorwurf des «professoralen Geschwätzes» aus. Dabei ist es völlig legitim, wenn Professoren etwa in der Enquête-Kommission des Deutschen Bundestages zur «Globalisierung der Weltwirtschaft – Herausforderungen und Antworten» ihr Votum abgeben, wenn sie eng mit Nicht-Regierungs-Organisationen zusammenarbeiten oder (wie ich selbst) im Wissenschaftlichen Beirat von Attac-Deutschland tätig sind.

Darf man analysieren, worin man selbst mit Herz und Verstand involviert ist, und kann man andererseits eine Bewegung analysieren, ohne sie auszuforschen? Auf jeden Fall muss man sich besonders streng einem Dauerproblem der Sozialforschung stellen, das Norbert Elias vor einem halben Jahrhundert in die Formel «Engagement und Distanzierung» gekleidet hat. Der französische Soziologe Pierre Bourdieu, der Protestgruppen wie Attac nachhaltig inspirierte, hat dazu aufgerufen, die «geheiligte Grenze zwischen Kompetenz und Engagement zu überwinden» (BZ 10./11.6. 2000). Wissenschaft ist in der Tat keine privilegierte Praxis, aber der Respekt vor ihren Konventionen schützt davor, die Komplexität der sozialen Welt übermäßig zu reduzieren, und sie hilft, die «Standards der Autonomie und Adäquatheit im Nachdenken über soziale Ereignisse zu heben und sich selbst die Disziplin größerer Distanzierung aufzuerlegen» (Elias 1983,58).

Als Leserinnen und Leser dieses Buches stelle ich mir vor allem das «allgemein interessierte Publikum» vor; soziologische Zeitdiagnose und politische Bildung zählen zu den leider vernachlässigten Aufgaben meines Faches, der Politikwissenschaft. Wer fundiert mitreden will, sollte aber beispielsweise wissen, was im Herbst 1999 in Seattle jenseits der Krawall-Bilder geschah, welche Ideen sich hinter dem seltsamen Kürzel Attac verbergen und welche Probleme beispielsweise das TRIPS-Abkommen der Welthandelsorganisation aufwirft. Zugleich erhoffe ich mir den konstruktiven Dialog mit der Protestbewegung selbst[2], vor allem, was ihre eigene demokratische Legitimation angeht und Gefahren betrifft, die man mit den drei großen P's umschreiben könnte: Protektionismus, Populismus, Pazifismus. Und schließlich möchte ich einen Beitrag leisten zur Erforschung transnationaler Bewegungen und Politik und im Anschluss an die vor allem englischsprachige Literatur zum Thema[3] eigene Vorarbeiten zusammenfassen. Die am Schluss des Buches formulierten Ergebnisse sind vorläufig, und sie können als Hypothesen für weitere empirische Untersuchungen und konzeptionelle Überlegungen dienen.

Meine Überlegungen beginnen im *ersten Abschnitt* mit einer Revision des unbrauchbar, aber wohl unumgänglich gewordenen Schlagwortes «Globalisierung», das eine bestimmte Art weltwirtschaftlicher Verflechtung und zugleich deren ideologische Bemäntelung umschreibt. Im *ersten Kapitel* werde ich sie genauer und breiter definieren als *Entgrenzung der Staatenwelt, kulturelle Hybridität und Glokalisierung*, womit die Verschränkung der lokalen mit der globalen Ebene gemeint ist. Im *zweiten Kapitel* gehe ich ein auf die *Oppositionen* zur «Globalisierung, wie wir sie kannten», das heißt: zu der bis vor kurzem als ebenso irreversibel beschriebenen Welt-Tendenz. Man kann sie in *fünf Varianten* unterteilen: Nationalpopulismus, religiöse Transzendenz, Insider-Reformismus, weltweiter Straßenprotest, Neo-Marxismus.

Damit wird auch der Titel dieses Buches näher erläutert: *Die Globalisierung und ihre Gegner*. Pauschal als «Anti-Globalisierungs-Bewegung» wurden die Demonstranten gegen die Gipfeltreffen transnationaler Regime tituliert, exemplarisch bei der Konferenz der World Trade Organisation (WTO) in Seattle im November 1999 und beim G 8-Gipfel in Genua im Sommer 2001, obwohl die meisten nicht gegen eine Öffnung der Grenzen waren, sondern sich gegen eine exklusive, eine auf die globale Finanzwirtschaft beschränkte Entgrenzung der Welt wandten. In der Berichterstattung über das Weltsozialforum in Porto Alegre 2002 setzte sich dann schon die Formulierung «Globalisierungskritiker» durch. Die semantische Umstellung brachte zum Ausdruck, dass keine bisherige soziale Bewegung kosmopolitischer war als diese und man im übrigen schwerlich gegen etwas sein kann, dem man selbst angehört oder wozu man so intensiv beiträgt. So treffend dies die rationale und intellektuelle Herangehensweise vieler Kritiker beschreibt, so matt und kraftlos wirkt sie im politischen Kampf um die Begriffe und die Macht. Auf diesem Gebiet konstruiert man leidenschaftliche Gegensätze und Verhältnisse von Gegnerschaft, ja Feindschaft, und dazu haben soziale Bewegungen – nicht zuletzt die bürgerlichen Revolutionen im 18. und 19. Jahrhundert – regelmäßig auf Mittel zurückgegriffen, die jenseits von gewaltfreiem Protest und zivilem Ungehorsam lagen. Ob und wie rationaler Diskurs und Mi-

litanz, leidenschaftlicher Protest und kühle Expertise, die alarmisti-
sche Pose des «Fünf-vor-zwölf» und das «beharrliche Bohren dicker
Bretter» zusammenpassen, welche Identität und Außenwirkung die
Globalisierungsgegner haben und wie sie eventuell zu einem Weltbürgertum in nuce beitragen, wird im *zweiten Abschnitt* erörtert. In
Kapitel 3 beschäftige ich mich mit den Nicht-Regierungs-Organisationen (NRO), die sich vor allem in der Lobby internationaler
Organisationen und am Verhandlungstisch von Konferenzen betätigen. *Kapitel 4* widmet sich den transnationalen sozialen Bewegungen (TSB), die sich stärker auf die «Straße» und die mediale Spiegelung dieses Auftritts im Fernsehen konzentrieren. NRO und TSB
bilden den Gegenpol zu den Institutionen transnationaler Politik,
wie sie sich beispielhaft in Gestalt der WTO, im Internationalen
Währungsfonds (IWF) und in der Weltbank herausgebildet haben.
Hier verlaufen Konfliktlinien einer Politik jenseits der Nationalstaaten, in diesem ungewohnten Feld bilden sich die öffentlichen
und privaten Netzwerke des Regierens in entgrenzten Räumen. Im
Kapitel 5 werfe ich die «demokratische Frage» auf und damit das Paradox, dass die Kritiker der Globalisierung mannigfache Demokratiedefizite inter- und supranationaler Herrschaftsregime offen gelegt
haben, aber genau wie diese selbst einem solchen unterliegen. Die
Herausforderung besteht also darin, ob NRO und TSB nicht nur
zur Re-Politisierung der Weltwirtschaft beitragen, sondern auch die
Demokratisierung transnationaler Politik befördern können.

Das *Schlussresümee* befasst sich mit praktisch-politischen Pro-
blemen der «Verortung» der Protestbewegung, zum einen in der In-
nenpolitik westlicher Demokratien, wie also die außerparlamentarischen Protestbewegungen zu den *Reformregierungen der linken
Mitte* (Sozialdemokratie, Grüne und Umweltparteien, Post-Kommunisten) und generell zu den Verkehrsformen demokratischer
Politik in Parteien und Parlamenten stehen, zum anderen im Verhältnis zu dem seit dem Elften September deutlich gewordenen
Hegemonialstreben der Vereinigten Staaten. Unilaterale Sicherheitspolitik durchkreuzt offensichtlich Bestrebungen einer «anderen Globalisierung», oder ist die *Pax americana* vielleicht sogar eine
notwendige Voraussetzung demokratischen Friedens? Dazu gehört
die Frage, ob eine demokratische Kontrolle der Außen- und Sicherheitspolitik unter den obwaltenden Umständen überhaupt noch
vorstellbar ist, wenn die Kriegsführung des US-Präsidenten ohne

jegliche Opposition im amerikanischen Kongress bleibt und auch Entscheidungen des UN-Sicherheitsrates über Krieg und Frieden im Widerspruch zur öffentlichen Meinung der meisten westlichen Demokratien stehen.

Begonnen wurde der vorliegende Text vor dem Elften September, nach dem in meiner Sicht tatsächlich nichts mehr ist, wie es einmal war. Ursprünglich als Vorlesungsskript gedacht, das sich mit der Fachdiskussion zur transnationalen Politik (Kaiser 1970, Beck 1998 und 2002, Grande/Risse 2000, Wiesenthal 2000) befassen sollte, verschob sich das Interesse von der Entgrenzung der Welt auf die Enthegung des Krieges, wie sie sich mit dem Auftreten terroristischer Netzwerke und der Rehabilitation völkerrechtlich gebannter Präventivkriege abzeichnet, da ich der Auffassung war und bin, die Universität müsse sich mit diesen Fragen vorrangig und quer durch die Disziplinen befassen.[4] Dieses Buch nahm dann Konturen an, als die Aussichten eines möglicherweise «epischen Krieges» (John Keegan) mit unabsehbaren Folgen deutlicher wurden, auch spiegeln sich die Resultate dreier Parlamentswahlen in wichtigen westlichen Demokratien (Frankreich, Deutschland, USA) und Erfahrungen einer Reise nach Westafrika und eines neuerlichen längeren Aufenthalts in den Vereinigten Staaten.

So war die Arbeit an diesem Buch auch ein Schreiben unter Vorbehalt. Porto Alegre, um auf angenehme Wintererfahrungen zurückzukommen, hatte eine Hiobsbotschaft für die «Davos-Elite»: Nichts ist in Ordnung an einer Globalisierung, die so viele ausschließt und zurücklässt, die es erheblich fehlen lässt an Verantwortung für die Umwelt und künftige Generationen, die Verschiedenheit weder biologisch noch kulturell fördert und die nicht zuletzt einen eklatanten Mangel an Demokratie und Beteiligung aufweist und damit die Idee des Politischen selbst im Keim zu ersticken droht. Schon ein Jahr später war diese Botschaft zum Gemeinplatz geworden; «Porto Algre» stellte «Davos» in jeder Hinsicht in den Schatten, und das, obwohl die Veranstalter des *World Economic Forum* nicht umhingekommen waren, die Agenda des Rivalen zu dem eigenen zu machen und die Veranstaltung unter das Motto stellten «Vertrauen schaffen».[5] Viele Ansätze einer «anderen Welt», wie sie in Porto Alegre mit trotzigem Pathos formuliert worden waren, könnten aber buchstäblich mit einem Schlag zunichte gemacht werden. Deswegen ist die transnationale Protestbewegung praktisch eine Friedensbewegung neuen Typs, die bei allen Widersprüchen und Unzulänglichkeiten wie kein anderer transnationaler Akteur über den militärischen Konflikt hinaus denkt und den in der Globalisierung konventionellen Typs missachteten Zusammenhang zwischen sozialer Gerechtigkeit und Frieden thematisiert. Die Transnationalität der Bewegung wurde augenfällig an dem Wochenende im Februar 2003, als von Australien über das «alte Europa» bis zur amerikanischen Westküste rund um den Globus mehrere Millionen Menschen gegen einen Präventivkrieg im Mittleren Osten auf die Straße gingen. Denn die Entgrenzung der Welt hat die Voraussetzungen demokratischen Friedens empfindlich gestört. Eine Bekämpfung des Terrors, die keine andere Botschaft bereit hält als die Ausbreitung des «westlichen Lebensstils» und damit eine Apologie der Globalisierung, wie wir sie kannten, wird unweigerlich fehlschlagen.

I. Kritik der Globalisierung
(Wie wir sie kannten)

Die «Globalisierung, wie wir sie kannten»[6] hat in den vergangenen Monaten viele Freunde verloren, der krampfhafte Optimismus der 1990er Jahre wirkt heute fast surreal. Doch ist Globalisierung, um ein Diktum Max Webers über die moderne Wissenschaft abzuwandeln, kein Fiaker, aus dem man nach Belieben aussteigen kann, wenn einem die Richtung nicht passt. Selbst die strengsten Kritiker gehören der wirklichen Weltgesellschaft unverbrüchlich an – auch wer im Charterbus zur Demo anreist, und selbst der naturliebende Kunde einer alternativen Bioladenkette «macht mit». Globalisierung ist kein Schicksal, wie ihre Schönredner und Propagandisten glauben machen wollen, aber die Kritiker sitzen mit im Fiaker. Und dessen rasante Irrfahrt legt ihnen die Verantwortung auf, nicht nur «Sand ins Getriebe» zu streuen, wozu Attac auffordert, sondern alternative Pfade auszukundschaften.

Dieser *Suchprozess* beginnt (1) mit ein wenig «Arbeit am Begriff» der Globalisierung, den man weiter fassen muss, als es der herrschende Ökonomismus tut, und den man als vielschichtige und zugleich asymmetrische Entgrenzung der Welt präzisieren kann. Dann möchte ich (2) die theoretische Kritik an der realexistierenden Globalisierung wie an der Ideologie des «Globalismus» durchmustern, die mittlerweile zu einer Art «Umkehr der Beweislast» geführt hat. Diese Darlegungen werden in den Schaubildern 1 und 2 zusammengefasst und dienen als Einstieg in die nähere Untersuchung der transnationalen Protestbewegung und Politik-Netzwerke im zweiten und Kernabschnitt des Buches.

1. Statt Globalisierung:
Die Entgrenzung der Welt

Globalisierung ist zu einem unbrauchbaren Schlagwort verkommen. Gemeint war damit zunächst nur die Beschreibung eines ökonomischen Trends, wonach Handel und Investitionen häufiger und systematischer nationale Binnenmärkte überschritten. Diese Beobachtung wurde zu einem mächtigen Ideologem (und politischen Totschlag-Argument) hochstilisiert, das totale Alternativlosigkeit unterstellt und dem Margret Thatcher zugeschriebenen TINA-Prinzip huldigt: There Is No Alternative. Präziser (wenn auch sprachlich sicherlich nicht gelungener) erscheinen mir die Begriffe *Entgrenzung, Glokalisierung* und *Hybridität,* mit denen ich drei zentrale Hypothesen einführen möchte:

- Nationalstaatliche Grenzen haben an Bedeutung verloren, oder besser: ihren Charakter verändert. Mit der Entgrenzung wird der Nationalstaat als erste Analyseeinheit modernen politischen Denkens und Handelns in Frage gestellt, und es werden andere Mechanismen politischer Steuerung erforderlich, die sich jetzt schemenhaft als transnationales Regieren (global governance) abzeichnen und jener demokratischer Legitimation bedürfen, die bisher am ehesten durch das Ineinsfallen von Nation und Demokratie gewährleistet war.

- Besser als «Globalisierung» beschreibt das Kunstwort Glokalisierung[6] das permanente und systematische Zusammenspiel globaler und lokaler Faktoren in der sich herausbildenden Weltgesellschaft (oder Gesellschaftswelt), was in den populär gewordenen Slogans «Eine Welt» oder «globales Dorf» erfasst werden soll.

- Eine Konsequenz der Entgrenzung besteht darin, dass auch nationale Kulturen nicht (mehr) unbestritten den Ausgangspunkt und substanziellen Kern politischer Wir-Gruppen (oder kollektiver Identität) bilden, worauf die kollektive Identität der meisten Nationen beruhte, und dass folglich kulturelle Misch- und Zwittergebilde (oder Hybride) im globalen Rahmen bedeutsamer werden.

Das Plastikwort Globalisierung werden wir damit sicher nicht los, im Folgenden wird es auch immer wieder (meist in Anführungszeichen) benutzt, wenn Vorgänge weltwirtschaftlicher Verflechtung (Beispiel: Müller/Kornmeier 2001) und vermeintliche Sachzwänge im politischen Tageskampf angesprochen werden (Beispiel: Henkel 2002). Sobald jedoch analytisch anspruchsvolle Sachverhalte angesprochen werden, wird auch das Wort «global» durch den Terminus *transnational* ersetzt, mit dem man schon seit dem frühen 20. Jahrhundert Phänomene bezeichnet, deren Wurzeln nicht in einer einzelnen Nation liegen und deren Wirkungen weit über eine Nation hinausreichen.[8] Damit sind zwei Annahmen gegen den allgemeinen Sprachgebrauch gemacht:

«Globalisierung» ist *erstens* kein den Staaten und Gesellschaften äußerlich gebliebener Einfluss, dem sie ausgesetzt sind wie einer Naturgewalt, wie es manche Entscheidungsträger apologetisch und manche Gegner dämonisierend unterstellen. Vielmehr wirken, von keinem Ort aus ganz überschaubar oder gar steuerbar, mannigfache regionale Kräfte ständig an der weltweiten Verflechtung mit. Diesen radikalen Gedanken *globaler Interdependenz* haben mittlerweile Initiativen wie die «Lokale Agenda 21» als Leitlinie politischen Handelns aufgenommen (Ruschkowski 2002). Holistische Betrachtungsweisen führen dagegen in die Irre, genau wie universale Steuerungsversuche ins Leere weisen: Es gibt keinen archimedischen Punkt, von dem aus die Welt als Ganze zu gestalten und zu kurieren wäre, wie Verfechter und Verächter der «Globalisierung» in seltsam übereinstimmender Omnipotenz anzunehmen scheinen.

Zweitens: Auch die meisten Kritiker der Globalisierung machen «die Ökonomie» als Triebfeder und Hauptverursacher der jüngsten Entwicklungen aus und fordern dagegen eine «Deglobalisierung» (Bello u. a. 2001) oder eine sozialistisch-revolutionäre Alternative («end/destroy capitalism»). Gegen diesen verbreiteten *Ökonomismus* kann man anführen, dass, obwohl die wirtschaftliche Dynamik der 1990er Jahre gestoppt und eine Rückentwicklung der weltwirtschaftlichen Verflechtung erkennbar ist, sich die Welt*gesellschaft* dennoch ständig weiterentwickelt. Das 20. Jahrhundert brachte allen ökonomischen Krisen zum Trotz die Universalisierung der Menschenrechte und der liberalen Demokratie voran, ebenso den technisch-wissenschaftlichen Fortschritt, die transkulturelle Verflechtung und damit die Entstehung einer wirklichen, «topischen» Weltgesellschaft. «Man kann nicht mehr einfach unterstellen, dass die Gesellschaftsgrenzen zwischen den zugehörigen und nichtzugehörigen Mitmenschen identisch bleiben, wenn man von politischer Aktivität zu wissenschaftlicher Korrespondenz, zu wirtschaftlichen Transaktionen, zur Anknüpfung einer Liebesbeziehung übergeht. Solches Handeln setzt jeweils andere Abschattungen relevanten Miterlebens und Mithandelns voraus, die insgesamt nicht mehr durch einheitliche territoriale Grenzen auf dem Erdball symbolisiert werden können. Damit ist die Einheit einer alle Funktionen umfassenden Gesellschaft nur noch in der Form der Weltgesellschaft möglich.»[9]

Die Weltgesellschaft ist also mehr als der Weltmarkt: Sie ist ein Kulturraum und nicht zuletzt eine politische Arena. Paradox ist, wie auch die Kritiker des «Terrors der Ökonomie» (Forrester 1997) am Primat der Wirtschaft hängen und zur Heilung von Globalisierungsschäden vornehmlich auf alternativ-ökonomische Rezepte setzen, während andere ein «Weltethos» (Küng 1990) propagieren, das ohne gesellschaftliche Bodenhaftung ist. Die Diskussion, wie real die globale Verflechtung auf wirtschaftlichem Gebiet ist (Hirst/Thompson 1996) oder wie stark religiös-kulturelle Verwerfungen bisherige politisch-ökonomische Konfliktlinien überdecken (Huntington 1996), erscheint weniger relevant als die Tatsache, dass sich (u. a. mit der Verbreitung des Begriffs Globalisierung!) ein *weltweiter Kommunikationsraum* entwickelt hat, in dem – banal, aber wahr und in seinen radikalen Konsequenzen nur ungefähr erfasst – die «Angelegenheiten der Menschen irgendwie zusammenhängen» (Luhmann 1996:51).

Die Welt ist keine Ware

Anstelle von «Globalisierung» möchte ich eine einfache Deskription vorschlagen, die an eine leicht nachvollziehbare Entwicklung der letzten Jahrzehnte anknüpft: die *Entgrenzung* aller Lebensbereiche. Die alltägliche Erfahrung zeigt, dass Inhaber des burgunderroten Europa-Passes von Stockholm bis Lissabon, demnächst vielleicht auch bis Riga und Istanbul durchfahren können, ohne von Zollkontrollen behelligt zu werden. Die Bedeutung dieser Grenzöffnung seit 1989 erweist sich, wo Grenzen fortbestehen, etwa zwi-

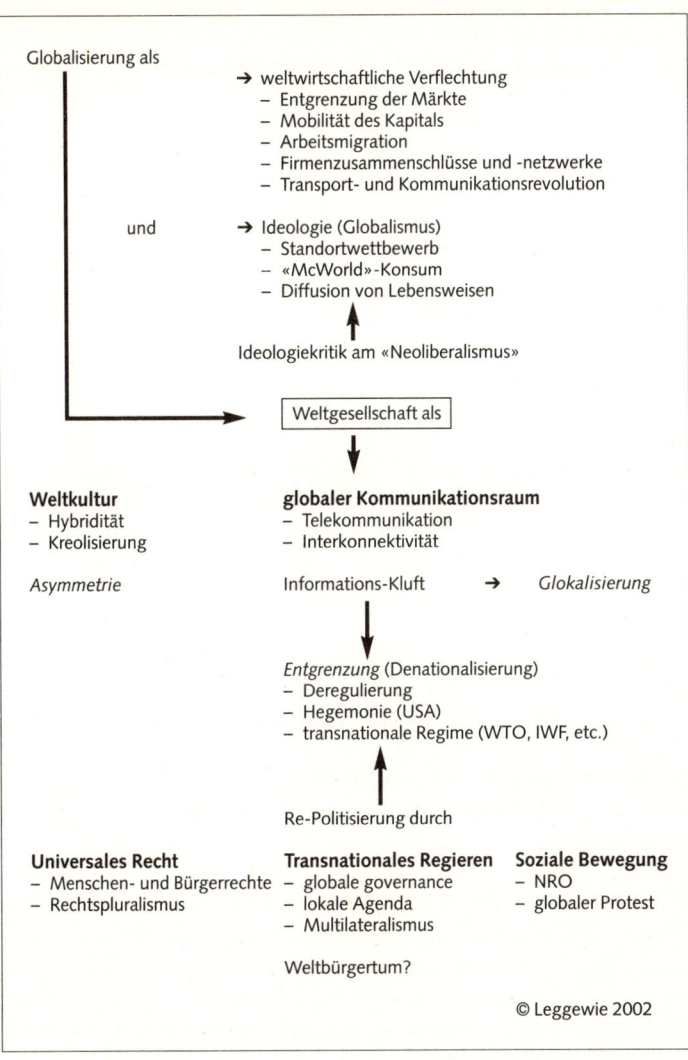

Globalisierung als

→ weltwirtschaftliche Verflechtung
  – Entgrenzung der Märkte
  – Mobilität des Kapitals
  – Arbeitsmigration
  – Firmenzusammenschlüsse und -netzwerke
  – Transport- und Kommunikationsrevolution

und

→ Ideologie (Globalismus)
  – Standortwettbewerb
  – «McWorld»-Konsum
  – Diffusion von Lebensweisen

Ideologiekritik am «Neoliberalismus»

Weltgesellschaft als

Weltkultur
– Hybridität
– Kreolisierung

Asymmetrie

globaler Kommunikationsraum
– Telekommunikation
– Interkonnektivität

Informations-Kluft   →   *Glokalisierung*

Entgrenzung (Denationalisierung)
  – Deregulierung
  – Hegemonie (USA)
  – transnationale Regime (WTO, IWF, etc.)

Re-Politisierung durch

Universales Recht
– Menschen- und Bürgerrechte
– Rechtspluralismus

Transnationales Regieren
– globale governance
– lokale Agenda
– Multilateralismus

Soziale Bewegung
– NRO
– globaler Protest

Weltbürgertum?

© Leggewie 2002

Schaubild 1: Aspekte des erweiterten Globalisierungsbegriffs

schen Nord- und Südkorea, die den Kalten Krieg weiterführen, oder auch dort, wo sich die Zahl der Staaten und zwischenstaatlichen Konflikte noch erhöht hat wie in Ostmitteleuropa. Entgrenzung führt ebenso wenig zum Verschwinden von Grenzen wie hohe Scheidungsraten das Ende der Ehe bedeuten; anders als der Begriff der Denationalisierung (Zürn 1998) nahe legen könnte, ist mit Entgrenzung nicht das Verschwinden der Nationen und das Ende der Nationalstaaten gemeint, sondern ihr Bedeutungswandel und eine noch genauer zu behandelnde «Umfunktionierung».

Wie wenig das idyllische Bild vom globalen Dorf der heutigen Wirklichkeit entspricht, erfahren am stärksten *Flüchtlinge und Migranten*, die an unüberwindbar scheinende Grenzen stoßen; selbst gut situierte Afrikaner müssen beim Betreten von «Schengenland» oft Rückflugtickets und hohe Geldbeträge als Sicherheiten vorweisen. Und die Mauer, die gerade in Südkalifornien und Texas hochgezogen wurde, um mexikanische Immigranten abzuhalten, erst recht der durch das Westjordanland gepflügte Todesstreifen erinnern fatal an jenes Monstrum, das in Berlin gefallen ist. Kaum ein Status hat seit der Gewährung der Reisefreiheit im ehemaligen Ostblock so an Bedeutung gewonnen wie der des «Illegalen»; solche nicht-registrierten Flüchtlinge bekommen harte Grenz- und Aufenthaltsregime zu spüren und sind Schleppern ausgeliefert, die für mehrere Tausend Euro «Komplettschleusungen» von der Erstellung eines gefälschten Visums bis zur Vermittlung eines Jobs anbieten (FAS 8.12.2002).

Die in Frankreich «sans-papiers» genannte Bevölkerung ist das typische Produkt einer halbierten Globalisierung: So leicht Waren, Kapital, Dienstleistungen und willkommene (weil als nützlich betrachtete) Einwanderer Grenzen überschreiten dürfen, so schwer überwindbar bleiben sie für staatlicherseits unerwünschte Personen, die damit einen Lackmustest für die frenetisch proklamierte Mobilität darstellen (Gerstenberger 2002). Ähnliche Erfahrungen können übrigens Globalisierungskritiker machen, denen auf dem Weg zu Demonstrationen ins Ausland häufig die Einreise (oder schon die Ausreise aus dem Heimatland) verweigert wird (Gössner 2001). Und dennoch: Auch die neu gezogenen Demarkationslinien sind porös, und der wachsende Nationalismus kann nicht darüber hinwegtäuschen, dass Abschottungsgewalt und Regelungsmacht der Nationalstaaten nachlassen. Der Vorgang der Entgrenzung löst jene binären Vorstellungen auf, die der alten Staatenwelt eigen waren, darunter Inland und Ausland und die Gegenüberstellung von Eigenem und Fremdem. Und die Auflösung eines klar markierten Hier und Dort erlaubt somit nicht, vom Zusammenstoß klar getrennter und gegeneinander aufzubietender Zivilisationen zu sprechen, wie dies die gängigen Formeln «McWorld versus Jihad» (Barber 1996) und «Zusammenstoß der Kulturen» (Huntington 1996) unterstellen; die tatsächlichen *inneren* Widersprüche der Gesellschaftswelt kommen nicht zuletzt im unheimlichen Zusammenwirken von islamistischen und hausgemachten Terrornetzen (etwa dem Bombenattentat in Oklahoma) zum Ausdruck, die sich übrigens beide nebulös gegen «die Globalisierung» richten.

Der Abschied vom Nationalen fällt nicht leicht, zumal Alternativen nur schemenhaft bekannt sind oder man von ihnen eher Schlimmes erwartet. Doch die Gesellschaftstheorie, ein Kind der nationalen Epoche, muss sich von ihrem *Container-Denken* verabschieden, das oftmals systemische Grenzen mit geographischen, in Sonderheit national-staatlichen Grenzen zur Deckung brachte. Kulturwissenschaftler setzen dagegen eine *hybride* Situation kultureller Wechselwirkungen und sprechen von Kreolisierung (Clifford 1992, Appadurai 1996, Hannertz 1996, Tomlinson 1999), die Wirtschaftswissenschaft verabschiedet sich vom Terminus der Nationalökonomie (alias Volkswirtschaft) (Giersch 2001), und auch in der Rechtswissenschaft befasst man sich intensiv mit Wirkungen der *Entterritorialisierung* auf bisher national und regional abgezirkelte Rechtsordnungen (Günther/Randeria 2002), die durch die realen Wirkungen der virtuellen Welt des Cyberspace unterstrichen wird.

Grenzen erscheinen uns wie uralte Phänomene von ewiger Dauer, dabei sind sie historisch gewachsen und auch umstritten wie kaum eine andere Raumvorstellung (Dittgen 1999). Grenzen sind Linien, die zwei räumliche Einheiten voneinander scheiden; stets sind solche Scheidungen erfunden oder imaginär, auch wenn sie sich natürlichen Gegebenheiten wie einem Bergkamm oder Flusstal anschmiegen und kulturelle Unterschiede wie Sprachgebiete und Religionsgemeinschaften nachzeichnen. Grenzen stellen Differenz her und lösen auf beiden Seiten Anziehung und Abstoßung aus, und Gebiete und Grenzen bedingen sich, denn geo-physikalische Territorien werden erst durch Grenzen konstituiert. Territoriale Einheiten spielen vor allem im (europäischen) Rechtsdenken eine zentrale Rolle. Das Zivilrecht stellt Grundstücksgrenzen durch Abmarkung fest, das Staatsrecht definiert mit Hilfe von Grenzzeichen (Steine, Schlagbäume, Zäune) Nationalgrenzen und fußt darauf herkömmliche und zählebige Vorstellungen von Staatssouveränität.[10] Verschiebun-

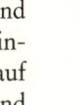

gen und Veränderungen bedürfen vertraglicher Regelungen, um Nachbarschaftsstreitigkeiten und Grenzkonflikte zu vermeiden. Grenzen sind somit eng mit der modernen Eigentumsordnung verknüpft, wovon die vorkoloniale Nomadenökonomie (die sich weniger um wertlosen Boden als um knappe Wasserquellen drehte), aber auch postmoderne Zugangsregeln (*access*) abstechen (Rifkin 2001). Im Cyberspace hat eine analoge Entgrenzung stattgefunden, zugleich erlebt man den Versuch der Errichtung nationaler Feuerwälle (etwa durch die Regime in China und Saudi-Arabien) und der Sicherung proprietärer Eigentumsrechte (in der laufenden Diskussion um «geistiges Eigentum», Lessig 2001).

Will man die aktuelle Entgrenzung beurteilen, muss man wissen, was Grenzen *geleistet* haben (und auch weiterhin leisten): Sie trennen eigene von fremden Ressourcen und erlauben deren ökonomische Allokation und herrschaftliche Kontrolle, sie erteilen Zuständigkeiten, Zuschreibungen und Zugänge. Grenzen begründen Normen im Recht und Autorität in der Politik, darüber hinaus stiften sie Sinn, indem Identitäts- und Erwartungsgrenzen festgelegt werden. Grenzen zu setzen ist damit eine wesentliche Strukturierungsleistung der Moderne, die auf umfassende und oftmals exklusive Weise Mitgliedschaft und Zugehörigkeit definiert. Sie erlauben kulturelle Distinktion (anders als …) ebenso wie Diffusion (made in …). Grenzen sind kein Spezifikum der Moderne, aber die angestrebte Unverletzlichkeit von Staatsgrenzen ist ein typisches *Axiom neuzeitlicher Gesellschaften*, die zugleich doch immer über sie hinausgriffen (Horn u. a. 2002). Die «Westfälische Staatenordnung», benannt nach dem Friedensschluss von 1648 in Münster und Osnabrück, wurde schon durch die universalistischen Ansprüche der Französischen Revolution in Frage gestellt, dann durch den Wiener Kongress noch einmal für ein knappes Jahrhundert restauriert. Ihre Gewohnheiten und Gesetze gelten fort, aber eine Kontingentierung des Raums und der sich darin aufhaltenden Menschen wird schwieriger, und sie gerät in Widerspruch zu den Imperativen anderer Systemebenen, darunter nicht zuletzt der weltwirtschaftlichen Verflechtung. Heutige Verkehrs- und Kommunikationsmittel erlaubten nie da gewesene Mobilität und die relative Emanzipation von Raum und Zeit im Akt der Telekommunikation und Television.

Die Ausfransung und Durchlöcherung des Nationalkörpers unterstreicht dabei nur ein den Grenzen immer schon innewohnendes

Potenzial, nämlich ihre prinzipielle Offenheit, denn Begrenzung bedeutete in der Regel nicht Undurchlässigkeit. Jedes Grundstück, das man betreten oder verlassen möchte, bedarf der Durchlässe, die auf diese Weise sogar konstitutiv waren für das Funktionieren von Grenzen (Ortmann/Sydow 1998), und entgegen ihrem Anspruch, auf Ewigkeit Bestand zu haben, sind sie nie statisch gewesen. *Strittigkeit und Kontingenz* gehörten zu den wesentlichen Merkmalen von Grenzen, ihre Überschreitung war stets möglich. In dieser Ambivalenz erweist sich eine typische Spannung moderner Gesellschaften, die ständig zwischen Ordnung und Auflösung, Hierarchie und Verflüssigung, Organisation und Chaos schwanken (Teubner 2000).

Nationalstaaten sind heute einem Prozess ausgesetzt, der allgemein für Organisationen gilt, die ähnlich formal verfasste und förmlich etablierte Regeln kennen, in diesem Fall Mitgliedschaft qua Staatsangehörigkeit. So wie an sich unerwünschte doppelte Staatsangehörigkeiten zunehmen, wächst allgemein die *Unschärfe von Organisationsgrenzen*. Auch Betriebe und Unternehmen haben keine scharf gezogenen Grenzen mehr; sie ähneln, bildlich gesprochen, Magnetfeldern oder Wolken, für die unscharfe und flüchtige Grenzen charakteristisch sind, und erst diese Elastizität erlaubt weltweit tätigen Unternehmen die notwendige Beweglichkeit. In der neueren Betriebswirtschaft ist eine derartige Grenzgängerei erwünscht; man übt die Kunst des Trennens und Verbindens ein, da sich bisher klar getrennte und miteinander konkurrierende wirtschaftliche Einheiten vernetzen, ohne sich noch formal zu verbinden (Corsten 2001, Sabel 1991).

Empirische Belege (auch für die Zerbrechlichkeit solcher Vernetzungen) liefern die weltweiten Unternehmensfusionen (*mergers*) der 1990er Jahre, mit denen erstmals auf breiter Front im genauen Sinne des Wortes *transnationale Konzerne* entstanden sind, also Unternehmenskonglomerate, die effektiv in mehreren Staaten gleichzeitig tätig sind, was über den seit langem üblichen Verkehr zwischen Mutterhäusern und Auslandsfilialen hinausreicht. Das Transnationale an solchen Verflechtungen ist nicht der seit langem übliche zwischenstaatliche (oder inter-nationale) Geschäftsverkehr, vielmehr ist jenseits solcher bilateraler Beziehungen ein von nationalen Rücksichten freier Geschäftsraum entstanden, in welchem Nationalität (als Staatsangehörigkeit) auch symbolisch an Bedeutung verliert. Auf weltwirtschaftlichem Gebiet ist seit mehr als zwei Dekaden eine intensivierte Verflechtung feststellbar, die Vorläufer wie die Europäische Wirtschaftsgemeinschaft und andere Beispiele grenzüberschreitenden Welthandels übertrifft, aber, anders als diese, *gesellschaftskonstitutiv* ist. Das Bezugssystem für solche Operationen ist heute definitiv die Weltgesellschaft, auch wenn Mobilität im heutigen Weltmarkt noch weniger verbreitet ist, als dies der Wirtschaft der Gesellschaft theoretisch möglich wäre. Transnationalisierung war stets eine Latenz des Kapitalismus, der notorisch vaterlandslos ist; Karl Marx und Max Weber haben Weltmarkt und Rationalisierung als Antriebsmotoren der Modernisierung begriffen, und es zeigt sich, dass diese Prozesse keineswegs abgeschlossen sind und nicht an national-staatlichen Grenzen Halt machen. Dabei kann das Kapital leichter die «Exit-Option» wählen als sein alter Gegenspieler, die Arbeiterbewegung, die auf die nationalen Wohlfahrtsstaaten gesetzt hat, und daraus ergibt sich ein politischer Konflikt, auf den noch näher einzugehen sein wird. Für die Globalisierungskritik stellt sich im Blick auf die Entgrenzung jedenfalls die Kardinalfrage, ob sie diese alternativ ausgestalten oder zurückdrehen soll, anders gesagt: welche Lösungen man für Märkte, Unternehmenskooperationen und andere Transaktionen finden kann, die das regional Naheliegende zur Kenntnis nehmen, ohne das Fernliegende zu verachten.

Die asymmetrische Entfaltung des Weltmarktes ist ein wichtiger, aber – wie gesagt – nicht allein ausschlaggebender Antrieb der Entgrenzung, der nationale Kollektive, Organisationen und Identitäten unter Druck setzt und nun, vor allem im Süden der Weltgesellschaft, rasant zerfallen lässt. Schon vor 1914 war ein hohes Maß an Internationalisierung erreicht[11], doch sprach man weiter von Nationalökonomien und identifiziert bisweilen heute noch wirtschaftliche Ressourcenstärke mit politisch-staatlicher Macht (und vice versa). Vor allem die in der OECD zusammengeschlossenen Nationalstaaten sind nicht Opfer, sondern *aktive Mitspieler und Promotoren der Entgrenzung*, denn die Deregulierung seit den 1970er Jahren, die den großen Sprung der Welthandels- und Auslandsinvestitionstätigkeit erlaubte, war angestoßen durch politische Akteure, die sich weiterhin Einfluss auf Gestaltung und Richtung der weltwirtschaftlichen Entwicklung sichern. Erst durch politische Intervention – die handelspolitische Deregulierung, die keine Beschränkung des Wettbewerbs durch Zollgrenzen mehr erlaubt, und die Aufhebung von

Kapitalverkehrsbeschränkungen in den USA (seit 1974), in Großbritannien (seit 1979) und in der EU (seit 1992) – wurden Waren- und Kapitalmärkte wirklich «global». Und auch die Entstehung neuer Produkte, die den Freihandel animiert haben, wurde massiv durch staatliche Industrie- und Außenhandelspolitik gefördert. Für die Staaten der OECD, die Freihandel dogmatisch predigen, gilt durchgängig, dass sie selbst nicht durch Zollabbau und Deregulierung stark geworden sind, sondern einmal durch jene staatliche Protektion nach außen und innen profitiert haben, die sie heute abzustellen trachten (Lind 2002).

Voraussetzung der heutigen «Globalisierung» war eine nicht minder industrie- und verkehrspolitisch induzierte Verbilligung der *grenzüberschreitenden Transporte und Kommunikationen.* Schiffs- und Navigationstechnik verbesserten sich noch einmal erheblich, und die relative Verbilligung der Energie erlaubte eine sprunghafte Zunahme beim transregionalen und transkontinentalen Transport von Gütern und Menschen per Lastkraftwagen und Flugzeug. Revolutionär war vor allem die Erfindung und Generalisierung des Containerverkehrs. Schließlich beschleunigten die Deregulierung der Telefonie und die rasante Ausbreitung neuer Informationstechnologien – beides erneut durch politische Instanzen angestoßen und subventioniert – die geschäftliche und private Kommunikation rund um den Erdball, und das wiederum erlaubte die Herausbildung weltumspannender Produktionsnetzwerke und die Homogenisierung, Standardisierung und Virtualisierung der Märkte, auch für Kapitalinvestitionen und die gesamte Finanzwirtschaft.

Andere Formen der Entgrenzung traten hinzu, die man im systemtheoretischen Vokabular auch als Entdifferenzierung kennzeichnen kann. Entgrenzt wurden nämlich *zweitens* auch die für die europäische Neuzeit ebenso konstitutive Trennung zwischen dem privaten und dem öffentlichen Sektor. Das geschah mit der sukzessiven *Privatisierung öffentlicher Aufgaben,* also mit der Übernahme staatlicher Funktionen durch private, quasi-politisch handelnde Agenturen, bis hinein in den Arkanbereich der Diplomatie und in die innere und internationale Sicherheitspolitik. (Man erinnert sich noch an die Aufregung, die die Privatisierung von Gefängnissen in Thatcher-England hervorrief; heute wird sogar der Personenschutz für den afghanischen Präsidenten Karzai durch eine private Sicherheitsfirma aus Virginia/USA besorgt!) Dabei warfen sich globale Unternehmen ihrerseits zu quasi-politischen Akteuren auf, die strategisch vom Weltmarkt ausgehen und lokale Standorte unter Ausnutzung komparativer Vorteile über den gesamten Erdball streuen. In allen Leitsektoren der 1990er Jahre – Telekommunikation, Biotechnologie und Medien – entstanden Firmenkonglomerate, deren Umsätze das Bruttosozialprodukt selbst von Schwellenländern übersteigen und sie damit in einen Rang erheben, der im 19. und 20. Jahrhundert bedeutenden Nationalstaaten zugemessen wurde. Ihnen lag einzig am Aufbau einer grenzüberschreitenden Wertschöpfungskette, wofür hier die Beispiele DaimlerChrysler oder Bertelsmann/Random House stehen sollen. National blieb nur noch der (im Zweifel allerdings nicht unbedeutende) Gerichtssitz, ansonsten mutierten regionale Symbole wie der Mercedes-Stern oder der Gütersloher Buchclub zu *globalen Marken*; nur noch gelegentlich erlaubt sich das Top-Management lokalpatriotische Sentimentalitäten, etwa mit der Anhänglichkeit an einen Fußballklub (in dem dann auch lauter «Legionäre» tätig sind).

Die *dritte* Facette der Entgrenzung ist die *Virtualisierung* als Loslösung von umschlossenem Raum und Echtzeit, die im «digitalen Kapitalismus» (Glotz 2001) zum Tragen kam. Das *World Wide Web* kann, trotz seiner bereits angesprochenen Zerklüftung und Fragmentierung, als echtes Globalisierungsmedium beschrieben werden, das wiederum vor allem ökonomisch genutzt wird. Im Cyberspace sind elektronische Marktplätze gewachsen wie das schon legendäre Auktionshaus Ebay, das von der allseitigen Interkonnektivität profitiert, indem jeder zusätzliche Teilnehmer die Wahrscheinlichkeit erhöht, einen attraktiven Tausch- oder Geschäftspartner im Netz zu finden. Der elektronische Handel ermöglichte die Beschleunigung der weltwirtschaftlichen Verflechtung im Finanzsektor. Dort trat an die Stelle der (in der so genannten «Deutschland AG» besonders gepflegten) langfristigen Gläubiger-Schuldner-Beziehungen ein kurzfristiger, anonymer und hochspekulativer Kapitalaustausch rund um die Uhr, der zunehmend von nicht-institutionellen Akteuren (also «Amateuren») getätigt wird. Damit sind die Interdependenzen noch gewachsen, aber auch die Stabilitätsrisiken, etwa durch die Bevorzugung der spekulativen Wertpapiergeschäfte gegenüber klassischen Kreditgeschäften. Großunternehmen finanzieren sich durch Aktienausgabe selbst, Pensions- und Investmentfonds sowie Versicherungen sind *major players* geworden. Der spekulative Charakter dieser Anlageformen und die Einschränkung der Kontrollmöglichkeiten durch die Banken- und Börsenaufsicht haben dieser (im wahrsten Sinne) Spielart von Wirtschaft den Namen «Kasino-Kapitalismus» eingebracht, dessen Präpotenz mittlerweile offen zutage liegt.

Entgrenzung: Markenstaaten im Wettbewerb

Globalisierung als Entgrenzung, kann man bilanzieren, hat das Verhältnis von Politik und Wirtschaft ebenso wie das von öffentlicher und privater Sphäre dramatisch verändert. Haben wir den nationalen Staat dort, wo er noch effektiv wirksam werden kann, als wichtigen Akteur der ökonomischen Liberalisierung identifiziert, ist er gleichwohl kein absoluter Gewinner der Transnationalisierung. Mit der Privatisierung der (Welt-)Politik delegieren Staatsapparate einst vertikal organisierte regulative Aufgaben an quasi- und parastaatliche Organisationen, womit bereits auf nationaler Ebene Staatlichkeit modifiziert und Souveränität relativiert wird. Staatliche Akteure definieren sich jetzt gern als Moderatoren (oder Supervisoren) der horizontalen Selbstkontrolle etwa von Banken und Börsen, die im Wesentlichen also eine Evaluation der Selbstevaluation der ökonomischen Akteure vornehmen. Staaten bleiben so im wirtschaftlichen Globalisierungsprozess aktiv und treiben diesen im Sinne ausgewählter Gruppen der nationalen Gesellschaft an einer Stelle voran (Beispiel: Deregulierung der Telekommunikation) und bremsen ihn an einer anderen Stelle (Beispiel: Fusionskontrolle). Denationalisierung bedeutet damit nicht Absterben des (National-) Staates, sondern Abbau vertikaler Herrschaftsstrukturen zugunsten so genannter «Private Public Partnerships»; staatliche Kontrollmacht wird in eine flachere Struktur von wechselseitigen Einflussfaktoren eingebaut, wobei transnationale Unternehmen wie die Deutsche Telekom oder institutionelle Anleger wie die Pensionskasse des öffentlichen Dienstes im US-Bundesstaat Kalifornien gleichziehen, deren Manager einen großen Teil des globalen Bruttosozialproduktes in Händen halten.

In Folge des globalen Wettbewerbs, der oft als *race to the bottom* beschrieben werden kann (Sinn 2001), müssen Staatsapparate spürbar sinkende Steuereinnahmen und eine rapide nachlassende Steuerautonomie hinnehmen. Festgelegt auf den so genannten «Washington-Konsens», den IWF und Weltbank formuliert haben, erklären politische Eliten den Abbau von Steuern zum Ziel, obwohl sie sich damit aller Mittel für eine distributive Politik berauben, da Wohlfahrtsstaaten mit dramatisch sinkenden Einnahmen bei steigenden Kosten zu rechnen haben. Der unablässige *Standortwettbewerb* wird somit auf die politische Performanz übertragen; ein Schockeffekt wie das schlechte Abschneiden des deutschen Bildungssystems in den «Timms-» und «Pisa-Studien» war vor wenigen Jahren noch dem *intra*nationalen Vergleich vorbehalten, wenn etwa christdemokratische A- mit sozialdemokratischen B-Ländern verglichen wurden.

Heute hingegen sind ganze Staaten (und Staatenbünde) in allen Belangen einem globalen Ranking und Benchmarking ausgesetzt. Deutschland schnitt dabei nicht nur im Hinblick auf sein einst gerühmtes Bildungssystem schlecht ab. Allen gängigen Wirtschaftsprognosen zufolge gilt der deutsche Michel neuerdings als «kranker Mann» Europas, was durch alle möglichen Ranglisten gestützt wird. Sektorale Bewertungen zeigen, dass Deutschland bei der Arbeitsproduktivität weit hinten, aber bei den Arbeitskosten weit vorn liegt, dass der Anteil der Steuereinnahmen am BIP im Mittelfeld und EU-Durchschnitt und die Pro-Kopf-Ausgaben für Forschung und Entwicklung hinter denen großer überseeischer Konkurrenten rangieren. Rankings wie diese werden in der Wirtschaftspresse oft kolportiert und finden Eingang in die BILD-Zeitung, obwohl sie sehr kontextabhängig und interpretationsbedürftig sind. Noch mehr gilt dies für kumulative Indices wie den «Index der wirtschaftlichen Freiheit», wo Deutschland nur noch Durchschnitt ist und für den Vergleich zwischen tatsächlichem und möglichem BIP, was in die Bewertung der Wettbewerbsfähigkeit der deutschen Wirtschaft eingeht und zu «blauen Briefen» aus Brüssel, Ermahnungen der OECD und sogar zu Abstufungen der Kreditwürdigkeit der Bundesrepublik und deutscher Firmen durch globale Rating-Agenturen wie Standard & Poor's führen kann.[12] Zu allem Überfluss ist die Bundesrepublik auch in Bereichen weit abgeschlagen, in denen sie ein kritisches Publikum vorn sieht: Im *Environmental Sustainability Index* (ESI), der den Zustand der Umwelt und die umweltpolitische Performanz von 142 Staaten zu messen beansprucht, belegt Deutschland 2002 nur Platz 54 – drei Stellen hinter den USA und erneut weit abgeschlagen hinter dem Spitzenreiter Finnland (www.ciesin.org).

Auch wenn solche Ranglisten häufig Äpfel mit Birnen vergleichen und sich auf bestimmte Kostenfaktoren konzentrieren, ohne positive Standortfaktoren von Hochlohnländern (Rechtssicherheit, Marktzugang, kulturelle Faktoren, geringere Korruption etc.) hinreichend zu berücksichtigen, führen sie mittlerweile ein symbolisches Eigenleben und bilden selbst wirtschaftliche und politische Realitäten. In der deutschen Globalisierungsdebatte wurden sie wahlweise als Hinweise auf den Reformstau im Lande oder als gezieltes Schlechtreden der «Deutschland AG» deklariert. Problematisch erscheinen sie vor allem deshalb, weil sie auf so fragwürdigen Indices wie dem BIP beruhen; der gesamte Globalisierungsdiskurs beruht einseitig auf wirtschaftlichen und monetären Indikatoren, während sozial-ökologische und wohlfahrtsstaatliche Dimensionen meist außer Acht bleiben. Und gerade im Hinblick auf die tatsächlich erreichte weltgesellschaftliche Verflechtung ist es widersinnig, wenn Vergleiche sich so stark auf nationalstaatliche Parameter stützen, die man doch eben verabschiedet hatte. Ranking erzeugt die Illusion, man könne die Krise der kapitalistischen Weltwirtschaft an bestimmte «Volkswirtschaften» delegieren, die als Sündenböcke fungieren.

Um dauerhaft für die Präsenz in formellen und informellen Gipfel-Organisationen wie G 8 der WTO qualifiziert zu bleiben, deklarieren sich auch traditionell gut bewertete OECD-Staaten wie die Bundesrepublik Deutschland als «Marken», die wie Unternehmen ihre symbolische Reputation pflegen und auf Imagefaktoren achten. Während sich Staatsapparate (vor allem der amerikanische) auf der einen Seite als Sicherheitsstaaten reorganisieren und die klassischen Aufgaben des «Nachtwächterstaates» erfüllen, treten sie auf der anderen Seite als Wettbewerbsstaaten auf (Cerny 1995), die sich konsequent auch als «Marken-Staaten» deklarieren (Bobbitt 2002).

Ein eher absurdes, aber schlagendes Beispiel dafür war die Kampagne der Firmen accenture/Kohtes Klewes/Wolff Olins zur «Marke Deutschland» im Sommer 2002. «Made in Germany», hieß es im Anschreiben an deutsche Meinungsführer, «war über Jahrzehnte eine starke Marke, geprägt durch die westdeutsche Industrie. Sie stand für Autos, Sauerkraut und die D-Mark. Die Welt hat sich verändert. Deutschland ist größer geworden, die Währung europäisch, die Wirtschaft global. Und Deutschland ist auf dem Weg in die Zweitklassigkeit. Es hat keine klare Identität, seine Symbole sind kraftlos.» Diese Hypothese diskutierten handverlesene Repräsentanten aus Wirtschaft, Politik, Kultur und Medien; heraus kam schließlich ein «Manifest für Deutschland», in dem der deutschen Nation empfohlen wurde, Identitätsprobleme mit jener Strategie zu lösen, die Firmen wie Lacoste oder Coca-Cola anwenden, wenn ihre Absatzmärkte schrumpfen: Das Produkt wird nicht unbedingt besser, aber sein Image exquisiter. «Modernes Branding» soll, jenseits des Gebrauchswertes eines Produkts oder der Qualität einer Dienstleistung, eine gefühlsmäßige Dimension verleihen: Identifikation mit einem Lebensstil.

Was kluge Firmen tun, sollen kluge Nationalstaaten nach dem Willen der Markenerfinder auch tun: So hob Tony Blair *New Labour in Cool Britannia* aus der Taufe, in Anspielung auf die patriotische Hymne Rule Britannia, womit übrigens auch ein Paradigmenwechsel von der Weltpolitik zur Weltkultur unterstrichen wird. Dem Vereinigten Königreich folgten als *Brand States* Singapur oder Irland; ebenso bemühen sich ostmitteleuropäische Staaten, ihr lästiges Ostblock- oder Balkan-Image loszuwerden. Weil die Marke Deutschland in der Wahrnehmung der Werbeagenturen verblasst ist, benötigt sie aus ihrer Sicht eine Radikalkur – eine Nationalflagge in den Farben Blau-Rot-Gold, ein die (negative Holocaust-Identität ablösender) Claim «Einheit und Vielfalt», eine Sympathieträgerin wie Claudia Schiffer und das Top Level .de anstelle des alten Kennzeichens D.[13]

Solche Fantasien muss man nicht zu ernst nehmen, sie verdeutlichen allerdings, wie in der Gesellschaft der Werbung der politisch-kulturelle Unterbau von Staatlichkeit herausgestrichen wird und sich dieser wiederum vor allem wirtschaftskulturell ausstaffiert. Das allseitige Ranking von Unternehmen, Staaten und Kulturen ist Ausdruck der *Glokalisierung*, wie man jetzt die zunehmende Durchdringung und Beeinflussung örtlicher Verhältnisse, Gebräuche und Gewohnheiten durch Prozesse definieren kann, die sich in einem von vornherein transnationalen Referenzrahmen vollziehen, ohne dass dieser noch als monokausaler Ausgangspunkt lokaler Veränderungen angesehen werden kann. Sicher wird in «schwachen» Regionen der Einfluss von außen stärker wahrgenommen und als Druck oder Zwang empfunden, doch trotz dieser unverkennbaren Asymmetrie ist Glokalisierung niemals eine Einbahnstraße.

Eine Dialektik der «Vermark(t)ung» von Staatlichkeit besteht darin, dass man Rankings auch auf andere Gebiete anwenden kann. Wird erst einmal die Performanz von Unternehmen und Volkswirtschaften in dieser Weise gemessen, lassen sich beispielsweise auch Arbeitsbedingungen und Sozialstandards eines Landes messen, genauso die pro Kopf der Bevölkerung geleistete Entwicklungshilfe, die Einhaltung von Sozialklauseln und Verhaltensstandards von Unternehmen in Ländern der Dritten Welt und dergleichen. Internationale Organisationen wie Weltbank und Internationale Arbeitsorganisation (ILO) wenden ein breites Spektrum von Indikatoren an, um der Komplexität von Entwicklungsaufgaben gerecht werden zu können. Dieser Blickwechsel schlägt früher oder später auf die Unternehmenswelt zurück, die sich ebenfalls an sozialen und ökologischen Standards messen lassen muss. Ein bisher noch wenig konkretisierter Formulierungsansatz für die umfassende Verantwortung der Privatwirtschaft im Hinblick auf Menschenrechte, Arbeitsbeziehungen und Umweltqualität ist der 1999 von UN-Generalsekretär Kofi Annan eingebrachte «Global Compact», abgeleitet aus der Allgemeinen Deklaration der Menschenrechte von 1948, dem Weltsozialgipfel 1995 und der Rio-Konferenz von 1992. Kritiker dieses Ansatzes sehen darin ein unangebrachtes Vordringen neoliberaler Wettbewerbsprinzipien in das UN-System (Paul 2001), andere eher eine Selbstverpflichtung privater Wirtschaftskräfte auf die von ihnen gepredigten Prinzipien und die Möglichkeit, quasi-politisch handelnde Akteure wie die transnationalen Konzerne vor Betroffenen wie vor der Weltöffentlichkeit rechenschaftspflichtig zu machen. Ein analoges Beispiel ist der Versuch, über bisher allein dem Freihandel verpflichtete Organisationen wie der WTO Verhaltensregeln für Unternehmen verbindlich zu machen (Scherrer

1999). Auch damit ergibt sich eine Chance, transnationales Regieren über die eng definierte Außenwirtschaftspolitik auszudehnen, die ich jetzt verlassen möchte, um die «hybriden» kulturellen und kommunikativen Voraussetzungen der Weltgesellschaft deutlich zu machen.

Die Abstraktheit der Begriffe darf nicht vergessen lassen, dass Entgrenzung auch im Alltag spürbar wird. Das ist vor allem vier Errungenschaften der populären Massenkultur zu verdanken: dem Supermarkt, der Fernreise, dem Satellitenfernsehen und allgemein der Telekommunikation. Man muss nur die Werbezettel einer Supermarktkette auf die Herkunft der angebotenen Waren studieren, sich die lächerlich niedrigen Flugpreise und Telefongebühren vor Augen führen und sämtliche Angebote im TV durchzappen. Doch wer die Missbräuche und Exzesse der Konsumkultur – beispielsweise sollen sich an einem Tag des Jahres 2002 einmal mehr als sechzig Bezwinger am Gipfel des Mount Everest auf den Füßen gestanden haben – als «McDonaldisierung» (Ritzer 1998) geißelt, darf die Freiheits- und Gleichheitsgewinne nicht außer Acht lassen, die mit der Entgrenzung der Welt unstrittig verbunden waren und die Globalisierung, auch wie wir sie kannten, so attraktiv gemacht haben: Wer möchte ernsthaft zurück zu den «guten alten Zeiten», als ein Festnetzanschluss den *happy few* überlassen blieb, als vornehmlich russische Adelige, deutsche Romantiker und britische Snobs an die italienische Riviera oder ins Innere Afrikas vordrangen, als Zucker, Pfeffer und Erdöl unerschwingliche Luxusgüter waren, und man nicht wissen konnte oder erst nach Wochen erfuhr, dass ein Krieg bevorstand oder längst beendet war?

Darin haben die Befürworter Recht: Konsumentensouveränität als Variante von Wahlfreiheit ist eine Voraussetzung politischer Freiheit und Demokratie. Das herrschende Globalisierungsmuster ist aber auch ein Endpunkt von Demokratisierung, die das Genießen und Fortbewegen, das Zuschauen und Mitreden nicht mehr auf einige wenige beschränkt. Das Universum der Schaulust und der Kolportage, das sich damit eröffnet hat, ist *unsere* Welt geworden, kein Produkt geheimer Verführer und dunkler Mächte. Es ist freilich ein Missverständnis von Demokratie, dass alle zur gleichen Zeit alles haben könnten. «Chinesen wollen Mercedes fahren», wurde kürzlich der Chefverkäufer eines Weltkonzerns zitiert; die freudigharmlose Schlagzeile enthüllt das Grunddilemma einer Globalisierungskritik, die anderen den Verzicht auf Bedürfnisse nahe legt und sie zu einer Mäßigung anhält, die Unternehmens- und Nationsgründer im reichen Westen nie aufzubringen gezwungen waren und hiesige Verbraucher gelegentlich mit einer cartesianischen Formel zurückweisen: *I Shop Therefore I Am* (Barbara Kruger).

Betrachten wir die Antriebsmotoren der Entgrenzung näher, entdeckt man neben dem Profitstreben durchaus unschuldige und noble Motive – und viermal Freiheit: Auch der Massentourismus wurzelt noch in menschlicher Neugier und Weltentdeckungslust, das Warenhaus emanzipierte die Sinne vom lokalen Wochenmarkt, Telekommunikation erlaubte Aufklärung durch Abwesende, das Fernsehen schuf Weltöffentlichkeit. Mobilität, Differenzierung, Informationsfreiheit und Öffentlichkeit sind wirkliche Fortschritte der Menschheit. Jetzt bekommen wir es freilich mit deren nicht-gewollten Resultaten zu tun, die alle progressiven Bestrebungen ins Gegenteil zu verkehren drohen: Die Entdeckung der Welt mündete in ihrer gründlichen Entzauberung, die Schaulust erstickt in einer öden Bilderflut, und die Billigimporte aus aller Welt haben eher ein kulinarisches Artensterben bewirkt (und nebenbei ein Fiasko der Volksgesundheit, an dem sich von den USA ausgehend eine der wichtigsten innergesellschaftlichen Debatten in den reichen Nationen entzündet hat).

Wer intelligentere, übrigens auch ästhetisch anspruchsvollere und glücklichere Varianten von Globalisierung propagiert, muss sich ihrer Grundinstinkte bewusst sein, wenn eine kritische Herangehensweise breit nachvollziehbar sein soll. Und eventuelle Freiheitsverluste (oder sind es Freiheitsgewinne?) durch Einschränkung des Konsums, der Bewegungsfreiheit und der Kommunikation müssen plausibel gemacht werden. Einschließlich der Umweltbewegungen und grünen Parteien hat bisher keine säkulare Gruppierung vermocht, freiwillige Verhaltensänderungen auf breiter Front einzuleiten. Globalisierungskritik, wie sie in den ökologischen Bewegungen seit dem Club of Rome angelegt war, blieb deshalb meist eine Veranstaltung wohlständiger Minderheiten im reichen Norden.

Hybridität: Rück-Bindungen und Kultur-Konflikte

Transnationale Akteure der Wirtschaft und des Show-Business wirkten als «Rollenmodelle» auch für Leute, die sich selten über lokale und regionale Parameter hinausbewegen und fest in lokalen Bezügen von Raum (und Zeit) verankert zu sein scheinen. Wie einst Händler und Kaufleute, fungierten in den 1990er Jahren Vorstands- und Aufsichtsratsvorsitzende von Großbanken und Multis sowie Börsengurus als Trendsetter der transnationalen Gesellschaft (Sklair 2001). Manager identifizieren sich eher mit Produkten, Marken und Wirtschaftsstilen als mit Vaterland und Muttersprache; ein rudimentäres Business-Englisch wurde die *lingua franca* der über Bildungsprivilege zunehmend geschlossenen Kaste, zu der sich noch der akademische Jet Set, hoch qualifizierte und mobile Forscherfiguren und Wissenschaftsmanager zwischen Stanford und Sydney gesellten und am Rande auch Kulturimpressarios, Show-Stars und so genannte Mediengewaltige gehören.

Celebrities wie diese sind ein neues, auf Reputation beruhendes Segment der Eliten. An ihnen zeigt sich noch einmal exemplarisch, wie transnationale Räume emergent, das heißt: zwischen den Nationen und über die alte Staatenwelt hinweg gewachsen sind. Es verbindet sie eine (durchaus nicht uniforme) kulturelle und ästhetische Orientierung, Gemeinsamkeiten der Lebensführung und die Repräsentanz in global wirksamen und ausdifferenzierten Medien, wo werbliche Inszenierungen und Public Relations wie das erwähnte Branding eine Leitfunktion haben. Sie teilen eine «globale Vision» der Welt, die sich an grenzüberschreitenden *Best practice*-Vorgaben ausrichtet und zugleich *corporate citizenship* ausprägt, eine temporäre Zuordnung zur jeweiligen Firma, Kampagne oder Universität, womit wenigstens ein Rest Bodenhaftung gegeben ist.

Transnationale Mobilität ist jedoch nicht auf das oberste Stratum der Weltgesellschaft beschränkt. Ein Heer von Ferntouristen, Pendlern und Pensionären, die im sonnigen Süden Entspannung oder Exotik (und Erotik) suchen, trägt die Botschaft des Transnationalismus weiter, und selbst beim schlecht bezahlten Reinigungspersonal auf Flughäfen sind Englischkenntnisse obligat. Mobil und multikulturell sind auch Hilfsarbeiter mit prekärem Aufenthaltsstatus geworden, und gerade dieses Spektrum mittel- und rechtloser Transmigranten (Faist 2000) stützt das Theorem der Entgrenzung. Heutige Nomaden unterscheiden sich von den klassischen Auswanderern (in die USA, nach Kanada, Australien und Frankreich) dadurch, dass Herkunftsregion und Ort der Niederlassung stärker miteinander verwoben sind, zwischen ihnen sind dichtere Netzwerke entstanden, welche die Wanderer an zwei oder mehr Gesellschaften zugleich binden. Transmigranten leben *dauerhaft* an zwei und mehr Orten, sie sprechen *ständig* zwei und mehr Sprachen, besitzen *massenhaft* zwei und mehr Pässe (oder einen «gefestigten Aufenthaltsstatus») und durchwandern anfangs tastend, dann mit wachsender Routine *kontinuierlich* Familienhaushalte, Beziehungsnetze und Kommunikationsräume in beide Richtungen. Ethnologische Rekonstruktionen der transnationalen Netzwerke, Berichte über das Hin und Her der lateinamerikanischen Pendler in den USA oder der Sikhs in Großbritannien und viele weitere Diaspora-Gruppen demonstrieren eine neue Qualität im globalen Wanderungsprozess, die im deutschen Fall am Beispiel der Deutsch-Türken deutlich wird, wo auch ein ständiges Kommen und Gehen zwischen «Heimat» und «Gastland» herrscht. Spottbillige Transporte und kinderleichte Kommunikation lassen die permanente Ansiedlung, wie sie für klassische Immigrationsprozesse typisch war, nicht mehr vordringlich erscheinen. Früher blieben Remigration und periodische Heimatbesuche von Auswanderern episodisch, heute wirken sie sich auf die Strukturierung ganzer Gesellschaften aus. Transnational ist damit nicht nur das Auswanderungsland Türkei (das allmählich auch zum Einwanderungsland wird), sondern natürlich auch die europäischen Aufnahmegesellschaften (Gerhards/Rössel 1999).

Als *transnational* können wir zusammenfassend ein soziales Feld jenseits nationaler Zugehörigkeiten definieren, in dem eine wachsende Zahl von Menschen eine Art chronisches Doppelleben führt. Räumliche und soziale Mobilität waren immer schon Voraussetzung und Begleiteffekt der Modernisierung, aber dem «Bauernlegen», das die Agrarbevölkerung von der Scholle losriss und in die Industriestädte trieb, entspricht heute eine Art Grenzenlegen. Für die Kultursoziologie zählen folglich stärker die *routes*, die Routen der Migration, als die *roots*, die Wurzeln personaler Identität in nationalen und ethnischen Kollektiven. Damit relativieren (oder virtualisieren) sich erneut überkommene Kategorien von Raum (und Grenzen); an die Stelle des *space of places* tritt der *space of flows* (Castells 2001), rangiert also die relative Verortung vor der absoluten Lokalisierung. Seit der Eiserne Vorhang hochgezogen wurde, haben sich auch die Wanderungsbewegungen in Ost-West-Richtung verstärkt, die erwähnte Kommunikations- und Transportrevolution erlaubt außer Ferngesprächen und Billigflügen den weltweiten Empfang «heimischer» TV- und Radioprogramme. Das alles zusammen, eventuell kombiniert und gekrönt durch das World Wide Web, bewirkt eine Enträumlichung, die – anders als die klassische Emigration – eine «virtuelle Nähe» ebenso erlaubt wie eine bloß temporäre Abwesenheit. Dadurch können sich Gemeinschaften auch ohne dauernde Begegnung von Angesicht zu Angesicht erhalten, und mit der sukzessiven Dauerpräsenz «daheim» *und* «in der Fremde» werden beide Pole der transitorischen Existenz am Ende beinahe austauschbar.

Allerdings stehen der Virtualisierung des Raums und der Synchronisierung der Zeiterfahrung die elementare Körperlichkeit des Menschen und eine ganze Reihe von Globalisierungspathologien entgegen. Die Beharrungskraft und den Rhythmus der leiblichen Existenz kann eine transnationale Stilisierung der Lebensführung nicht dauernd überspielen; sie akzentuiert sogar die Leiblichkeit, darunter die Wahrnehmung des fremden Anderen in seiner physischen «Abweichung» von einer alles andere als klar vorgegebenen Norm (Loch/Heitmeyer 2001). Bequem sind solche Existenzweisen nicht unbedingt, aber das pauschale Mitleid mit dem Leben «zwischen den Kulturen», das Gutmeinende aufbringen, ist auch nicht angebracht. Angehörige der zweiten und dritten Generation von Einwanderern haben in permanenten Szenewechseln mittlerweile eine Routine, mitunter auch Virtuosität entwickelt und so viel materielles und kulturelles Kapital akkumuliert, dass sie den unbeweglicheren Mehrheiten bisweilen überlegen wirken.

In diesen Zusammenhang muss man nun kulturelle und religiöse Konflikte einordnen, die mit der Rück-Bindung des «Humankapitals» an seine Herkunftsriten und vor allem mit der Erfindung synkretistischer Praktiken in der Fremde und ihrer Demonstration im säkularisierten öffentlichen Raum verbunden sein können. Wanderer zwischen den Welten führen heimische Gottheiten und Riten im Gepäck, und gerade Menschen, die Bindungen verloren haben, suchen «Rück-Bindung», wie die wörtliche Übersetzung von Religion lautet. Insbesondere religiöse Gemeinschaften bewegten sich immer schon über nationale Grenzen hinaus. Spiritueller Gemeinsamkeitsglaube lässt sich besonders gut «strecken» und in der seit der Zerstreuung jüdischer und frühchristlicher Gemeinden so genannten Diaspora rekonstruieren. An der überlokalen Verbreitung religiöser Ideen und Gemeinschaften ist nichts prinzipiell Neues – die katholische Kirche könnte man als eine erste Agentur der Globalisierung überhaupt ansehen. Transnationalisierung der Religion ist aber weder, wie noch in kolonialen Zeiten, identisch mit einer als Verwestlichung interpretierten Verchristlichung (und Verkirchlichung), noch hat sich die Säkularisierung, die für die christlichen Gesellschaften Europas typisch war, weltweit als Muster durchgesetzt (Casanova 1994, Hoeber Rudolph 1997). Obwohl also religiöse Leitkulturen durch transnationale Migration insgesamt relativiert werden, kann Auswanderung religiöse Wir-Gefühle auf der Mikro- und Mesoebene wiederbeleben.

Damit wirkt Religion in Bezug auf die Weltgesellschaft gleichzeitig anti- und prosystemisch, das heißt, sie treibt die Globalisierung voran, gerade indem sie sich den gleichmacherischen und profanen Effekten der ökonomischen Globalisierung widersetzt, in diesen Fällen durch die Bildung partikularer Gemeinschaften und Gemeinden. Diaspora, die einst als katastrophal empfundene Erfahrung, ist im religiösen Pluralismus dieser Tage keine Ausnahme mehr; zugleich ist der Schutz religiöser Freiheit weltweit verbessert worden, so dass importierte religiöse Symbole auch im öffentlichen Raum säkularisierter Gesellschaften sichtbar werden können. Gelegentlich werden die Gemeinsamkeiten religiöser Überzeugungen gegen säkulare und atheistische Weltanschauungen herausgestellt, eventuell auch als *interfaith activities* zu ökumenischen Wert- und Zweckgemeinschaften gebündelt, aber ebenso stellt sich erneut die Frage der ein- oder wechselseitigen Mission von Un- und Andersgläubigen. Jedenfalls ergibt sich auf dem religiösen Feld im Spannungsgebiet zwischen Laizismus und Integrismus, Zentrum und Peripherie ein potenzieller Konflikt, auf den weder laizistische Republiken noch mehr oder weniger ausgeprägte Staatskirchensysteme eingestellt sind. Dabei erweist sich, dass auch die etablierten «Welt-Religionen», deren Wirkung nie an diesem oder jenem Ort festzumachen war, de facto auch Gemeinschafts- und Gruppenkulturen sind, die sich in der «post-westfälischen» Staatenwelt intensiv mit «ihrer» jeweiligen sozialen Ordnung und politischen Herrschaft verschränkt haben.

Transnationale Mobilität und Öffnung bewirken somit einen allseitigen Relativierungsschock. Religionsgemeinschaften verkünden nicht mehr – aus dem jeweiligen Kontext selbstevidente – Wahrheiten, sie stehen mit anderen Deutungen des Heiligen und Absoluten im Wettbewerb. Was das für die Religion selbst, in ihrer Doppelbedeutung als Funktion der Gesellschaft und als Performanz kultureller Gruppen, bedeutet, kann hier nicht erörtert werden; jedenfalls ist eine Art «Amerikanisierung» der religiösen Struktur moderner Gesellschaften zu beobachten (Leggewie 2000). Mit der in der amerikanischen Verfassung vorgegebenen strikten Trennung von Staat und Kirche(n) geht eine ungeniertere Präsenz des Religiösen im öffentlichen Raum einher, und religiöse Oligopole, welche beide christlichen Kirchen in Europa genießen, weichen mittelfristig einer horizontalen, eher sekten- als kirchenförmigen Koexistenz. Möglich ist, dass in diesem «religiösen Supermarkt» (Ruthven) auch die Volksfrömmigkeit insgesamt wieder zunimmt, wie das in den USA parallel zur sozio-ökonomischen Modernisierung der Fall war.

«Globalisierung» lernen wir so von ihrer anderen Seite kennen, sie ist nicht beschränkt auf Unternehmensfusionen, Internet-Kommunikation und Finanztransaktionen. Auch religiöse Gemeinschaften wandern um den Globus, und sie tun dies nicht nur in der organisations- und apparatgestützten Weise großer Weltkirchen, sondern vor allem als dezentrale Bewegungen von unten – als eine inoffizielle und heterodoxe, sich selbst begründende und latent strittige religiöse Zivilgesellschaft. Auch diese Bewegung, die sich politisieren und radikal-fundamentalistische Züge annehmen kann, trägt zur Entlegitimierung des Nationalstaats bei, sofern damit die Kongruenz einer Leitkultur mit dem politischen System vorausgesetzt oder impliziert war. Was sich für die religiöse Koexistenz sagen lässt, trifft generell für die Diffusion und Vermischung multikultureller Gesellschaften zu, und ebenso wenig wie religiöse Begegnungen notwendig friedlich verlaufen, darf man vom kulturellen System a priori schiedlich-friedliche Integrationsleistungen erwarten.

Seit Goethes und Herders Zeiten fechten auf kulturellem Gebiet zwei Tendenzen miteinander: die universalistische Idee der Weltliteratur, deren Kanon offen und kulturübergreifend ist, mit der Vorstellung partikularer Kulturnationen, die gewissermaßen «unmittelbar zu Gott» und für sich allein stehen. Man ist gut beraten, beide Ideen nicht als abstrakte Gegensätze, sondern im Blick auf die Produktion und Aneignung kultureller Werke als komplementär anzusehen. So wappnet man sich gegen zwei vorherrschende Gefahren: Weder darf man (mit Samuel Huntington) Kultur zu einer Substanz stilisieren und zu einem per se konfliktträchtigen Faktor der Weltpolitik aufbauschen, noch soll man (wie ein guter Teil der Kulturwissenschaften) kulturelle Differenz ohne Rücksicht auf andere soziale Kontexte als Errungenschaft feiern und kulturellen Eigensinn für sakrosankt erklären. Die kulturelle Dimension der Entgrenzung kann man besser als Hybridisierung bezeichnen[14], insofern gerade auf kulturellem Gebiet (im weiten Sinn) Mischungen, Kreuzungen und Überlappungen an der Tagesordnung sind und Grundlagen für Kreativität und Innovation bilden.

Überprüfen kann man das auch anhand solcher Domänen des Kulturbetriebs, die im Verdacht stehen, eine weltweit identische McWorld-Kultur (analog zur angeblichen McDonaldisierung der Welt) hervorgebracht zu haben: an der Weltmusik und am Hollywood-Kino. *World music* à la Peter Gabriel oder Putumayo collagiert disparates Material, womit konträr wirkende Stilrichtungen fusioniert werden und etwas zusammenwächst, was im Ohr von Puristen auf keinen Fall zusammengehört. Populäre Musik kann man seit ihrer Verbreitung auf Tonträgern als Prototyp einer globalen, dennoch nicht standardisierten Kultur heranziehen; beschleunigt wurde das durch die digitale Reproduzierbarkeit von Musikwerken, die nicht nur stetige Wiederverwendung, sondern auch die Konstruktion neuer Klänge erlaubt (Binas 2001). Anders als es eine gängige Kritik suggeriert, kommen dabei nicht notwendig simple oder gar «primitive» Standards heraus, die sich überall gleich anhören und jede Originalität vermissen lassen; vielmehr werden regionale Stile von einer weit verzweigten Musikindustrie aufgesogen und auf den Weltmarkt gebracht, worauf lokale Label wiederum reagieren. Rein nationale Produkte (sagen wir: der deutschen Volks- oder Schlagermusik) sind damit ebenso auf dem Rückzug wie die Produkte internationaler Stars, während «ortlose» (oder glokale) Kreuzungen auf dem Vormarsch sind, wozu das Internet einen wesentlichen Beitrag geleistet hat. Auf Authentizität kann man in einer entgrenzten Industrie für populäre Musik (wozu große Teile der «ernsten Musik» mittlerweile ebenso zählen wie früher nur Kennern bekannte «Nischen») nicht mehr beharren; vielmehr macht diese Hybridität klar, dass es Sounds «in Reinkultur» niemals gab und eine transkulturelle Signatur immer schon vorlag. Differenzieren (und kritisieren) kann man die Produktion und den Geschmack des Publikums eher anhand der Qualität des jeweiligen Sampling. «Lokale» Traditionen zirkulieren global, und sie werden damit von technologischen und ökonomischen Apparaten am Leben gehalten, die sie – folgt man der Standardisierungsthese – eigentlich zum Untergang verurteilt hätten. Fraglich bleibt aber, welche spezielle Tradition jeweils besser anschlussfähig ist, welche den globalen Massenmarkt erreicht und welche in den Nischen hängen bleibt – oder am Ende doch in Vergessenheit geraten wird.

Das andere Beispiel, das oft zur Stützung einer grobschlächtigen Amerikanisierungsthese bemüht wird, ist die außerordentliche Durchsetzungskraft des US-Kinos. Diese ist, was den Anteil von «Hollywood» an den weltweiten Einspielungen an Kinokassen und die Hegemonie seiner Distributionsnetze bis in den Fernseh- und Video/DVD-Markt hinein betrifft, unbestreitbar und für die Filmindustrien anderer Länder mitunter bedrohlich. Doch die historische Genese wie die aktuelle Rezeption des amerikanischen Blockbuster-Films belegt eine ebenso vielseitige Transnationalisierung, die sich von der ursprünglichen Charakteristik der amerikanischen Einwanderungsgesellschaft ableitet und sie bis heute so besonders anschlussfähig macht. Diese kulturelle Hegemonie hat das Wachsen von Regionalmärkten, vor allem in Asien, niemals aufgehalten[15]; deren Spitzen- und Massenprodukte beeinflussen ihrerseits die Ästhetik und Technologie von «Hollywood»-Filmen, so dass man auch auf diesem Gebiet eher eine ästhetische Wechselbeziehung annehmen darf, deren Asymmetrie vor allem film*wirtschaftlich* bedingt ist.

Ähnliche Beobachtungen lassen sich zur gegenwärtigen Kunstavantgarde anstellen: Die starke Präsenz von Exponaten von «nichtwestlichen Künstlern» bei der Documenta 11 im Jahr 2002 (knapp 50 Prozent der 118 eingeladenen), die von dem Nigerianer Okwiu Enwezor kuratiert wurde, zeigt, wie deren Sichtweisen auf die westliche Kunstszene zurückweisen, der sie längst selbst angehören und häufig auch ihre materielle Existenz verdanken. Was hier fruchtbar zum Tragen kommt, sehen Befürworter audiovisueller Mixturen seit den frühesten Ursprüngen der schönen Künste am Werk, und allgemein kann man feststellen, dass die Kreativität von Kulturen niemals auf der Fernhaltung des Fremden, sondern stets auf «außerordentlichen» Anleihen beruhte, also auf mimetischer Aneignung und dem ständigen Austausch von Erfundenem, auf der Innovation von den Rändern her und der Anverwandlung von scheinbar Unassimilierbarem.

So gesehen stellt die Hervorbringung dieser Weltkultur nur eine weitere Stufe der «Hybridisierung» per se hybrider Kulturen dar, und alle Bemühungen um kanonische Restauration bezeugen, dass diese Form des Kulturrelativismus die Statuierung von Leitkulturen verbietet, ohne dabei auf Bewertungskriterien verzichten zu müssen. Begonnen hat diese wilde Verbindung von Artefakten, Symbolen und Identitäten mit der Sprache, dem primären Ausdrucks- und Kommunikationsmittel, wo es im Kontakt zwischen zwei und mehr Sprechergruppen häufig zur *Kreolisierung* kam. Kulturelle Entgrenzung bringt es mit sich, dass Elemente *aller* Kulturen aus ihren lokalen Wurzeln und Kontexten gelöst werden.

Während Wirtschaft und Technik im Weltmaßstab universale Medien wie das Geld und standardisierende Expertensysteme hervorgebracht haben und diese von lokalen Ursprüngen absehen müssen, weil nur diese Abstraktion eine Kommunikation zwischen Fremden erlaubt und Vertrauen schafft, widersetzen sich kulturelle Produkte und Szenen der Vereinheitlichung. Zwar werden zugeschriebene Merkmale wie Geschlecht, Alter und Körpermerkmale relativiert und lokale Ausschlusskriterien geächtet, aber solche kehren zurück in Form von Stilbewusstsein und Spezialkommunikation. Auch wenn sich wechselseitige Distinktionsbedürfnisse aufstacheln und politisieren lassen, bleiben sie letztlich auf eine «Struktur gemeinsamer Unterschiede» (Marshall Sahlins) bezogen, die puristische Anwandlungen und einseitige Politisierungen kritisierbar macht. Standardisierung und Distinguierung gehen folglich miteinander einher. Selbst eine fundamentalistische Reaktion muss sich – das Beispiel des militanten Islamismus zeigt es – die zu bewahrende Tradition «erfinden»; sie ist in ihrer Einflussnahme faktisch selbst transnational und propagiert in Gestalt einer erneuerten Umma (Weltgemeinschaft) auch nur ein alternatives Muster der Globalisierung.

Konflikfrei verläuft diese Hybridisierung ganz offensichtlich nicht. Ein haarsträubendes Beispiel für die Untiefen kultureller Globalisierung war die Wahl zur «Miss World» des Jahres 2002, die in vieler Hinsicht exemplarisch ist für die mit kultureller Entgrenzung verbundenen Probleme. Die zum Anlass von weltweiten Miss-Wahlen üblicherweise gebildete Karawane sollte 2002 in Nigeria Station machen, von wo die Vorjahresgewinnerin des Schönheitswettbewerbs stammte. Doch im islamischen Norden des Landes stieß die geplante Veranstaltung auf massiven Protest; strenggläubige Muslime sahen darin einen neuen Beweis westlicher Dekadenz und Schamlosigkeit und fühlten durch die Enthüllung der Frauen ihre Religion beleidigt. Wenige Wochen vor dem anberaumten Termin hatte dort ein Scharia-Gericht eine unverheiratete Frau, die ein Kind zur Welt gebracht hatte, zum Tod durch Steinigung verurteilt; das extrem frauenfeindliche Urteil war von einem übergeordneten Gericht aufgehoben worden, stieß jedoch im Norden des Landes als angeblich angemessene Auslegung des islamischen Strafrechts auf verbreitete Zustimmung. Einige der 91 Schönheitsköniginnen wollten nicht anreisen, doch sogar Nigerias Staatspräsident Obasanjo und einheimische Menschenrechtsgruppen ermunterten sie dazu, wohl wegen des zu erwartenden Publicity-Effekts und als Beweis dafür, dass man sich von Islamisten nicht einschüchtern lasse. Die Aggression, die eine Miss-Wahl auslöste, hatten sie offenbar unterschätzt, genau wie der Verfasserin des Artikels in einer lokalen Zeitung, die sich über die Prüderie mokiert und scherzhaft angemerkt hatte, der Prophet Mohammed hätte sich eine der schönen Bewerberinnen womöglich zur Frau genommen. Dieser Satz löste eine Fatwa aus, die zur Tötung des Journalisten aufforderte, und zog tagelange Tumulte nach sich, bei denen mehr als 200 Menschen ums Leben kamen, nachdem die Konfrontation zwischen Muslimen und Christen in diesem afrikanischen Bürgerkrieg schon zuvor viele Opfer (ganz überwiegend unter Christen) gefordert hatte. Die Miss-Wahl musste abgeblasen und nach London verlegt werden, wo eine 21jährige, in den Niederlanden aufgewachsene Türkin den Titel errang. Der türkische Ministerpräsident Abdullah Gül beglückwünschte die Siegerin und lud sie zum gelegentlichen Besuch in seinem Amtssitz ein.

Aus diesem Fall lassen sich einige Schlüsse zum Charakter der kommerziellen Welt-Kultur ziehen. Um mit dem türkischen Premier zu beginnen: Er vertritt bekanntlich eine bis vor kurzem noch radikal-islamistisch auftretende Partei (AKP), die eben die türkischen Parlamentswahlen gewonnen und sich als enger Partner des Westens für die Aufnahme des Landes in die Europäische Union empfohlen hatte. Sein «spontaner», über alle Medien der Welt verbreiteter Glückwunsch demonstrierte nicht nur den Stolz auf eine in Europa aufgewachsene Landsfrau, er sollte offenbar auch die Vereinbarkeit von Islam und Konsumkapitalismus unterstreichen, von dem Miss-Wahlen ein hervorstechender Teil sind, und damit die Differenz zum rückwärtsgewandten Islamismus in Westafrika. Jeder globale Wettbewerb erlaubt, wie wir am Beispiel des Branding gesehen haben, Nationalstolz und entsprechende Distinktionsgewinne; die Türkei kann sich im Windschatten einer hochgradig konzentrierten Beauty-, Fitness- und Wellness-Industrie selbst als Marke platzieren.

Ähnliches hatten nigeranische Offizielle und Geschäftsleute für ihr Land im Sinn. Den Wettbewerb nach Nordnigeria zu verlegen, war einerseits eine kapitale Dummheit und der Unkenntnis über die lokalen Verhältnisse geschuldet, wie dies für einen Großteil des Ferntourismus und viele Hervorbringungen der Weltkultur gilt; man hätte sich leicht ausmalen können, welche Reaktionen die Darbietung unverheirateter Frauen in knappen Badeanzügen an einem so umkämpften Brennpunkt auslösen würde, zumal Kritik an derartigen Shows auch aus protestantischen Kreisen in den USA und von feministischer Seite durchaus bekannt ist. Im Sinne des «global branding» der Miss-Wahlen, die weltweit von Millionen Fernsehzuschauern verfolgt werden und an der Hunderte von Illustrierten, Kosmetik- und Modefirmen hängen, war dies nicht weniger reputationsschädlich als das Wirken der Firma Shell und anderer Mineralölkonzerne in Nigeria.

Auf der anderen Seite kann man die Sturheit der Veranstalterin Julia Morsley, in ihren eigenen Worten, auch als «humanitären Interventionismus» kennzeichnen, in welchem der Kulturbetrieb eine zunehmend wichtige Rolle spielt; die beste Reaktion auf die Scharia-Justiz sei, das davon heimgesuchte Land aufzusuchen, nicht es zu isolieren. So bekam die Miss-Wahl, die bisher eher als Ausdruck globaler Frauenverachtung gedeutet und in die Nähe der weltweiten Sex-Industrie gerückt wurde, fast die Weihe einer feministischen Solidaritätsaktion. Die Miss World von heute ist laut Webseite der Veranstalter ohnehin eine selbständige, beruflich und sexuell emanzipierte Frau (wie die aus Bosnien stammende Vertreterin Deutschlands, Indira Selmic); sie wird nicht gezwungen, im Badeanzug anzutreten, sondern stellt ihre körperlichen Reize in kühler Kalkulation aus und weiß selbstverständlich eine eigene Firma zu führen.

Wer sich dagegen stellt, gleich ob in Nigeria oder USA, hat Muslime auf seiner Seite, welche die Schönheit von Frauen allein ihren Ehemännern vorbehalten wollen und sie außer Haus anhalten, sich zu verschleiern. Das zu kritisieren, und hier kommt man zum letzten exemplarischen Aspekt der Miss-Wahl, muss auch in einer Weise erlaubt sein, die von den Kritisierten als blasphemisch und gegen ihre religiöse Kultur gerichtet angesehen werden mag. Das gilt für die Pressefreiheit im Fall des inkriminierten Zeitungsartikels, das gilt analog und exemplarisch auch für die Meinungsfreiheit des französischen Romanciers und Skandalautors Michel Houellebecq, der in einem Interview eine (nicht gerade inspirierte) Tirade wider den Islam als angeblich «dümmster Religion der Welt» abgelassen hatte und sich deswegen einer Klage muslimischer Organisationen in Frankreich ausgesetzt sah. Seltsamerweise schlossen sich diesem Vorgehen im laizistischen Frankreich auch nicht-muslimische Kreise an, die die Sensibilität einer bestimmten Religion über die Freiheit der Meinungen stellen – eine falsche Alternative, die bereits im Fall des Schriftstellers Salman Rushdie aufgemacht wurde. Gerade in multireligiösen Gesellschaften muss prinzipiell jede Meinungsäußerung (im Rahmen der üblichen Grenzen) erlaubt sein, allerdings ist auch die Frage, ob man sich als Literat oder Interessenvertreter in einer derart pauschalen, für den kulturellen Pluralismus unempfindlichen Weise äußern sollte.[16]

Die Fallgeschichte zeigt, wie sich Kultur, vor allem in ihrer politisch-religiösen Ausprägung, in der gegenwärtigen Weltgesellschaft häufig auf Kampf reimt. Dabei folgt die Virulenz der Konflikte nicht aus der inhärenten «Streitbarkeit» dieser oder jener Kultur, wie es eine dschihadische Lesart des Islam und eine militante Gegenposition nahe legen; sie ergibt sich vielmehr aus dem Fehlen von

Einrichtungen, die unversöhnlich empfundene Streitigkeiten schlichten könnten. Eine solche Übereinstimmung auf Zeit erreicht man nicht über eine autoritär verfügte Leitkultur, und wenn in der Auseinandersetzung mit Muslimen und Türken zutreffend darauf verwiesen wird, das deutsche Grundgesetz oder eine andere europäische Verfassung beruhe auf christlichen Grundlagen, sind damit gerade nicht theologisch-religiöse Eigenheiten des Christentums gemeint, sondern einzig jenes Ethos, das für die westlich-säkularen Gesellschaften auch jenseits der Glaubenszugehörigkeit handlungsleitend geworden ist, darunter ein Mechanismus der Konfliktschlichtung, der das Ausufern kultureller Differenzbetonung verhindert.

Kulturen ziehen Grenzen, die andere Systeme (wie die Wirtschaft) ignorieren oder niederreißen; zugleich erlauben sie eine Kommunikation, die zwischen den Systemen von Wirtschaft, Moral und so weiter nicht stattfindet. Interkulturelle Kommunikation erschließt neue Kommunikationsräume, und eben daraus kann sich neue Kultur entwickeln. Das Taktgefühl westlicher Kommunitaristen hat einiges für sich, doch keine kulturelle Gemeinschaft ist über externe Kritik erhaben. Im Westen, vor allem in akademischen Kreisen, haben sich ein Kult des Besonderen (Wikan 2002, Sandall 2001) und eine Xenophilie entwickelt, deren Freundbilder und permissive Toleranz für ungestörte Nachstellungen und Verfolgungen innerhalb einer Gruppe ausgenutzt worden ist. Dagegen müssen universale Standards der Menschenrechte aufgeboten werden, die jeden *einzelnen* Menschen als endliches und verletzliches Wesen schützen und aus keiner partikularen Kulturvorschrift heraus die Ausübung von Gewalt, Schmerz und Folter oder Unterdrückung und Ausbeutung von Individuen und Minderheiten erlauben. Hier bestehen keine Auslegungsspielräume, sondern nur Erklärungsbedarf: Jeder Mensch hat ein Recht auf Leben, körperliche Unversehrtheit und gewaltfreie Lebensumstände, was eine politische Ordnung voraussetzt, die derlei tatsächlich garantieren kann (Benhabib 2000, Kersting 2002). Eine solche gibt es bisher nicht. Auch die Vereinten Nationen können den effektiven Schutz der Menschenrechte nicht gewährleisten; dafür treten NRO und spezielle Menschenrechtsorganisationen ein, die wiederum auf Resonanz in der Weltöffentlichkeit angewiesen sind.

Glokalisierung: Transnationale Öffentlichkeiten

In dem Maße, wie sich die Welterfahrung der Menschen entgrenzt beziehungsweise ihre Selbst-Erfahrung «globalisiert» hat, fand auch eine Entgrenzung der Öffentlichkeit statt. Als Öffentlichkeit bezeichnen wir alles, was weder geheim noch privat ist, konkreter: einen tatsächlichen oder gedachten Ort, der prinzipiell allen offen steht und an welchem die «res publica», die alle interessierenden Angelegenheiten, besprochen und entschieden werden. Dabei unterscheidet man Grade und Formen von Öffentlichkeit: Eine informelle Versammlungsöffentlichkeit, welche die physische Ko-Präsenz der Teilnehmer voraussetzt und ein erweitertes face-to-face-Gespräch unter Anwesenden erlaubt, ist etwas anderes als ein parlamentarisches Gremium, und dieses unterscheidet sich wiederum von der öffentlichen Meinung, die heute durch Massenmedien hergestellt wird und von den meisten Menschen als Bestandteil ihrer Lebenswelt empfunden wird. Nichts geschieht, was im Fernsehen nicht vorkommt.

Politische Öffentlichkeiten waren lange und sind heute oft noch auf einen nationalen oder regionalen Kommunikationsraum begrenzt, auch wenn Nachrichten aus fernen Ländern und fremden Erdteilen schon seit Jahrhunderten eine besondere Bedeutung beigemessen wird. So kann man bereits seit langem von transnationalen Medienereignissen sprechen, etwa in der Kommunikation eines welterschütternden Erdbebens oder einer weltbewegenden Entscheidungsschlacht, die mit den seinerzeit zur Verfügung stehenden Mitteln der Nachrichtenübertragung den lokalen Deutungskontext übersprangen. Aber zugleich war die Herausbildung nationalstaatlicher Einheiten das Ergebnis einer erfolgreichen Bündelung und Zuspitzung von Kommunikation auf eine bestimmte, sprachlich und kulturell vermittelte Einheit, die zwar den lokalen Nah-Raum überschritt und in seiner Bedeutung relativierte, zugleich aber auch eine wirksame Distanz und Hierarchie zwischen der eigenen und fremden Nationen herstellte (Deutsch 1966).

In diesem Sinne kann man die Weltgesellschaft nun zusammenfassend als einen erweiterten Kommunikationsraum bestimmen und die schon auf verschiedenen Ebenen (Nation-Umwelt; Politik-Wirtschaft) thematisierte Entgrenzung im Kern als eine Folge der

Erweiterung von Information und Kommunikation ansehen. Die Regionen und Völker der Weltgesellschaft haben sich vor allem durch Kommunikation «entdeckt», und heute ist, nicht nur in den reichen Ländern, über Postverkehr und Telefonnetze, Satellitenfernsehen und Internet eine *Interkonnektivität* erreicht wie nie zuvor. Transnationale Medienereignisse, darunter Fußball-Weltmeisterschaften und Live-Konzerte, Fernseh-Kriege (wie 1991 am Golf im weiteren Verlauf des Jahrzehnts in Jugoslawien) und Zeremonien (wie das Begräbnis von Lady Diana) haben dem Phänomen «Weltöffentlichkeit», das bisher als rhetorische Akklamationsinstanz galt und sich nur schemenhaft ausgeprägt hatte, eine präzisere Gestalt verliehen – als die «Gemeinschaft der Völker» und virtuelles «Weltgewissen». Darauf können Opfer von Unterdrückung ihre Hoffnungen setzen, die im eigenen Land schutzlos bleiben und keine Gerechtigkeit erfahren.

Das große Gegenbeispiel, das zugleich eine entsprechende Reaktion auslöste, war die Vernichtung der europäischen Juden, die den Entscheidungsträgern der westlichen Welt und im Vatikan durchaus bekannt war, aber nicht durch eine militärische Intervention gestoppt wurde. Der singuläre Genozid hat, ausgehend von den Nürnberger Kriegsverbrecherprozessen und nicht zuletzt dank der globalen Kommunikation des «Holocaust», das im Völkerrecht verankerte Nichteinmischungsgebot und damit den Kern der Souveränität der Staaten (s. Anm. 10) erheblich relativiert. Die Relevanz (und auch Ambiguität) humanitärer Intervention haben Fälle von Einmischung (im ehemaligen Jugoslawien) wie Nicht-Einmischung (in Tschetschenien und Ruanda) in jüngster Vergangenheit offenkundig gemacht. Dazu gehört die laufende, für die Konstitution einer Weltöffentlichkeit bedeutsame Debatte um den Internationalen Strafgerichtshof, den die Vereinigten Staaten auf alle erdenkliche Weise zu verhindern trachten, weil sie kriminelle Akte ihrer Staatsangehörigen und Soldaten keinem Weltgericht unterstellen wollen.

Zum Menschenrechtsuniversalismus trat später die «nachkoloniale» Forderung, kulturelle Sonderwege zu respektieren und eben dieses Recht auf Differenz selbst universal zu verankern, wodurch in der heutigen Weltgesellschaft Verschiedenheit als Universalie anerkannt ist. Friedens- und Menschenrechtsverletzungen durch Gewaltregime und Diktaturen werden heute in der Regel über Grenzen hinaus publik und ohne Rücksicht auf solche politischen oder kulturellen Autonomieansprüche angeprangert, so dass staatliche Grenzen nicht mehr den bisher üblichen Schutz bieten, auch wenn der ehemalige chilenische Diktator Augusto Pinochet davongekommen ist. Belgische Gerichte haben das dem israelischen Ministerpräsidenten Sharon zur Last gelegte Kriegsverbrechen ungeachtet der Tatsache verhandelt, dass sie weder auf belgischem Boden (sondern im Süd-Libanon) noch durch oder an belgischen Staatsbürgern verübt wurden. Ähnlich exterritorial befassen sich amerikanische Gerichte mit Schadensersatzansprüchen, die Nicht-Amerikaner auf Grund von Unfällen an ausländischen Orten wie Enschede und Kaprun angemeldet haben, und man kann auch hier wieder auf die transnationale Medienaufmerksamkeit spekulieren, ohne die ein solches Vorgehen kaum plausibel wäre. Schließlich wurden unter Bezug auf die Entschädigung von Holocaust-Opfern eine ganze Serie analoger Klagen erhoben, nicht nur von Opfern der Apartheid, sondern auch der Jahrhunderte zurückliegenden Versklavung von Afrikanern. Analog dazu suchen Opfer ethnischer und sexueller Diskriminierung nicht mehr nur symbolisch Entschädigung über Dritte, die als institutionelle Repräsentanten der Weltöffentlichkeit gelten können.

Befördert, zugleich auch manipuliert werden solche Ansprüche durch eine elektronische Medienöffentlichkeit, die sich thematisch wie von ihrer Reichweite her global erweitert hat. Elektronische und digitale Medien (letztere spielen aufgrund niedriger Transaktionskosten, großer Geschwindigkeit und Archivkapazität eine besondere Rolle) überwinden Zeit und Raum, ohne dass Zuschauer und Zuhörer ihren jeweiligen Standort (resp. die Fernsehcouch) verlassen müssen. Dabei geht es nicht vornehmlich um die Berichterstattung über Ereignisse, die metaphorisch «alle Welt» interessieren; spezialisierte Sender wie CNN und MTV können über die Inszenierung von «Großereignissen» zeitweise die ganze Welt in den Bann schlagen und die Einschaltquote ist der globale Indikator für Medienaufmerksamkeit geworden. Medien mit globaler Reichweite werden damit nicht zu Hütern einer universal gültigen Moral, sie integrieren aber die Weltgesellschaft, indem sie kulturelle Reibungen und systemische Unvereinbarkeiten sowie aktuelle Entwicklungsrisiken thematisieren. Mit dieser Irritation schaffen sie die Grundlage für einen bescheidenen, stets fragilen Kosmopolitismus, der eine früher kaum mögliche Solidarität mit Fremden erlaubt und diesen auch konkrete finanzielle oder immaterielle Zuwendungen verschafft.

Man kann ein erstes Resümee ziehen zu den Konsequenzen dieser Kommunikationsrevolution für die Herausbildung transkultureller Räume und Gemeinschaften: Erstens hat sich, quer zur herkömmlichen Differenzierung der Weltgesellschaft nach Funktionsbereichen, kulturelle Fragmentierung oder *Hybridität* eingestellt. Zweitens entterritorialisieren und *virtualisieren* sich soziale Räume, so dass man weniger denn je die Deckungsgleichheit von kulturellen Gemeinschaften mit Staatsgrenzen unterstellen kann. Drittens bilden sich emergent transnationale Gemeinschaften und Identitäten *durch Nationen und Nationalstaaten hindurch.* Die Diversifikation sozialer Zugehörigkeiten stellt den Nationalstaat als Leitlinie kollektiven Handelns wie als politisches Leitmotiv in Frage, was weiter unten als demokratietheoretisches Problem aufgegriffen und analysiert werden soll: War die Nation seit dem 19. Jahrhundert, in Verbindung mit dem bürokratischen Anstaltsstaat und demokratischer Repräsentation, Fixpunkt personaler Identität und Bedingung sozialer Zugehörigkeit (und sein Fehlen die Hauptursache unerwünschter Staatenlosigkeit), entstehen heute, jenseits des Nationalstaates, flexible Formen von Zugehörigkeit und Gemeinschaft, welche die Repräsentativität und Legitimität demokratischer Herrschaft herausfordern.

Der Fluchtpunkt solcher Entwicklungen ist die wirkliche Weltgesellschaft, deren tatsächliche Desintegration auch die Grenzen der bisherigen Globalisierung (wie wir sie kannten) unterstreicht. Insular begrenzt auf die OECD- und Schwellenländer, hat sie für periphere Gesellschaften unterm Strich eher negative Interdependenzen gebracht. Weitaus signifikanter als das (propagandistisch in den Vordergrund gerückte) globale Wirtschaftsgeschehen war die regionale Verflechtung und Blockbildung, beispielhaft in der EU, in Asien (Katzenstein 2000) und in der nordamerikanischen Freihandelszone NAFTA, also eine Art regiozentrische Internationalisierung der Weltwirtschaft, die am ehesten Modell steht auch für eine «alternative Globalisierung» im Maghreb, in Afrika südlich der Sahara, in Lateinamerika und in Asien. Der exklusive Charakter der Globalisierung erwies sich nicht nur, aber am stärksten im Süden der Weltgesellschaft, der laut «Washington-Konsensus» und WTO-Runden am ehesten davon profitieren sollte. Das reichste Fünftel der Weltbevölkerung ist heute fast fünfzigmal reicher als das ärmste Fünftel; knapp eine Milliarde Menschen sind nach dem gigantischen Boom der 1990er Jahre unterernährt und Analphabeten. Und das nicht in Folge knapper Kapital- und Nahrungsmittel, sondern we-gen mangelnder Kaufkraft, also auf Grund eines globalen Vertei-lungsproblems (Sen 1999). Vor die Fragen kultureller Differenz schieben sich damit wieder klassische Probleme sozialer Gleichheit und Gerechtigkeit, die auf Weltebene noch schwieriger zu konzep-tualisieren sein werden (Therborn 2001).

2. Feinde, Gegner, Kritiker:
Typen der Globalisierungskritik

Die neuerdings zahlreichen kritischen Stellungnahmen zur Globa-lisierung könnten den Eindruck erwecken, diese habe überhaupt keine Befürworter mehr. Vor kurzem noch erschien Globalisie-rung, wie wir sie kannten, alternativlos, mit ihr sollte die kapitalisti-sche Utopie – die letzte ihrer Art (Saage 1999) – in Erfüllung gehen. Nun verrotten die Glanzprospekte, die Banken und Regierungen, die PR-Abteilungen der New Economy und die Werbeagenturen des globalen Dorfes erstellt haben. Globalisierung ist unpopulär (Bundesverband Banken 2002) und erzeugt schon bei Kindern Un-behagen (Beispiel: www.imagine.gtz.de). Manche lasten das schlech-ten Pädagogen an und fordern «Wirtschaft als Schulfach» (worunter man sich eine Art Börsenfernsehen für Anfänger vorstellen muss); dabei haben Kinder ein untrügliches Gefühl für flagrante Ungerech-tigkeiten, wie sie die gegenwärtige Weltwirtschaft erzeugt.

Das annoncierte Positivsummenspiel (mit einem Gewinn für alle) ist ausgeblieben. Der Boom der 1990er Jahre hat nicht nur das Nord-Süd-Gefälle vergrößert, sondern auch die Ungleichheit von Einkommen und Vermögen in den entwickelten Ländern. Big Go-vernment, zwischen 1950 und 1975 eine wirksame Korrekturin-stanz, wurde abgeschafft, aber das Versprechen, steigende Einkom-men würden dem Staat hohe Steuereinnahmen bescheren, «aus denen er viele Leistungen finanzieren kann»[17], wurde gebrochen; vielmehr hat der ruinöse Steuerwettbewerb die Erfüllung elementarer Staatsaufgaben unterminiert. Städte und Gemeinden sind gerade in den USA durchweg bankrott, der öffentliche Dienst verrottet, am Ende der Spekulationsphase steht eine lähmende Malaise.

Verlierer im reichen Norden waren vor allem Arbeitnehmerhaushalte mit niedrigen Einkünften aus Arbeit und Kapital, die mangels Arbeitsplatzsicherheit am ehesten auf staatliche Transferleistungen angewiesen sind und von «tax breaks» wegen ihrer geringeren Abgabenbelastung ohnehin kaum profitieren (Bohnet/Schratzenstaller 2001). Gewinner waren die wohlhabenden Lohnabhängigen und Selbstständigen, die gegen die Einschränkung der staatlichen Leistungspalette nichts einzuwenden hatten, aus der sie nur in Ausnahmefällen Nutzen ziehen. Dazwischen stehen Rentner und Pensionäre, je nach ihrer Ausstattung mit Privatvermögen und Immobilien; ähnlich uneinheitlich ist das Bild bei den Unternehmen, die durchweg an niedrigen Steuern interessiert sind, davon aber nur als große Konzerne profitieren, die überdies stärker *corporate welfare* (Subventionen) in Anspruch nehmen, das heißt: Kartellpreise, Exportsubventionen, Kreditgarantien, Privatisierungsgewinne und im Notfall *bail-outs* (Stundung und Übertragung von Schulden).

Daran, ob die deutsche Bundesregierung einseitig Konzerne wie DaimlerChrysler mit Steuergeschenken überhäuft habe, entzündete sich auch im deutschen Wahlkampf 2002 die Gerechtigkeitsfrage. Sozialstatistische Analysen (Therborn 2001) belegen ebenso wie detaillierte Fallstudien (Ehrenreich 2001, Sennett 1998) und literarische Dokumente (Bowden 2002), wie sich soziale Ungleichheit innergesellschaftlich und zwischen den Nationen ausgebreitet hat. Sie resultiert aus vertikalen Hierarchisierungen (oben und unten) ebenso wie aus horizontalen Marginalisierungen (Zentrum und Peripherie), und sie hat Wut, Frustration und (Auto-)Aggression bis in das scheinbar abgesicherte postmoderne Angestelltenproletariat hinein erzeugt.[18]

Die publizistische Verteidigung der real existierenden Globalisierung läuft auf ein Argument hinaus[19]: Wirtschaftliches Wachstum und ungehinderter Freihandel sind die besten Garanten des Wohlstands der Nationen und Völker. Den wirtschaftshistorischen Zusammenhang hat niemand ernsthaft bestritten, wohl aber, wie dogmatisch diese «Lehre aus der Geschichte» auf die Gegenwart übertragen wird und wie nonchalant man Ungleichheit als Begleiterscheinung voraussetzt oder hinnimmt. Mit der Spekulationsblase der New Economy sind auch die Verheißungen des «Wohlstands für alle» zerstoben. Die genauso von der Entwicklung der Märkte abhängig gemachten Effekte für eine nachhaltige Umweltpolitik sind ebenfalls ausgeblieben, biologische Artenvielfalt und kulturelle Diversität sind meßbar und spürbar geringer geworden. Und die soziale Kluft nimmt demokratiegefährdende Dimensionen an, vor allem in der Dritten Welt sinkt das Vertrauen in die Demokratie als Lebens- und Herrschaftsform. Beispielsweise hat das chilenische Umfrageinstitut Latinobarometro zwischen 1996 und 2002 in 13 von 17 Staaten Lateinamerikas einen erschreckenden Ansehensverlust der Demokratie festgestellt (Economist 17.8.2002). Ähnliches gilt für die neuen Demokratien Ostmitteleuropas und die Kernländer des Westens, allen voran die Vereinigten Staaten (Phillips 2002).

Vor diesem Hintergrund hat sich eine breite Globalisierungskritik entzündet, die im folgenden Kapitel «durchgemustert» und systematisiert werden soll. Fünf Arten von Kritik kann man aus meiner Sicht unterscheiden:

– Erstens die *Involution* der ökonomischen Globalisierung durch nationale Alleingänge und regionale Blockbildung, erkennbar im zunehmenden Protektionismus, der auch eine Reihe rechtspopulistischer Wahlerfolge erklärt. Kulturelle Feuerwälle und Fremdenfeindlichkeit fordern die offene Weltgesellschaft heraus; und terroristische Kader rekrutieren sich nicht zufällig in Ländern wie Saudi-Arabien, Jemen oder Afghanistan, die zu den abgeschiedensten der Welt zählen.
– Zweitens die *Kritik der Straße* mit Massendemonstrationen rund um den Erdball, die eine selbst global agierende Protestbewegung initiiert hat. Ihr Auftreten hat zu einer «Umkehr der Beweislast» geführt, die Fortschritte der herkömmlichen Globalisierung mittlerweile begründungsbedürftiger erscheinen lässt als die Kritik daran.
– Drittens die *Insider-Kritik* prominenter Akteure im internationalen Finanzgeschäft und aus den Reihen der transnationalen Regime der Weltbank, des IWF und der WTO, welche den «Washington-Konsensus» von innen heraus in Frage stellen – nicht um den Kapitalismus zu revolutionieren, aber um ihm Reformen im Gesamtinteresse abzuverlangen.
– Viertens die Renaissance einer *linksintellektuellen Gegenströ-*

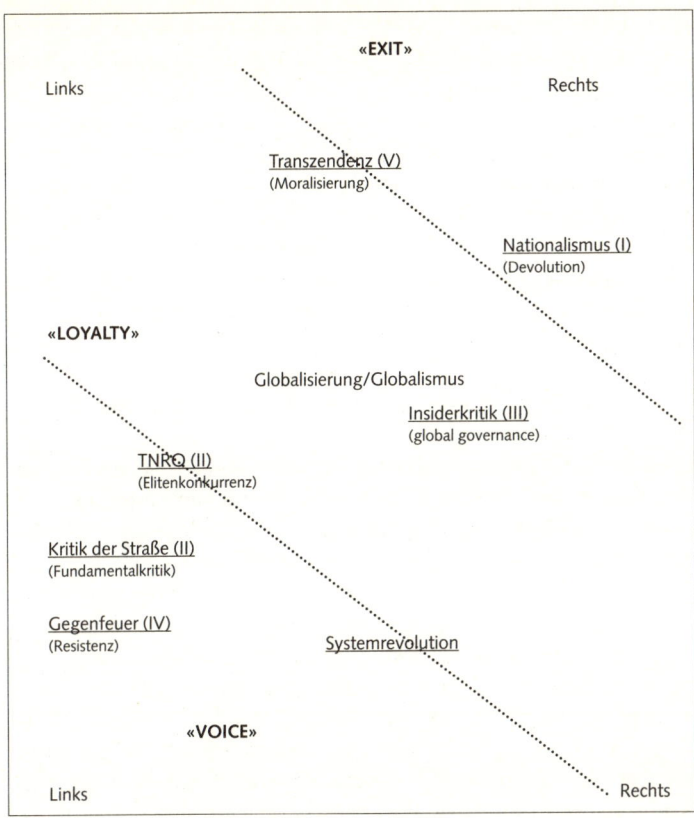

Schaubild 2: Typen der Globalisierungskritik

mung, welche die mit dem Untergang der Sowjetunion überwunden geglaubte ideologische Konfrontation erneuert; erkennbar ist sie im Aufblühen neomarxistischen Schriften und autonomer Mediennetzwerke, die dem «Neoliberalismus» die kulturelle Hegemonie streitig machen wollen.

– Fünftens (und bisweilen in Kombination mit dem Neomarxismus) eine religiöse, vor allem katholische Strömung, die teils aus sozialreformerischer Tradition, teils aus pazifistischer Gesinnung einen konsequenten Gegensatz zu Kasino-Kapitalismus und Krieg formuliert und über Gemeinden und Kirchentage weit ins bürgerliche Milieu wirkt.

Diese Kritiken fördern als vielleicht wirksamste Tendenz die *Selbst-kritik* des Kapitalismus, dessen klügere Vertreter weder auf «Durch-starten» noch auf Abschottung setzen, sondern eine moderate Ko-Regulierung mit Institutionen der *global governance*[20] und damit eine evolutionäre Selbstkorrektur im Sinn haben. Systematisieren kann man die vorliegenden Kritiken nach den folgenden Gesichtspunkten: nach der Zielrichtung (Evolution oder Devolution der Entgrenzung), nach der Art der Bezugnahme: Ausstieg (*exit*), Protest (*voice*), Loya-lität (Hirschman 1970) und nach dem in der politischen Soziologie seit dem 18. Jahrhundert gebräuchlichen Rechts-Links-Schema.

Strange fellows: Anti-Globalisierer von rechts

Gegnerschaft zur Globalisierung ist per se weder links noch rechts beheimatet. Auch auf der Kapitalseite gab und gibt es stets «territo-rialistische» Gegner der «globalistischen» Generaltendenz, die der kapitalistischen Weltgesellschaft eigen ist (Meier 1997). Und der National-Protektionismus, der wieder Grenzen hochziehen und Zölle einführen will, wird animiert durch ein verbreitetes Gefühl der Unsicherheit und Nervosität: Selbst Amerika, die exemplarisch transnationale und imperiale Republik, regrediert nach dem 11. Sep-tember zu einem klassischen Nationalstaat; so genannte Anti-Terror-Pakete erlauben schärfere Grenzkontrollen und Visabestim-mungen, die auch dringend erwünschte Green Card-Aspiranten am Kommen hindern werden. An der Abschreckung der terroristischen «Schläfer» können Mobilität und weltumspannende Kommunika-tion Schaden nehmen und damit ausschlaggebende Prämissen der Entgrenzung der Welt entfallen. Ein derartiger Rückfall in den Na-tionalismus setzte mit der Schutzzollpolitik der 1880er Jahre ein; mit der *Great Depression* ging er in erbitterte Wirtschaftsrivalität und geschlossene Handelsnationen über, auch in die Autarkiepolitik der faschistischen Achsenmächte und den sowjetischen «Sozialis-mus in einem Land». Eine neuerliche Regression befürchtet das Wirtschaftsmagazin *Economist* und hat dabei den US-Präsidenten George W. Bush als ersten Anti-Globalisierer ausgemacht, nachdem er aus innenpolitischen Gründen, um Wähler in den umkämpften *swing states* für sich zu gewinnen, Stahlzölle erhob und noch Agrarsubventionen nachschob, ein Haupthindernis für eine Handelsliberalisierung zugunsten der Entwicklungsländer. Das Verspre-chen der Welthandelsrunde von Doha (Qatar) vom November 2001, den freien Güterverkehr endlich auch ihnen zugute kommen zu lassen, wurde rasch zur Makulatur, regelrechte Handelskriege er-schienen vielen Beobachtern möglich.

Zum Wirtschaftsprotektionismus tritt allerorts ein Kulturprotek-tionismus, das Aufflammen ethnischer Vorurteile und religiöser Bürgerkriege. Die Entgrenzung der Welt wird also auf vielen Ebe-nen durch Re-Nationalisierung konterkariert, auch wenn diese oft nur symbolisch bleibt und letztlich an der Beharrungskraft der glo-balen Abhängigkeiten scheitern muss. Wenn nicht der National-staat, so gewinnt jedenfalls der Nationalismus an Boden. Die Er-folge der amerikanischen Präsidentschaftsbewerber Pat Buchanan (in den Vorwahlen der Republikanischen Partei 1992 und 1996) und Ross Perot (als «dritter Mann» 1992) sind nur so zu erklären, dass die libertäre Rhetorik und Praxis des Grenzenlegens, auf die sich Republikaner wie Demokraten eingelassen und (mit der von beiden Parteien gestützten *fast-track authority* des Präsidenten in der Außenhandels-Gesetzgebung im Jahr 2002) geeinigt haben, in der Bevölkerung auf breiten Widerstand stießen. (Diese Strömung hat die Proteste in Seattle 1999 nicht unerheblich beeinflusst, s.u.)

Die beiden medial begabten Außenseiter – der eine ein radikaler Abtreibungsgegner und TV-Moderator, der andere ein Unterneh-mer alten Stils und schrulliger Multimilliardär – legten ihre Finger in offene Wunden der Freihandelsideologie; sie mobilisierten ame-rikanische Arbeiter, die wegen der Verlagerung von US-Firmen ins Ausland und auf Grund der Billigimporte aus aller Welt ihre Jobs verloren hatten, oft unter Verödung einst blühender Industrieland-schaften. Solche Energien nähren sich aus einem altamerikanischen Populismus, der traditionell gegen den Ausverkauf nationaler In-teressen an ausländische Mächte und das Überhandnehmen wirt-schaftlicher und politischer Macht in den USA kämpft; Populisten waren nach der ersten Globalisierungswelle zu Ende des 19. Jahr-hunderts, dann in der isolationistischen Abwehr des Kriegseintritts gegen Deutschland (America first!) erfolgreich. (Buchanan wandte sich gegen die Irak-Politik sowohl von Vater wie von Sohn Bush). Populisten argumentieren oft verschwörungstheoretisch; Buch-anans Buch «Der große Betrug. Wie amerikanische Souveränität und soziale Gerechtigkeit den Göttern der globalen Wirtschaft geopfert werden» (1999) breitet das Programm des heutigen Rechts-populismus schon im Titel aus.

Ein ähnliches Argumentationsmuster, mitsamt den rassistischen Untertönen, benutzen auch die Nationalpopulisten in Europa. Sie treten oft das Erbe vorher wirtschafts- und sozialliberaler Parteien an, die – ähnlich wie in der Krisenphase zwischen den Weltkriegen – heutige «Globalisierungsverlierer» mit xenophoben, antisemitischen und protektionistischen Parolen gewinnen. Wenn Pat Buchanan die WTO als «namenlose, gesichtslose, vaterlandslose Bürokratie» brandmarkt, rufen europäische Nationalisten ein Gespenst mit dem Namen Brüssel auf und machen Stimmung gegen die Erweiterung der EU. Jean-Marie Le Pen, der als französischer Präsidentschafts-kandidat im Jahr 2002 einen überraschenden Erfolg errang, annon-cierte im Fall seiner Wahl zum Staatsoberhaupt den «Ausstieg aus der Europäischen Union» mit Hilfe eines Referendums, das die meisten europäischen Demokratien vermieden haben, um solchen Ressentiments keine Plattform zu bieten. «Das Frankreich der Fa-briken, der Handwerker, des Einzelhandels und der Bauernschaft steht hinter mir», beschrieb Le Pen seine Bataillone (FAZ 24.4.2002); neben «Null Einwanderung» kündigte er die «nationale Bevorzu-gung» der französischstämmigen Franzosen an, eine klare Absage an die Integration der Muslime und den Universalismus der französi-schen Staatsbürgernation.

Den deutlichsten Affekt nähren neo-nationalsozialistische Strö-mungen. In Deutschland gerieren sich NPD und rechtsradikale Skinheads als eine soziale Protestbewegung und gehen dafür auf die Straße; ihre ausdrücklich antikapitalistische Rhetorik «gegen So-zialabbau und Globalisierung» soll die Tradition des völkischen So-zialismus zum Leben erwecken («Arbeit für Millionen statt Profite für Millionäre» und «Heimat statt Standort Deutschland»). Die po-litische Alternative ist für sie der ethnisch und politisch homogene Nationalstaat, in dem Werte der Volksgemeinschaft nicht mehr den «Götzen des Profits» und «substanzlosen Menschenrechten» geop-fert werden sollen. Empirische Untersuchungen[21] zeigen, dass bei den Anhängern des Nationalpopulismus und Rechtsradikalismus heute eine starke Korrelation mit rassistischen, sexistischen und an-tikapitalistischen Einstellungen vorliegt, wobei das Kapital in die-sem Fall wegen seiner «internationalen» und das heißt: plutokrati-schen gleich jüdischen und/oder amerikanischen Qualität abgelehnt wird. Hier hat man es mit echten Anti-Globalisierern zu tun, die freilich ebenfalls grenzüberschreitend operieren. Die europäischen Rechtsradikalen haben ein transnationales Netzwerk aufgebaut, das auch über den Atlantik reicht; die amerikanische *Militia*-Bewegung kann wegen ihrer konspirationistischen Grundhaltung und auf Grund der aggressiven Aversion gegen «Weltregierungen» aller Art als Musterbeispiel rechter Globalisierungskritik gelten. Obwohl die NPD eine Splitterpartei ist und nur wenige Sympathisanten auf die Straße bringt, sahen sich linke Globalisierungskritiker des öfteren veranlasst, auf Distanz zu gehen und ihren Antikapitalismus betont anders zu fundieren.

Theoretisch fundiert ist das rechtsradikale Ideengut selten einmal.[22] In Deutschland kommen Organe wie *Nation Europa, Opposition* und *Junge Freiheit* auf den Anti-Humanismus Martin Heideggers und den Anti-Okzidentalismus Carl Schmitts («Wer Menschheit sagt, will betrügen») zurück, aber solche Autoritäten beeindrucken die gemäßigte Rechte nicht. Zwar pflegen amerikanische Neokonservative und europäische Neoliberale bisweilen eine sentimentale Heimat-Rhetorik, aber im Zweifel sind sie dann doch kapitalfreundliche Internationalisten. Die in vielen europäischen Ländern regierenden Mitte-Rechts-Koalitionen huldigen höchstens einer Schwundform der Globalisierungskritik, indem sie – wie beispielhaft Italiens Premierminister Berlusconi – internationalistische Globalisierungskritik von links zum Feindbild aufbauschen und ihr die Fratze einer neokommunistischen Verschwörung aufsetzen. Der «Krieg gegen den Terror» hat darüber hinaus starke antiislamische und antiarabische Reflexe ausgelöst, wie man etwa an dem Aufsehen erregenden Pamphlet der italienischen Journalistin Oriana Fallaci (2002) sehen kann. In Deutschland ist der Versuch des Jürgen W. Möllemann, die Freien Demokraten mit Antisemitismus auf populistischen Erfolgskurs (Projekt 18) zu bringen, kläglich gescheitert; aber an diesem Vorhaben wurde sichtbar, wie man in einer Situation globalisierungsbedingter Verunsicherung mit Ressentiments und Verschwörungstheorien Politik machen kann. Eine Strategie des kalkulierten Tabubruchs kann man als Kernaspekt einer Globalisierungskritik von rechts bestimmen, zu der meistens ein «antizionistischer» Affekt und in Europa ein «aus dem Bauch» kommender Antiamerikanismus gehören.

Kritik der Straße: Umkehr der Beweislast

In der öffentlichen Meinung wird Globalisierungskritik im politischen Spektrum zutreffend eher links und linksaußen verortet; so sieht es auch der überwiegende Teil der Demonstranten, die sich regelmäßig scharf von rechten Trittbrettfahrern distanzieren. Galten Proteste gegen Weltbank und IWF in den 1980er Jahren noch als das isolierte Treiben «autonomer Chaoten», stoßen die Forderungen der Demonstranten heute auf ein viel breiteres Einverständnis. Die phrasenhaften Elogen der Globalisierung haben eine Ernüchterung ausgelöst, die alle Chancen hat, einmal zu den großen Enttäuschungen und Aufklärungen in der Geschichte gezählt zu werden. Ein wichtiger Motor der Entmystifizierung war die praktische Kritik der Straße, die mit Städtenamen wie «Seattle» oder «Genua» umschrieben wird, genauer: mit der Spiegelung dieser teilweise militanten Massenproteste in den Bildmedien. Eine ressourcenschwache, mit ihren Ansichten und Forderungen bis dahin von den Massenmedien kaum wahrgenommene Bewegung wurde schlagartig weltberühmt; in einem Netzwerk von Protestgruppen und Bürgerinitiativen ist darüber hinaus eine Gegenöffentlichkeit erwachsen, die sich unter dem Motto «David gegen Goliath» das sympathische Image des Außenseiters erwarb. Friedliche Demonstrationen, ein Kernelement unkonventioneller politischer Beteiligung vor allem von Menschen unter 30, genießen bereits ein höheres Ansehen als Parteien und Parteipolitik.

Diesen Gegner hat sich die Gipfeldiplomatie der großen Wirtschaftsnationen sozusagen selbst geschaffen, da die (schon lange nicht mehr als Kamingespräche im kleinen Kreis abgehaltenen) Treffen für protestierende Minderheiten ein ideales Mobilisierungsmotiv schufen. Die Aufmärsche gegen die Tagung der Welthandelsorganisation WTO in Seattle vom November 1999 und gegen den G 8-Gipfel in Genua im Juli 2001 und eigene Veranstaltungen wie das *Forum Social Mundial* in Porto Alegre, das dem üblicherweise in Davos veranstalteten *World Economic Forum* buchstäblich die Show stahl, bewirkten eine Art *Umkehr der Beweislast* – wie man sie aus der juristischen Praxis kennt, wenn nicht mehr der Beklagte seine Unschuld, sondern der Kläger dessen Schuld nachzuweisen hatte. Analog dazu müssen nicht mehr die Kritiker erklären, was sie an der real existierenden Globalisierung auszusetzen haben, sondern die Befürworter, warum sie am eingefahrenen Muster festhalten wollen. Globalisierung erscheint unter fünf Gesichtspunkten problematisch: im Hinblick auf ihre soziale Exklusivität, das Fehlen ökologischer Nachhaltigkeit, die Missachtung der kulturellen Diversität, die Missachtung der Menschenrechte und den Mangel an demokratischer Partizipation. Damit wird der ökonomistische Diskurs der Privatisierung und Deregulierung um wesentlichere Aspekte der sozialen Gerechtigkeit, des Umweltschutzes, der Förderung von Minderheiten und kultureller Vielfalt und vor allem der Legitimität ergänzt, und zwar jeweils in globaler Hinsicht und Reichweite.

Unter diesem Banner hat sich die erste wirklich transnationale Bewegung konstituiert, und diese sieht sich überwiegend nicht als Gegner von Globalisierung, sondern möchte eher eine alternative Variante entwickeln. Darauf werde ich im nächsten Abschnitt ausführlich eingehen; hier sei nur festgehalten, dass die rechtsradikalen Gegner den Rückbau der Globalisierung fordern, also die «exit»-Option wählen, während die Massenproteste an den linken Internationalismus anknüpfen und die Protest-Option («voice») favorisieren. Mit der politischen Polarisierung von «unten» und «oben» formulieren sie so eine Herrschafts- und Kapitalkritik von links. Nicht immer dringt sie zur Formulierung eines historischen Gegensatzes vor, der beispielhaft in der Konfrontation von Arbeit und Kapital gegeben war, ansatzweise auch in der Gegenüberstellung «Ökologie versus Ökonomie» in den Ursprüngen der Umweltbewegung. Vielen Protestgruppen geht es in erster Linie um Identitätsbildung, um ein Wir-Gefühl, das nicht mehr auf *nationale* Vergemeinschaftung zurückgreift, sondern weltbürgerliche und postkoloniale Formen des Engagements praktiziert.

Ist der militante Protest häufig von einer Sehnsucht nach einer «anderen Welt», also nach Transzendenz, getragen und durch den Wunsch nach einer radikalen «Überwindung des Neoliberalismus» motiviert, entwickelt ein anderer Teil der Protestbewegung Gegen-Expertise (wobei dies häufig nur heuristisch zu trennen ist, s. Kapitel 3). Im Hinblick auf die politischen Hauptakteure der «Globalisierung» stellen sie eine reformorientierte Gegenelite dar und stehen jenen am nächsten, die Vorbehalte und Alternativen nicht von außen an die transnationalen Regime herantragen, sondern als aufgeklärte und alarmierte Insider den Wandel von innen betreiben.

Insider-Reformismus: Der Kaiser ist nackt

Es wäre übertrieben zu behaupten, die Globalisierung habe heute gar keine Befürworter und Verfechter mehr. Die Wirtschaftsmagazine sind voller Durchhalteappelle, den Weg der Handelsliberalisierung weiterzugehen, auf das freie Spiel der Marktkräfte werden Studierende der Betriebswirtschaft und Absolventen von Business Schools täglich eingeschworen. Auch die Protagonisten der «Neuen Mitte» und die Ministerialbürokratien beten den «Washington-Konsens» nach wie ein Naturgesetz. Doch wenn man die einschlägigen Abteilungen der Buchkaufhäuser durchstreift oder bei einem Internet-Buchhändler das Stichwort Globalisierung anklickt, stößt man außer auf eiserne Verfechter (Chr. v. Weizsäcker 2001, Henkel 2002, auch Horx 2001) vornehmlich auf die Hand- und Schwarzbücher der Kritiker (Mander/Goldsmith 2002, Buchholz u. a. 2002), neu aufgelegte Bestseller über «Globalisierungsfalle» und «Globalisierungslügen» (Martin/Schumann 1996, Altvater/Mahnkopf 1996, Boxberger/Klimenta 1998, Cohen 1998), Warnungen vor «Pop» und «Schmalspur-Ökonomen» (Krugman 1999) und einfühlsame Reportagen über die Globalisierungskritiker (Grefe u. a. 2002). Aus Sicht des Establishments von Wirtschaftstheorie, Management und Politik kann man diese Pamphlete als Pop-Literatur abtun, aber die vermeintliche Selbstevidenz der Globalisierung, wie wir sie kannten, wird nun auch durch eine ganze Phalanx von Renegaten, Konvertiten und Insidern bestritten, darunter George Soros, Helmut Schmidt und Joseph Stiglitz, denen man «Wirtschaftskompetenz» kaum absprechen kann und deren mediale Resonanz man in Rechnung stellen muss. In ihnen gewann die Globalisierungskritik der Straße überraschende Fürsprecher, an denen nicht so arrogant herumzumäkeln ist wie an einem unbeholfen formulierten Plädoyer für die Tobin-Steuer (s. S. 130ff.).

Ein frühes Beispiel aus der Zunft war der greise John K. Galbraith, der Nestor der amerikanischen Volkswirtschaftslehre. Scharf attackierte er die in Washington formulierte Glaubenslehre, wonach Märkte überall effizient und Staaten weitgehend überflüssig sind, zwischen Reichen und Armen keine Interessengegensätze bestehen und sich die Wirtschaft am besten entwickelt, wenn man sie völlig in Ruhe lässt. «Nichts davon trifft wirklich zu, wir müssen unsere Illusionen begraben. Das neoliberale Experiment ist ein Flop. Es ist nicht wegen unvorhersehbarer Ereignisse gescheitert, sondern weil es systematisch und von Grund auf verfehlt war und ist» (Galbraith 1999). Noch breitere Resonanz als der Emeritus fand George Soros, der einen Teil seiner immensen Gewinne aus Börsengeschäften in philanthropische Großtaten investierte und mittlerweile drei Pamphlete vorgelegt hat, die auf manchem Coffeetable der «Wirtschaftskapitäne» liegen dürften (oder jedenfalls im Bücherregal ihrer Kinder und Ehefrauen zu finden sind). Der aus Ungarn stammende Hedge-Fonds-Manager mahnt auf fast alteuropäische Art die Sicherung globaler Kollektivgüter an, als da sind: Umweltschutz, Gesundheitsvorsorge und Bildung; vor allem im Nord-Süd-Verhältnis seien die Defekte der herkömmlichen Globalisierung unübersehbar. Eine Reform der Weltwirtschaft ist für ihn nicht nur der moralische Imperativ der Zeit, worüber die autistische Business-Welt hinweggehen würde, sondern eine blanke Notwendigkeit aus ökonomischem Eigeninteresse. Soros hat die Übermacht einiger weniger Großimpressarios der Weltökonomie genossen und wundert sich nun offenbar, wie leicht es ihm gefallen war, auch entwickelte Volkswirtschaften wie die britische zu erschüttern; nun handelt er wie ein Triebtäter, der andere vor sich schützen will und sich elektronische Fußfesseln anlegt. Und wie er sich selbst in die Schranken weist, rät er den «global players» zur Selbstbeschränkung, damit der Kapitalismus seine im Prinzip segensreichen Wirkungen entfalten kann.

Soros belässt es nicht bei grundsätzlicher Kritik. Er erhebt schwere und begründete Vorwürfe gegen die einseitig den Interessen der USA und anderer OECD-Länder dienenden transnationalen Regime IWF, Weltbank und WTO; er dämonisiert sie nicht und will sie auch nicht beseitigt sehen, wie die meisten Gegen-Demonstranten, aber doch von Grund auf reformiert. Hierzu schlägt er konkrete Maßnahmen vor, darunter neuartige Sonderziehungsrechte, die das Risiko von Finanzkrisen mindern und grundsätzlich verhindern sollen, dass faktisch mehr Kapital von Süden nach Norden fließt als in die umgekehrte Richtung, ohne dass die reichen Länder dabei das Risiko tragen. Vor allem stört Soros der übermächtige Einfluss amerikanischer Spezialinteressen in der globalen Finanzwirtschaft, die es den USA erlaubt, seit Jahrzehnten über ihre Verhältnisse zu leben und sich genau jene Handels- und Zahlungsbilanzdefizite zu erlauben, die der IWF und das amerikanische Finanzministerium

Ländern des Südens niemals zugestehen würden. Soros propagiert zweitens eine Reform der Entwicklungshilfe, die vor allem wieder die Vereinigten Staaten in die Pflicht nimmt, und drittens eine Lenkung des freien Kapitalverkehrs, der in seinen Augen nur zu erhöhten Stabilitätsrisiken geführt, aber anders als der Freihandel im Allgemeinen nicht zu ökonomischem Wachstum beigetragen habe. Nicht erst die Argentinien-Krise habe gezeigt, wie grundverkehrt die Politik des IWF über Jahrzehnte hinweg war; die Organisation sei in die Hände von «Markt-Fundamentalisten» gefallen und habe Kapitalinteressen der reichen Länder bedient, während Millionen Menschen in der Dritten Welt (einschließlich Russland und Ostmitteleuropa) einem unverantwortlichen Risiko ausgesetzt wurden.

Mit solcher Ketzerei hat sich Soros (der seine eigenen Geschäfte übrigens ungeniert weiterbetreibt, dabei aber auch ins Trudeln geraten ist) in seinen Kreisen wenig Sympathie erworben, aber die attackierten Regierungen und transnationalen Regime unter Legitimationsdruck gestellt. Einen ähnlich renegatischen Ton hat John Gray (2001) angeschlagen. Der ansonsten als Paar- und Familientherapeut bekannt gewordene Autor hat einst Margret Thatcher in sozialpolitischen Fragen beraten und ihr damals jene globalistische Richtung gewiesen, die er heute als Weg in die Selbstzerstörung der Marktwirtschaft geißelt. Auch Gray hegt keinen Zweifel an der Überlegenheit der kapitalistischen Wirtschaftsordnung, sieht aber, dass der bewährte Problemlöser mittlerweile selbst zum Problemverursacher geworden sei und dringend korrigierender Eingriffe bedürfe, auf dass sich private Laster (Raffgier, Spekulationslust) wieder in öffentliche Tugenden (Wohlstandsmehrung im globalen Maßstab) verwandeln.

Die politische Ökonomie käme damit wieder auf ihre ethisch-philosophischen Ursprünge zurück, wovon die akademische Wirtschaftswissenschaft und die kommerziellen Business-Schools nicht ewig unbeeindruckt bleiben können. Schon regt sich Widerstand gegen den Autismus des Faches und die Beschränktheit seiner Anwendungsmöglichkeiten.[23] Solche Angriffe könnte die Wirtschaftstheorie lässig zurückweisen, kämen sie nicht auch von einem frisch gekürten Nobelpreisträger, der sein Herrschaftswissen ausgebreitet und Alarm geschlagen hat: vom früheren Vizepräsidenten der Weltbank Joseph Stiglitz. Aus erster Hand legt er in seinen Streitschriften (Stiglitz 2002a, 2002b) und zahlreichen Ansprachen offen, wie sich vor allem der IWF den Interessen der global agierenden Finanzwirtschaft und den multinationalen Konzernen unterwarf. Seine Auflagen für die ohnehin von Rezession bedrohten Staaten in Afrika, Ostasien und Osteuropa führten zur Verarmung eines großen Teils ihrer Bevölkerung. Stiglitz behauptet, Länder wie Äthiopien und Malaysia hätten sich hingegen aus eigener Kraft stabilisieren können, weil sie sich der Schocktherapie des Währungsfonds (Freigabe der administrierten Preise, radikale Öffnung der Märkte, Privatisierung der Staatsbetriebe) verweigert hätten. Und er unterstützt die Regierung Malaysias, die Kapitalverkehrskontrollen einführte, um dem Schicksal Thailands und anderer Nationen während der Asien-Krise zu entgehen. Stiglitz' Kritik läuft darauf hinaus, dass nicht die fortgesetzte Deregulierung der Märkte das Gebot der Stunde sei, sondern ein fairer politischer Rahmen (*global governance*) und die Rechenschaftspflichtigkeit von IWF, Weltbank und WTO. Stiglitz postuliert damit unverblümt eine Repolitisierung der Weltwirtschaft und setzt eine Agenda, die in vielen Punkten mit den Grundintentionen der Globalisierungskritik übereinstimmt und übrigens auch innerhalb der Weltwirtschaftsbehörden auf eine gewisse Resonanz stößt.

Stiglitz wurde der viel gescholtene, aber selten widerlegte Hauptverräter des Washington-Konsensus, einer nie formalisierten Übereinkunft transnationaler Regime, die nur eine Route zu Wachstum und Wohlfahrt vorgab. Viele Entwicklungsländer sind diesen Wegweisern gefolgt, darunter Singapur und Südkorea, die längst aus eigener Kraft erfolgreich wirtschaften konnten, und in ganz überstürzter Weise Russland, ohne sich vorab um den Aufbau von Institutionen zu kümmern, die eine effiziente Marktordnung ermöglichen: Rechtsstaat, solide Steuerpolitik und ein Netz sozialer Sicherung. Dies geschah unter dem Einfluss, ja Diktat weltfremder Ökonomen ohne Geschichtsbewusstsein und Landeskenntnis, und zwar unter der Parole, nur rasche Erfolge könnten einen neokommunistischen Putsch in Moskau verhindern. Was rote Nostalgiker in Wahrheit stark machte, waren die katastrophale Deindustrialisierung der ehemaligen Sowjetunion, die das Ausmaß der Kriegsfolgen von 1941 bis 1945 überstieg, und der Ausverkauf an (oft aus der Nomenklatura stammenden) Mafiosi und Kriminelle, der erst in der Halb-Diktatur Wladimir Putins zum Stillstand gekommen zu sein scheint.

Soros und Stiglitz (die auch ein wechselseitiges Zitierkartell gebildet haben) stimmen darin überein, dass die transnationalen Regime, allen voran der IWF, zu stark US-amerikanischen Interessen dienlich seien. Sie behaupten nicht, das sei Folge eines regelrechten Komplotts, wozu einige Globalisierungskritiker neigen, halten es aber für das zwangsläufige Resultat der Hegemonie eines Sondertyps kapitalistischer Marktwirtschaft, deren Usancen schon innerhalb der USA für wachsende (wenn auch durch Wahlen legitimierte) Ungleichheit sorgen, für den Rest der Welt aber keineswegs angebracht seien. Der Elfte September hat sie in ihrer Wahrnehmung bestätigt, die massenhafte Arbeitslosigkeit junger Männer in der Dritten Welt sei die hauptsächliche Quelle von Rechtsradikalismus und Fundamentalismus. Insofern habe der überholungsbedürftige Washington-Konsens eine (auch mit Terror operierende) Koalition gegen die von den Vereinigten Staaten symbolisierte westliche Finanzwelt hervorgebracht.

Dass die Globalisierungskritik, die durch «graue Papiere» aus dem Inneren von IWF und Weltbank und durch Äußerungen ihrer Mitarbeiter «off the record» bestätigt wird, nicht länger zu ignorieren ist, bewiesen die nach dem Jahr 2000 skeptischer gehaltenen Reden des deutschen Bundeskanzlers wie auch des Bundespräsidenten zur Globalisierung; in milderer Form war dies auch beim Kanzlerkandidaten Stoiber und anderen Christdemokraten zu vernehmen. Während das Gros der täglichen Wirtschaftspublizistik den Büchern von Stiglitz und Soros hochmütige Missachtung zollt, liegen damit seriöse Anstöße für eine Reform der Weltwirtschaftsordnung auf dem Tisch. Damit müssen sich jene Globalisierungskritiker auseinandersetzen, die eine Neuausrichtung des IWF (und die Gesamtkonstruktion der *global governance*) für illusionär halten und die kapitalistische Weltwirtschaft radikal umstürzen wollen.

Gegenfeuer: Linksintellektuelle Renaissance

Die Kritik und Revolution des Kapitalismus war die unerfüllte Hauptforderung der «alten Linken» und Arbeiterbewegung im 19. und 20. Jahrhundert. Auch die neue Linke, die das theoretische Debakel und die totalitäre Perversion des Sowjetmarxismus zur Kenntnis nahm, blieb kapitalismuskritisch, bezog aber zugleich die Themen und Aktionsformen der neuen sozialen Bewegungen ein.

Ein Teil steuerte damit auf eine Art «Bad Godesberg» der Neuen Linken hin und propagierte den «Dritten Weg» zur Erneuerung der sozialen Demokratie, wobei hier auch das Ideengut der ökologischen Bewegung aufgenommen wurde; ein anderer und kleinerer Teil behielt eine postmoderne Variante marxistischer Kritik bei. Für beide Flügel waren die 1990er Jahre schwere Zeiten. Die parlamentarische Linke stand in so gut wie allen OECD-Ländern in der Opposition, die außerparlamentarische Linke war nach dem Ende der Friedensdemonstrationen in sich zusammengefallen. Ausgerechnet von den USA ging dann der Anstoß für ein Bündnis zwischen alten und neuen sozialen Protestbewegungen aus, also für eine Verbindung gewerkschaftlicher Apparatemacht mit der beweglichen *toughness* der NRO und dem Charme der dezentralen Szenenetzwerke. Die europäische Linke entdeckte diesen Unruheherd erst spät und betrachtete ihn durch die Brille der eigenen Bewegungsgeschichte, doch vor allem in Frankreich kam es Mitte des vergangenen Jahrzehnts zu Straßenprotesten von Studenten und Arbeitern, in deren Folge eine Koalition aus Sozialisten, Kommunisten und Grünen wieder den Premierminister stellte.

Eine essentielle Rolle bei der Überbrückung der «bleiernen Zeit» spielten bewegungsnahe Intellektuelle mit internationaler Reputation, die auch für die Popularisierung der Globalisierungskritik wichtig werden sollten. Ähnlich wie zu Beginn der Studentenbewegung der 1960er Jahre schlugen sie, darunter nicht wenige Professoren, junge Leser und Hörer in den Bann, allen voran der Schweizer Soziologe Jean Ziegler, sein französischer Kollege Pierre Bourdieu, der Italiener Antonio Negri und vor allem der amerikanische Linguist Noam Chomsky. Ihre Schriften werden von einer beachtlichen Lesergemeinde verschlungen, ihre Auftritte in meist überfüllten Hörsälen geraten oft zu wahren Huldigungen. Sie verkörpern ein politisches Engagement, das mit der Sympathie für antikoloniale Befreiungsbewegungen in der Dritten Welt (Algerien, Vietnam) einsetzte und im Widerstand gegen den Vietnamkrieg der Vereinigten Staaten kulminierte. Vor allem in den romanischen Ländern konnten die linksintellektuellen Führungsfiguren auf ein dichtes Netzwerk von Organisationen, Verlagen und Zeitschriften zurückgreifen, darunter vor allem *Le Monde Diplomatique*, der Ableger der Pariser Tageszeitung mit diversen fremdsprachigen Ausgaben, darunter in Deutschland und Brasilien. In diesem Umkreis wurde 1998 auch Attac gegründet, das heutige Vorzeigekind der Globalisierungskritik mit weltweit 80 000 Mitgliedern (s. S. 132).

Globalisierungskritik muss, so sehr sie sich internationalistisch gibt und transnational vernetzt hat, in die politisch-kulturellen Kontexte ihrer Herkunftsländer gestellt werden. In Frankreich liegen ihre Wurzeln in einem alten Mißtrauen gegen die angloamerikanischen Mächte und im selbstbewussten Anschluss an die eigene sprachliche (frankophone) und politische (republikanische) Tradition. Folglich heisst die Globalisierung auch anders: «mondialisation». Politisch-kulturell kennzeichnet die französischen Initiativen eine «gaullo-kommunistische» Linie aus, eine Kombination aus Linksgaullismus und Eurokommunismus, die der alten Großmachtrivalität mit den USA entspringt, jeder Abgabe von Souveränität an supra- und transnationale Regime abhold ist und auf die merkantile Stärke des Staates beziehungsweise die Überlegenheit der Politik gegenüber dem Markt setzt.

Die Antipathien steigern sich bisweilen zu regelrechten Kreuzzügen: Erzürnt durch Strafzölle der Vereinigten Staaten auf die Einfuhr landwirtschaftlicher Produkte aus der EU (in Reaktion auf ein Importverbot für hormonbehandeltes Rindfleisch aus den USA), sammelte José Bové, der legendär gewordene Schafzüchter aus dem Larzac und Boss der 40 000 Mitglieder zählenden Bauerngewerkschaft *Confédération Paysanne*, «Opfer des liberalisierten Welthandels» um sich. Berühmt wurde sein (nicht nur symbolischer) Angriff auf ein im Bau befindliches McDonald's-Restaurant im Sommer 1999; dafür in Haft genommen, stieg er zum Märtyrer der Globalisierungskritik auf und kämpfte unbeugsam weiter gegen die genetische Veränderung von Lebensmitteln, wofür er erneut eingesperrt wurde. Allerdings ist Frankreich, was die Übernahme und Adaptation von Schnellverzehr-Restaurants betrifft, führend in Europa; ausgerechnet in einem Land mit unbestreitbaren Gourmet-Qualitäten haben sich der Big Mac und verwandte Produkte *à la française* am stärksten festgesetzt. Kaum ein Land auch wirkt mit seinen *hypermarchés* und Multiplex-Kinos so «durchamerikanisiert» wie Frankreich, aber kein anderes in Europa vermag – wenn man so will: in der Tradition des von Feinden umzingelten gallischen Dorfes – seine «kulturelle Ausnahme» so inbrünstig zu verteidigen.

Für die theoretische Fundierung und Verbreitung der Globalisierungskritik bedeutsam war vor allem die Arbeit des 2001 verstorbenen Pierre Bourdieu. Der am Collège de France lehrende Soziologe, der mit voluminösen, oft ein wenig idiosynkratischen Bestandsaufnahmen sozialer Spaltungen und Verelendungen hervorgetreten war (Bourdieu 1997, 1998, 2001a, Bourdieu u. a. 1997), gehörte selbst keiner der französischen Linksparteien an, organisierte aber Mitte der 1990er Jahre mit dem Netzwerk *Raisons d'agir* eine Gruppe von Aktionsforschern und Aktivisten, die wie ein Sauerteig in das «Volk der Linken» hineinwirkten und über die französischen Grenzen hinaus einer «europäischen Sozialbewegung» den analytischen Rahmen lieferten. Bourdieu war in seiner bei aller Sprödigkeit charismatischen Vermittler- und Zwischenrolle eine Ausnahmefigur in der Geschichte des politischen Engagements linker Intellektueller, woran Frankreich wahrlich nicht arm ist. Den Terminus Globalisierung lehnte er ab, weil er im Vokabular der Freiheit eine Entpolitisierung betreibe, indem sich die «Kräfte der Ökonomie aller Fesseln entledigen, während sich die Bürger den derart von ihren Fesseln ‹befreiten› Gesetzen der Ökonomie unterwerfen» müssten (taz 11.4.2001). Er verachtete eine universitäre Welt, die sich weitgehend damit beschäftigt, Geld zu studieren (als Business oder Law School), Geld zu sammeln (von «Drittmittelgebern» und Industriesponsoren) und selbst Geld zu machen (als Wirtschaftsunternehmen) und dennoch nicht aufgibt, sich *universitas* zu nennen. Bourdieu wandte sich auch kritisch dem «Einheitsdenken» der Massenmedien zu (Bourdieu 1998b), vor allem dem Fernsehen; zugleich machten ihn häufige Radio- und Zeitungskolumnen sowie rare TV-Auftritte zu einem Medienstar der «sozialen Linken».

Die theoretischen Versuche über die «sozialen Kämpfe», die bei der konkreten Erfahrung von Ungerechtigkeit und verweigerter Anerkennung ansetzten, trieb es stets «auf die Kippe» zur politischen Praxis, ohne dafür selbst eine präzise Richtung zu weisen. Erkennbar waren die Skepsis gegenüber der Europäischen Union als angeblicher Vollstreckerin neoliberaler Politik und die Aversion gegen das «System Tietmeyer», womit ein heute fast schon vergessener Präsident der Deutschen Bundesbank zum Kronzeugen imperialer Ambitionen des DM-Nationalismus im Euro-Raum erhöht wurde. In solchen Interventionen wirkte Bourdieu wie ein klassischer Gaullo-Kommunist oder «Souveränist», wie sich ein Bündnis linker Nationalisten nannte, und hier wurde, etwa mit dem grünen Europaabgeordneten Daniel Cohn-Bendit, auch nicht mehr diskutiert.

In die transnationale Protestbewegung hinein wirkte der Sozialforscher vor allem mit dem zum 1. Mai 2000 veröffentlichten Aufruf zur Einberufung der Generalstände der sozialen Bewegungen in Europa; sie sollten «organisatorische Rahmenbedingungen für ein gemeinsames Vorgehen» gegen die «neoliberale Invasion» herstellen und «wirkliche kritische Gegenmacht» produzieren. Das richtete sich nicht zuletzt gegen die Sozialdemokraten, die von der Invasion angeblich schon überwältigt waren. Seit dem Streikwinter 1995 war Bourdieu *der* Wortführer der «sozialen Linken», worin neu gegründete Gewerkschaften (wie SUD) und die Arbeitsloseninitiative AC! einbezogen waren, die sich in Reaktion auf die verkrusteten, auf Besitzstandswahrung zielenden Linksgewerkschaften CGT und CFDT gebildet hatten und deren Führungspersonal zum Teil trotzkistischen Gruppen angehörte. Bourdieu legte sich weiterhin nicht parteipolitisch fest; er war weniger an Parteibildung denn an exemplarischen Aktionen und konkreter Problemlösung interessiert, an einem symbolischen und praktischen Internationalismus, dem freilich oft ein (speziell französischer?) Ethnozentrismus in die Quere kam. Wenn ich Bourdieus Rolle nicht falsch interpretiere, stellte er sich als einen Emile Zola im Medienzeitalter vor, der ähnlich wie dieser während der Dreyfus-Affäre als Medium politischen Wandels wirkte. Bourdieu verteidigte die Figur des Intellektuellen gegen die Geistfeindlichkeit des heutigen neoliberalen Milieus einschließlich der linken Modernisierungspolitiker, zugleich attackierte er die akademische Intelligenz und angeblich freischwebende Intellektuelle ob ihres «Hörsaal-Radikalismus» und «verbalen Internationalismus».

In einem «Die Internationale der Intellektuellen» betitelten Aufsatz (BZ 10./11.6.2000) hat er das prekäre Verhältnis von Engagement und Distanzierung (s. oben S. 10) und seine eigene Position am klarsten beschrieben: Er verteidigte das soziale und politische Engagement der Intelligenz, das sich stets mit «Sachautorität» verbinde und seine Wurzeln «in einer Gemeinschaft der Objektivität, Regeln der Nachprüfbarkeit und einer vorausgesetzten Unabhängigkeit von Sonderinteressen» habe. Der Intellektuelle müsse dabei «Instrumente zur Verteidigung gegen die symbolische Herrschaft liefern, die sich heute immer öfter mit wissenschaftlicher Autorität rüstet» (ein Beispiel dafür könnte das «Kommissions-Regieren» der Regierung

Schröder sein, das seine Entsprechungen in anderen OECD-Ländern und auf europäischer und transnationaler Ebene findet). Dieser Pseudo-Autorität müsse man eine wissenschaftliche Kritik entgegensetzen, die nicht das Werk eines Einzelnen sein könne, sondern im «Zusammenhang zwischen den Betroffenen in den gesellschaftlichen Bereichen wie Medizin, Bildungswesen, Sozialdienste, Justiz» entstehen und wirksam werden könne. Programmatisch heißt es dann: «Es geht darum, den akademischen Mikrokosmos zu verlassen und mit der Außenwelt in Verbindung zu treten, vor allem mit Gewerkschaften, Bürgervereinen und politisch aktiven Gruppen. Es geht darum, sich nicht mehr mit den gleichermaßen intimen wie ultimativen, immer leicht irrealen Konflikten der scholastischen Welt zufrieden zu geben und eine seltene Kombination von Talenten zu erfinden: Kompetenz und Engagement.»

Bourdieu formulierte damit eine Zielsetzung, die das linksintellektuelle und neomarxistische Engagement in und an der Seite der Protestbewegung insgesamt charakterisiert: mit Mitteln der kritischen Analyse, aber auch der Künste den unsichtbaren, dabei schon vorhersehbaren Folgen der Politik eine «spürbare Form» zu geben, zeit- und ortsgebundene Partikularismen zu überwinden und Zeiten zwischen Mobilisierung und Latenz zu überbrücken. Bourdieu, dessen Engagement von der französischen Öffentlichkeit und der Kollegenschaft zum Teil sehr kritisch gesehen wird, kam damit (ähnlich wie Richard Rorty in den USA, 1999) zurück auf ein uraltes und ureigenes Thema der Linken, die Kritik der sozialen Ungleichheit in all ihren auch kulturellen Ursachen und symbolischen Formen. Verblüffend ist nur, dass ein Netzwerk, das Bourdieu selbst als dezentral und hierarchiefeindlich bezeichnet hat, eine solche Sehnsucht nach intellektuellen Vaterfiguren verspürt. In der Berliner Humboldt-Universität setzte sich im Juni 2000 eine fast dreitausendköpfige Gemeinde dem Meister stundenlang andächtig zu Füßen, obwohl sie kaum ein Wort (Französisch) verstand. Matthias Greffrath hat sich solches intellektuelles Format (und Patronat) auch für Deutschland gewünscht, damit Gesellschaftskritik nicht ewig «mit der Rolle des elegischen Rhapsoden im Damenprogramm der veröffentlichten Meinung, vulgo: Feuilleton» (taz 28.8.2001) abgespeist werden kann. Entdeckt hat er solche Prominente hierzulande offenbar nicht. Was man in Deutschland finden kann, sind aber eine große Zahl akademischer Unterstützer, die sich als Ideengeber und intellektuelle Kader für NRO betätigen und dort auch formale Führungsposten übernehmen. Es handelt sich um jenen Typus von Intelligenz, der genau wie in Frankreich und anderen europäischen Ländern in der Bildungsrevolution der 1960er Jahre gewachsen ist und sich seither, häufig als 68er-Generation ironisiert, im sozio-pädagogischen Sektor und vornehmlich als Staatsdiener etabliert hat. Man kommt damit selten ins Fernsehen; doch unterhalb dieser Medienöffentlichkeit hat sich eine Versammlungsöffentlichkeit entwickelt, die Globalisierungskritik nun in erstaunlich großer Reichweite kommuniziert.

Das geschah etwa auf dem ersten Kongress von Attac-Deutschland im Herbst 2001 in Berlin, und auch hier waren es «Veteranen», die der Premiere Aufmerksamkeit verschafften: Oskar Lafontaine in seinem seltsamen Rachefeldzug gegen den überlegenen Rivalen Gerhard Schröder, der Psychoanalytiker Horst-Eberhard Richter und der Schweizer Soziologe Jean Ziegler (Cassen u. a. 2002). Letzterer hat sich in seiner Heimat mit zahlreichen Polemiken gegen die über «jeden Verdacht erhabene» Schweiz den Ruf des Nestbeschmutzers und Vaterlandsverräters erworben (Ziegler 1992, 1998). Der Soziologe, der sein Fach weniger streng betreibt, als man es in Bourdieus Labor hält, arbeitet neuerdings als UN-Sonderberichterstatter für die Resolution 2000/10, die ein «Recht auf Nahrung» einklagbar machen soll. Auch als nebenberuflicher Diplomat blieb er ein Freund klarer Worte gegen den «Raubtierkapitalismus» und scheut pointierte Vergleiche nicht: Wenn 100000 täglich Hungers sterben, fallen 3000 Tote in Süd-Manhattan nicht so ins Gewicht, wie man allgemein suggeriert – eine Aufrechnung, zu der sich Globalisierungskritiker häufig hinreißen lassen. Bei Ziegler ist sie soziologisches Forschungsprogramm: Kapitalismus ist Völkermord (Ziegler 1999, 2002), und Soziologie soll eine Befreiungsbewegung werden.

Ziegler hat sich besonders verwerfliche Auswüchse vorgenommen: Rüstungsgeschäfte, die ungenierte Kollaboration mit Diktatoren und moderne Sklavenarbeit, Exzesse also, die Spruchbänder mit der Aufschrift «Capitalism kills!» provozieren. Dass Ziegler mit zahlreichen Richtigstellungs- und Beleidigungsklagen überzogen wurde, unter anderem von Augusto Pinochet und den Großaktionären der Schweizer UBS-Bank, gilt in der Szene als Ehrenauszeichnung. Ziegler ist kein Kryptokommunist, wie ihm die stets verdächtigende Schweiz gern unterstellt, aber selbst wenn: Ihm war auch die

Sowjetunion recht, solange sie als zweites Weltzentrum das Kapital unter Legitimationsdruck setzte und die Führungsmacht in Schach hielt. In seinem jüngsten Buch (Ziegler 2002) bestreitet Ziegler energisch die Vorstellung der Insider-Kritik und eines Teils der NRO, transnationale Regime ließen sich von innen heraus reformieren.

Den beiden kontinentalen Varianten linksintellektuellen Engagements entspricht auf der anderen Seite des Atlantik die Rolle Noam Chomskys, der zwar vom Fernsehen verschmäht, aber von seiner Lesergemeinde geradezu verehrt und bei internationalen Auftritten stets mit Blitzlichtgewitter und einem Pulk von Kameras empfangen wird. Der Erfinder der Transformationsgrammatik, einer Art linguistischen Weltformel, ist *der* amerikanische Dissident, der auch als unerbittlicher Kritiker des Vietnamkrieges begann. Ähnlich wie Bourdieu kritisiert er die (elektronischen) Medien, die in den USA noch stärker entpolitisiert und auf Infotainment umgestellt sind, aber anders als er verfasst er leicht lesbare *pamphlets*, die er über ein alternatives Medienimperium vertreibt. Damit hat er sich über Jahre hinweg globale Aufmerksamkeit verschafft; angeblich ist Chomsky die meistzitierte lebende Person im Internet; in der Underground-Presse (etwa im anarcho-libertären *Zmagazine*) stellt er eine kaum bestrittene Autorität dar. Sein Vortrag in Porto Alegre im Januar 2002 musste wegen des gewaltigen Andrangs (und zur Enttäuschung der stundenlang wartenden Menge) per Großleinwand übertragen werden. Der Amerikaner trug vor, was er seit langem und seit dem Elften September noch zorniger vorträgt (Chomsky 2001, 2002): eine furiose, aber ohne großes Pathos vorgetragene Anklage gegen den kriegslüsternen US-Imperialismus. Amerika ist Weltfeind Nummer eins und ein so lückenloser Repressionsapparat, dass die Frage aufkommt, wie sich die zahlenmäßig wohl größte Ansammlung von Globalisierungskritikern und ein breitgefächertes Netzwerk von Graswurzel-Initiativen in den USA überhaupt bilden konnten. Chomskys manichäisches Weltbild trägt die Stafette des amerikanischen Populismus ins 21. Jahrhundert weiter – und einen Stil der Konfrontation, den man «paranoid» nennen kann. Die Paranoia ist «viel kohärenter als die Wirklichkeit, denn sie lässt keinen Platz für Fehler, Versagen oder Zweideutigkeiten. Sie ist zwar nicht rational, aber doch intensiv rationalistisch; sie glaubt sich einem Feind gegenüber, der ebenso unfehlbar rational wie absolut böse ist, und sie versucht seiner vermeintlich totalen Macht mit ihrer eigenen Allzuständigkeit zu begegnen – indem sie nichts unerklärt lässt und die ganze Wirklichkeit in einer überwölbenden, konsistenten Theorie erfasst.» (Hofstaedter 1965, zitiert nach Zeit 26.7.2001).

People over Profit lautet in Umkehrung eines bekannten Chomsky-Pamphlets der Schlachtruf des Populismus in den USA, der genauso rabiat auftreten kann wie die Larzac-Bauern José Bovés[24] und sich dabei auch den umfangreichen wissenschaftlichen Apparat spart, mit dem Pierre Bourdieu politische Manifeste und Pamphlete in der Regel umgeben hat. Unbestritten bedarf jede politische Polarisierung einer Vereinfachung und Zuspitzung, worin der Erfolg des intellektuellen Gegenfeuers liegt. Und Chomsky hat, genau wie Ziegler, die Imperialismuskritik aufgegriffen, die die alte und neue Linke stets vorgetragen hat, und damit die eindimensionale Bekräftigung der globalen Machtverteilung frontal angegriffen. Aber auch dieses Weltbild ist in seiner Art eine Variante des «Einheitsdenkens», das kaum Zwischentöne oder Dialektik zuläßt und eigentlich auch keine Hoffnung – außer der auf den großen Kladderadatsch, den terminalen Zusammenbruch des Kapitalismus und der amerikanischen Übermacht. Seine verbalradikale Unerbittlichkeit hat Noam Chomsky zur «Popikone des Widerstands» (Jörg Lau) werden lassen, eine Rolle, die er ungerührt und recht humorlos ausfüllt. Damit bringt er dem Intellekt ein beträchtliches Opfer, wenn etwa seine Kritik am «neuen militärischen Humanismus» (gemeint sind humanitäre Interventionen) die Verbrechen der serbischen Militärs ausspart oder wenn im Krieg gegen den Terror die USA selbst zum Schurkenstaat erklärt werden und den Urhebern des Terrors nicht mal ein kleiner Exkurs gewidmet ist. Solche Schwarz-Weiß-Malereien haben viel gemeinsam mit religiösen Denkfiguren wie dem *Evil Empire* und der «Achse des Bösen»; auch andere amerikanische Autoren wie Gore Vidal (2002) verfallen letztlich in die Einseitigkeit ihrer erklärten Gegner im Weissen Haus und Pentagon, wenn sie sich keine andere Quelle globaler Handlungen vorstellen können als die omnipotenten Vereinigten Staaten. Kritik an der amerikanischen Militärpolitik ist angebracht (s. S. 176ff.), aber die Globalisierungskritik verfällt dabei streckenweise in einen Anti-Amerikanismus, der nicht die US-Führung dafür kritisiert, was sie konkret tut, sondern «die Amerikaner» pauschal dafür anklagt, wie sie angeblich sind. Und dieses stereotype Feindbild ist nicht auf kleine Zirkel beschränkt, sondern prägt ein breiteres Publikum, das seinen Ressentiments gegen Amerika (und Israel) ausgerechnet seit dem Elften September freien Lauf läßt.

Dazu beigetragen hat in besonderer Heftigkeit die indische Schriftstellerin Arundhati Roy, die im Spektrum der Globalisierungskritik als authentische Stimme der Dritten Welt zählt. In ihrer Heimat wurde sie mit dem Roman «Der Gott der kleinen Dinge» bekannt, der sich gegen die Diskriminierung der niederen Kasten wendet, und mit dem Essay «The Greater Common Good», worin sie den Bau eines Staudamms im Narmada-Tal kritisierte und angeblich die indische Justiz beleidigte. Als die Autorin die ihr auferlegte Geldstrafe nicht entrichten wollte, drohte ihr mehrwöchige Haft, aber schon der eine Tag, den sie effektiv im Gefängnis verbrachte, unterstrich ihre Reputation als kompromisslose Kämpferin. In Deutschland machte sie Furore mit ihrer These (im bekanntlich rundum rebellischen Feuilleton der FAZ, 28.9.2001), am Elften September sei nur die Saat aufgegangen, die Amerika über Jahrzehnte mit der Anzettelung «militärischen und wirtschaftlichen Terrorismus, Konterrevolution, Militärdiktaturen, religiöser Bigotterie und unvorstellbarem Genozid (*außerhalb* Amerikas)» gesät habe. Mit den Opfern amerikanischer Kriegsführung von Korea bis Nicaragua machte sie, ähnlich wie Gore Vidal, eine notwendige und unbequeme Gegenrechnung auf und setzte dabei auch die Leidtragenden der israelischen Besetzung Palästinas aufs amerikanische Konto. Dann kam ein Satz, der sie hierzulande berühmt machte und dessen Paraphrase einen Moderator der Tagesthemen fast den Job gekostet hätte: Osama Bin Laden sei «der dunkle Doppelgänger des amerikanischen Präsidenten. Der brutale Zwilling alles angeblich Schönen und Zivilisierten. Er ist aus der Rippe einer Welt gemacht, die durch die amerikanische Außenpolitik verwüstet wurde …» Solche «steilen Thesen» würzen jede Polemik, man kann sie aber auch als Beleg eines ins Globale gesteigerten Antisemitismus deuten, wenn man bedenkt, dass in einem ähnlichen Kurzschluss Juden zugefügte Leiden oftmals ihnen selbst angelastet werden. Zu Recht sieht Roy im Terrorismus das Symptom, nicht die Krankheit. Aber sie schießt über das Ziel hinaus, wenn sie behauptet, der Terroranschlag sei auf direkte oder indirekte Weise ein Resultat der von den USA dominierten Weltordnung, also letztlich eine Art Selbstaggression. Und davor, welches Mittel man gegen den Terror einsetzen soll, da er nun unbestreitbar in der Welt ist, drücken sich Roy und die meisten

Globalisierungskritiker herum. Man entzieht sich dieser Frage aber nicht mit dem Sinnspruch, «des einen Terroristen ist des anderen Freiheitskämpfer».

Viele Handlungen und Unterlassungen amerikanischer Politiker und Unternehmer verdienen zweifellos eine grimmige Kritik, wozu die Fehlleistungen einer Außenpolitik zählen, welche die Taliban, Saddam Hussein und die pakistanische Nuklearmacht überhaupt erst möglich gemacht haben. Doch die Analyse der Ursachen und die Bewertung des islamistischen Terrors, der sich Amerika zum Satan und Todfeind erkoren hat, muss dann von der Analyse der US-Hegemonialpolitik auch wieder getrennt werden. Globalisierungskritik kann unmöglich «Äquidistanz» halten zu einer seit über 200 Jahren bestehenden westlichen Demokratie und zu einem zutiefst antidemokratischen Islamismus (genauso wie es sich eigentlich verboten hätte, dass die Friedensbewegungen der 1970er und 1980er Jahre zu den USA und der Sowjetunion auf gleiche Distanz gingen.) Solche Vereinfachungen sind Folge einer Dritte-Welt-Ideologie, die Globalisierungsschäden allein den USA und transnationalen Regimen anlastet und den Eigenanteil der Staatsklassen und Volksbewegungen in Ländern der Dritten Welt unterschlägt. Globalisierungskritik ist auf dem Irrweg, wenn sie kindische Vorurteile gegen «Rumpelstilzchens Reich» pflegt und der Weltgesellschaft eine hässliche Fratze namens Amerika anhängt. Und der *Tiersmondismus*, der in den 1950er Jahren mit der Konferenz der Blockfreien aufkam und zur unkritischen Bewunderung nationaler Befreiungsbewegungen durch westliche Intellektuelle führte, hat jeden Kredit verspielt. «Roys Stimme ist weniger repräsentativ für die Dritte Welt als für die globale Intelligentsia, die von einer Konferenz zur anderen eilt und über die Effekte der Globalisierung jammert», ätzte Ian Buruma in einer scharfen Kritik dieses «Anti-Okzidentalismus».[25]

Das in Verkauf und Wirkung erfolgreichste Manifest der Globalisierungskritik wurde das Buch einer 30jährigen kanadischen Journalistin, «No Logo» von Naomi Klein (2000, 2002). Sie stellte unter Beweis, was man mit geringsten Mitteln – im Wesentlichen dem, was man als Einzelgängerin für investigativen Journalismus benötigt – in einer auf Prominenz geeichten Mediengesellschaft erreichen kann. Ähnlich wie Bourdieus TV-Kritik arbeitet Klein mit einem Paradox: Sie attackiert den Marken-Kapitalismus in einem faktenreichen und schlüssig argumentierenden Buch und einem erklärten

No Name-Produkt, das dann konsequenterweise selbst eine Marke wurde. Es handelt sich um einen neuen Fall repressiver Toleranz: Klein zielte auf das Herz eines Konsumkapitalismus, der seine ganze unternehmerische Energie auf banales *Branding* richtet und den Zusammenhang damit kaschiert, dass in Freihandelszonen und Sweatshops unerträgliche Verhältnisse frühkapitalistischer Ausbeutung vorherrschen – und die Medien kürten sie 2000 zur «wohl einflussreichsten Person der Welt unter 35» (Spiegel 51/2000).

Zustimmen kann man der Autorin vor allem darin, dass sie ihre Kritik im Kern gegen die transnationalen Konzerne richtet und weniger auf transnationale Regime wie die WTO, die bevorzugte Zielscheibe des Straßenprotestes. Anders als die bisher vorgestellten Kritiker ist Naomi Klein keiner sozial-revolutionären Doktrin verpflichtet, dafür erweist sie häufig einem ebenfalls zur Ikone stilisierten Rebellen wie «Subcomandante Marcos» ihre Reverenz. Seine Aura strahlt in die Welt des nordamerikanischen Kampagnen-Aktivismus, wo jugendlicher Idealismus mit journalistischer Recherchetechnik kombiniert ist. Ein starkes Bewegungsmotiv ist auch das Bemühen um autobiografische Stimmigkeit und der Versuch, «authentisch» zu bleiben. Anders als der *Economist* vermutet, der ihrem jüngsten Buch einen beleidigten und ungewöhnlich unfairen Verriss widmete, steht nicht zu erwarten, dass dies nur eine spätpubertäre «Phase» ihres Wirkens ist. Vielmehr wird man Namen wie Naomi Klein wohl irgendwann ganz oben im Impressum von Wirtschaftsmagazinen neuen Typs finden.

Wenn man die hier exemplarisch (und notwendig verkürzt) vorgestellten Positionen der intellektuellen Linken bilanziert, zeigt sich eine vor wenigen Jahren kaum zu erwartende Renaissance des neomarxistischen Denkens, das damit ein wenig von seiner 1989 schon abgeschriebenen Mobilisierungsfähigkeit zurückgewonnen hat. Wie auch immer man die Konsistenz des Gegenfeuers und die politischen Schlussfolgerungen daraus bewerten mag, auch auf dem intellektuellen Feld besteht wieder eine anspruchsvolle Opposition zu der Auffassung, das «Ende der Geschichte» sei bereits eingetreten. Ein politisches Denken, das durch den Zusammenbruch des Sowjetsozialismus und die Totalitarismuskritik geläutert ist, verbindet sich nun auch wieder mit politischer Praxis. Zugleich sind alte Schwächen des Neo-Marxismus zurückgekehrt: der bei Bové und vielen «antimondialistes» erkennbare Proletariermythos und Nationalismus der radikalen Linken, bei Ziegler, Chomsky und Roy ein dogmatischer Tiersmondismus und schematischer Antiamerikanismus. Hier driftet die rationale Analyse sozialer Konflikte und kultureller Kämpfe in Verschwörungstheorien ab, die so manche Globalisierungskritik beherrscht (Chossudovsky 2002) und vor allem in der «Erklärung» des Elften September irrwitzige Blüten getrieben haben (Bröckers 2002). Auch das linksradikale Sektierertum, von Lenin einmal als die Kinderkrankheit des Kommunismus gegeißelt, hat die Jahrzehnte überdauert und durchzieht ein voluminöses Werk, das als die «Bibel» der Globalisierungskritik gelten darf.

Existenzialismus und Protopolitik

Ein Netzwerk von Lesezirkeln, Diskussionsgruppen und Lesungen hat sich neuerdings um das Kultbuch «Empire» von Michael Hardt und Antonio (Toni) Negri gebildet. Sympathisanten haben es schon als das Kommunistische Manifest des 21. Jahrhunderts bejubelt, und es eifert ihm im Anspruch tatsächlich nach, auch wenn es eher mit Lenins Imperialismustheorie zu vergleichen ist. Diese Schrift lesen viele als das Grundlagenwerk des Globalisierungskritik; es wurde in rund ein Dutzend Sprachen übersetzt und erschien in so renommierten Verlagen wie Harvard University Press und Campus. Die Hauptthese lautet, im Unterschied zum herkömmlichen Antiamerikanismus und Antiimperialismus, dass «eine neue, imperiale Form der Souveränität entstanden ist … Der Imperialismus ist vorbei. Keine Nation kann in dem Sinne die Weltführung beanspruchen, wie die modernen europäischen Nationen das taten.» Dafür kommt also auch Amerika, der Hauptfeind der linksradikalen Globalisierungskritik, nicht mehr in Frage, und das heutige Imperium hat überhaupt keine räumlichen und zeitlichen Grenzen mehr: «… es schafft genau die Welt, in der es lebt» und «lenkt nicht nur menschliche Interaktion, sondern versucht außerdem direkt über die menschliche Natur zu herrschen.» Man darf sich das Imperium also weniger als Monstrum oder vielarmige Krake vorstellen, eher als postmoderne Disziplinargesellschaft, die in den letzten beiden Jahrzehnten die universitären Diskurse zwischen der «Dialektik der

Aufklärung» und Foucault, zwischen Deleuze/Guatarri und Luhmann erobert hat.

Im Sturm genommen haben die beiden Autoren – der eine ist Literaturprofessor an der Duke University, der andere ein wegen seiner (nie ganz aufgeklärten) Verstrickung in den italienischen Terrorismus verurteilter Politologe – jedenfalls die postmoderne Szene. Unterstellte man ihr nur selbstverliebten Verbalradikalismus, würde man dem erstaunlichen Phänomen nicht gerecht, dass die kollektive Lektüre in Lesekreisen und Zeitschriftendebatten eine erstaunliche Gemeinschaftsbildung jüngerer Globalisierungskritiker ausgelöst hat. Das Buch hat inhaltlich und psychologisch einen Nerv getroffen; sein Aufstieg in die Bestsellerlisten geschah eher unbeabsichtigt und ohne das übliche PR-Brimborium. Das dürfte vor allem daran liegen, dass es trotz der zutiefst pessimistischen Überzeugung, es gebe kein Jenseits der kapitalistischen Ordnung, Hoffnung verbreitet. Diese geht nicht von einer organisierten Bewegung, etwa der Arbeiter und Landlosen aus, sondern von der diffus gehaltenen «multitude» (Menge), die keine sozialstrukturelle Qualität mehr hat. Das Empire der «Globalisierung» wird von den Autoren so emphatisch begrüßt, wie einst Marx und Engels die Zerschlagung der feudalen Hemmnisse der Produktivkräfte durch den kapitalistischen Weltmarkt gefeiert haben. Und Amerika, jedenfalls seine ideale Verfassung, kommt im Vergleich zu den bisher behandelten Kritiken gut weg, nämlich als theoretisches Modell einer post- und transnationalen Demokratie.

Diese wird nach Hardt/Negri möglich sein durch eine schlichte, mit Luhmann gesprochen: autopoietische Inversion des Systems. Eben weil es so total geworden ist, wird das Empire fallen, aber es bricht nicht zusammen in einem katastrophalen Crash oder einem Weltkrieg, sondern mutiert zu einem Reich der Freiheit, in welchem sich die Produktivkräfte endlich zum Nutzen aller entfalten werden. Auf diese Weise ist sozusagen der Schalter umgelegt: auf Widerstand. Alles wird gut, weil die Inversion auch ein neues Volk hervorbringt, das sich nicht mehr als Klasse konstituiert und das System noch vom Kopf auf die Füße stellen muss, sondern es aus einer neuen mentalen Konstellation heraus – gewissermaßen qua Umdeutung – «umdreht». Die für Gesellschaftstheoretiker seltsam klingende Vorstellung entspricht der in den Lebenswissenschaften propagierten Idee der Selbsterfindung des Menschen, die bei Hardt und

Negri auch einen seltsamen Faible für Cyborg und Biopolitik ausgelöst hat. Oder auch für die Situationisten, eine andere, bei intellektuellen Globalisierungskritikern beliebte Fundstelle für heutige Wunsch-Maschinen. Denn dorthin, in die Mentalitäten, hat die virtuelle Ökonomie nach Ansicht des Autorenpaars die Produktivkräfte heute verlegt, so dass endlich das Bewusstsein das Sein bestimmen kann.

Die Revolution findet als situationistische Intervention statt, und dieses Ereignis könnte schon der Terroranschlag auf das WTC gewesen sein. Hier schimmert noch die romantische Selbsttäuschung italienischer Ultralinker durch, die in den 1970er Jahren gefordert hatten: Wir wollen alles. Ähnlich kitschig ist die messianische Schlussfolgerung des Buches, dessen Säulenheiliger nicht der Revolutionstheoretiker Frantz Fanon, sondern der heilige Franz von Assisi ist. In seinem Geiste postulieren die Verfasser, offenbar schon eins geworden mit der Menge: «Wir setzen dem Elend der Macht die Freude am Sein entgegen», womit sich «Rebellion in ein Projekt der Liebe» verwandle. Die katholische Kirche als erste globale Bewegung wird mit solchen Worten glänzend rehabilitiert; ohnehin erinnern die Adressaten und Liebhaber dieses Kultbuches an jene Märkte der Möglichkeiten, die Kirchentage und Religionsdialoge zu bieten haben. Die neomarxistische Theorie, aus der das Buch extensiv schöpft, hat sich existenzialistisch ausstaffiert und versucht damit – die Begeisterung für «Empire» deutet es an – aus der Defensive herauszutreten. Derart in Aufbruchsstimmung versetzt, ist der Bewegung offenbar auch wieder jedes Erbe und jeder Bündnispartner recht: Wo immer sich Rebellion und Fundamentalopposition geregt haben, sie werden, Stalinismus und Khomeini eingeschlossen, *sub specie aeternitatis* begrüßt; und wo immer sich Widerstand regt, wird er affirmativ aufgegriffen, selbst wenn er von Selbstmordattentätern und Narko-Terroristen herrührt.

Konservative werden dieses Buch als offene Verteidigung des Terrorismus brandmarken, aber das macht eine linke Kritik daran nicht überflüssig. Klare Worte haben aber nur wenige gefunden, darunter Alan Wolfe: Ausgerechnet jetzt, beklagt er, da die Institutionen Markt und Staat in Zweifel gezogen werden, gewinnen sektiererische Paranoia und akademischer Obskurantismus die Oberhand. Sollten Bücher wie «Empire» repräsentativ sein für die Globalisierungskritik, droht ihr das gleiche Schicksal wie der Neuen Linken in den 1970er Jahren, und angesichts der distanzlosen Bewunderung für lebende und tote Terroristen ist nicht einmal auszuschließen, dass sich sogar diese Tragödie wiederholen könnte. Die Naivität, mit welcher eine linksradikale Schickeria heute der RAF oder der Roten Brigaden gedenkt und Straßenschlachten mit der Staatsmacht romantisiert werden, ist kein gutes Omen.[26]

«Ein Ich, das Nein sagt» – dieses protopolitische Postulat kann man im Anschluss an den plakativen «Empire»-Existenzialismus auch in anderen Manifestationen von Widerstand und Weigerung als Leitmotiv erkennen. Diedrich Diedrichsen hat unter diesem Gesichtspunkt die erfolgreichen Bühnenstücke von René Pollesch interpretiert, die Dutzende von Aufführungen an der Berliner Prater-Volksbühne und anderen deutschen Theatern erlebt haben. Es handelt sich dabei um ein serielles Diskurstheater, in dem junge Sprecherinnen einen freilaufenden Theorie-Diskurs mit kulturkritischen Texten herbeten, «in aller Pracht und in allen Lumpen» (taz 6.3.2002). Diedrichsen erkennt darin das durch die Zwischenstellung des Dramatikers und seines Publikums zwischen «neoliberaler Scheiße» und Achtundsechzigertum immens erschwerte Verlangen, aktivistisch zu denken und politisches Handeln gegen die «Ökonomisierung aller Lebensbereiche» freizusetzen. Aus dieser Warte schätzt man die prekäre Lebensweise der Migranten und Ausgeschlossenen und überträgt deren Lage auf die eigene, subjektiv ebenso prekäre Situation. Diedrichsen streicht vor allem einen Kehrreim heraus: «Ich will das nicht leben». «Nicht ‹Ich will so nicht leben› wie unklarere und unbewusstere Protestgenerationen vor ihnen, sondern transitiv DAS wollen sie nicht leben: Denn sie wissen, was sie nicht tun wollen, sie wissen, was DAS ist. Das ist ein Skript, das abwechselnd von ökonomischer Rationalität (selten, rar, attraktiv) oder traditioneller Normalität (natürlich) beherrscht wird und kein Außen dieser Alternative mehr kennt.» In diesem Kontext versteht man auch die kollektive «Empire»-Rezeption besser und den Erfolg gleichgesinnter Veranstaltungen, etwa die begeisterte Aufnahme der Documenta-Plattformen und den enormen Erfolg der französischen Band *Noir Désir*, bei deren Auftritten Büchertische mit globalisierungskritischer Literatur ausliegen.

Fassen wir diesen intellektuellen Typus der Globalisierungskritik zusammen: In der linken und linksradikalen «Szene» sind viele Facetten des Antikapitalismus und Antiimperialismus der Alten und

Neuen Linken auferstanden. Zwei Jahrhunderte Bewegungs- und Theoriegeschichte ziehen an einem vorbei: der amerikanische Anarcho-Populismus und der französische Jakobinismus, der italienische Ouvrierismus und der helvetische Rätesozialismus. Nachdem sich die parlamentarische Linke so offensichtlich mit dem hegemonialen Politikmuster arrangiert hat und «dritte Wege» beschreitet, seit auch das Gros der oppositionellen Intelligenz das «Indianerspiel zwischen Geist und Macht» (Hans Magnus Enzensberger) satt hat, meldet sich die «soziale Linke» zurück, der sich eine relativ große Zahl von Bewegungsintellektuellen zugeordnet hat. Es gibt, als sei diese Codierung des Politischen ein Naturgesetz, wieder eine Rechts-Links-Polarisierung, die auch in (allerdings schwachen) postkommunistischen Parteien Niederschlag findet. Der Kritik am «Neoliberalismus» haftet oft ein spürbares Ressentiment gegen die liberale Demokratie an, als sei ein post-demokratisches Gemeinwesen in irgendeiner Hinsicht wünschenswert. Mit diesem Feindbild, das rituell Militanz freisetzt, verlässt Globalisierungskritik die Logik kommunikativen Handelns und wird die Spannung zwischen Engagement und Distanzierung aufgehoben. Da darf man sich fast glücklich schätzen, für «abwägende Differenzierungen» getadelt worden zu sein.[27]

Die katholische Verschärfung

In den katholischen Partien des «Empire»-Buches schwingt eine starke Aversion gegen den Liberalismus mit, den der Kapitalismus zum Besseren wie zum Schlechteren im Gepäck führt. Das zu widerlegende Argument der Alt- und Neoliberalen lautet, die kapitalistische Wirtschaft tauge besser als jede andere Wirtschaftsform nicht nur für allgemeinen Wohlstand, sondern auch für die individuelle Selbstverwirklichung und eine rechtsstaatliche Ordnung, die den Einzelnen vor Freiheitsberaubungen aller Art schützt. Daran äußern nicht nur linke Materialisten Zweifel, auch aus katholischer Sicht bestreitet man den Konnex insofern, als Wahlfreiheiten an sich, für den Einzelnen wie für Kollektive, ohne Bedeutung seien, solange sie nicht sinnvollen Zielsetzungen untergeordnet sind, die wiederum nur transzendental, also unter Rekurs auf nicht-materielle Werte, begründet werden könnten. Die Freiheit eines Christenmenschen beruht nicht auf einem normativ entleerten Individu-alkalkül, das sich in hektischer Projektemacherei und Gewinnmaxi-mierung erschöpft und durch «Reinigungskrisen» beflügelt wird, die enorme Werte vergeuden und zerstören – übrigens ohne jegliche Katharsis. Indem Moral und Wirtschaft wieder «entdifferenziert» werden, können sich Akteure aus Fleisch und Blut, die sich im mira-kulösen Wirken der New Economy oft als Aufschneider und Betrü-ger entpuppt haben, nicht mehr hinter der «unsichtbaren Hand» des Marktes verstecken; und hinter der glitzernden Fassade kommen vermeintlich Überflüssige in den Blick, die Apologeten der Globali-sierung in sozialdarwinistischer Manier ihrem Schicksal überlassen. Da in den 1990er Jahren offenbar doch nicht alle im Fahrstuhl nach oben mitgenommen worden sind, provoziert der demonstrative Luxuskonsum der Super-Reichen umso mehr, auch in den Verei-nigten Staaten, wo man Ungleichheit eher hinzunehmen bereit ist und religiöse Überzeugungen am ehesten in Einklang stehen mit der kapitalistischen Wirtschaftsweise. Auch dort kam es ausgespro-chen schlecht an, wenn sich die CEO's der Weltkonzerne zu ihren ohnehin üppigen Gehältern noch gewaltige Prämien genehmigt hat-ten, bevor sie ihre Konzerne in den Orkus oder in den Rachen eines Wettbewerbers warfen.

Solche Reklamationen, lange als Sozialneid abgetan, werfen ele-mentare Probleme sozialer Gerechtigkeit auf. Das kapitalistische Wirtschaftssystem kann aus eigenem Antrieb nur noch schwer das verloren gegangene Vertrauen regenerieren. Einer dem Kapitalis-mus gegenüber aufgeschlossenen Theologie genügen kosmetische Reparaturen, aber ein noch an sich selbst glaubender Katholizismus plädiert im Zweifel für die Begrenzung des Kapitals und ordnet es nicht nur metaphorisch der Schöpfung unter. An unverhandelbaren Werten wie dem «Lebensschutz» geraten Wall Street und Vatikan in eine Opposition, die der amtierende Papst in erstaunlicher Schärfe herauszustreichen pflegt.[28] Seine Einwände betreffen die exklusive Wirkung der kapitalistischen Weltordnung, die Milliarden vom Zu-gang zu Kommunikation, Wissenschaft und natürlichen Reichtü-mern fernhält, und sind prinzipieller Natur: Es müsse Bereiche der menschlichen Existenz geben, die nicht dem Markt untergeordnet werden. In diesem Sinne war der polnische Papst vor 1989 stets auf gleiche Distanz zum materialistischen Sowjetsystem wie zum kapi-talistischen Materialismus gegangen.

Als die G8 nach Genua kamen, schien sich ganz Italien wieder in einen Kirchenstaat zu verwandeln. Der ortsansässige Kardinal Dionigi Tettamanzi erklärte seine volle Sympathie mit den Globalisierungskritikern, der Papst versicherte den rund hundert katholischen Gruppen im Genoveser Sozial-Forum uneingeschränkte Unterstützung. Das beschränkte sich nicht auf moralischen Zuspruch: Im «Manifest von Genua» wurden Schuldenerlass für die armen Länder, gerechte Preise für deren Agrarausfuhren, der Schutz von Arbeitnehmern vor Ausbeutung, die Ratifizierung des Klimaprotokolls und die Bereitstellung preisgünstiger Medikamente für Afrika gefordert, also die ganze Palette der Globalisierungskritik. Vor dem Treffen der Weltenlenker auf dem Kreuzfahrtschiff «European Vision» unterzeichneten auch Vertreter der beiden größten Weltreligionen, Kardinal Francis Arinze für die katholische Kirche und Kamel Al Sahrif für die islamische Weltorganisation, eine Erklärung gegen die G8, die eine grundsätzliche Neuverteilung des Reichtums anmahnte.

Auch säkulare und progressive Sozialbewegungen beziehen aus dieser anti-globalistischen Rhetorik eine unversöhnliche Rhetorik und logistische Hilfestellung. Es mag Zufall sein, wenn sich das Weltsozialforum drei Mal auf dem Gelände der Päpstlichen Universität in Porto Alegre getroffen hat. Aber die Plattform, die Globalisierungskritiker mittlerweile regelmäßig auf Kirchentagen und in den Gemeinden geboten bekommen, bestätigt den beabsichtigten Schulterschluß zwischen dem gewaltfreien Protest und Kirchenkreisen aller Ebenen und Ränge. Der katholische Bischof von Trier erklärte, die Kirche stehe «einem ökonomischen Imperialismus, der nur die Interessen der Reichen im Blick hat, distanziert gegenüber» (KNA 10.6.2002) Ein Grundsatzpapier unter dem Titel «Die vielen Gesichter der Globalisierung. Perspektiven einer menschengerechten Weltordnung» wurde Ende 1999 erarbeitet und stützt eine Kritik der Globalisierung, wie wir sie kannten, unter Gesichtspunkten sozialer Gerechtigkeit und sozialethischer Einwände.

Vergleichbare Unterstützung erhält der vor allem im protestantischen Lager anzutreffende Pazifismus, der Schutzräume und Organisationskräfte der Kirchen in Anspruch nehmen kann. So rief der Ratsvorsitzende der Evangelischen Kirche in Deutschland (EKD), Manfred Kock, Weihnachten 2002 die Christen auf, gegen den drohenden Irak-Krieg «aufzustehen» und sich, nach dem Vorbild der

1980er Jahre, an Demonstrationen und Friedensgebeten zu beteiligen. Auch Johannes Paul II. forderte eine «Offensive des Friedens» und setzte die Diplomatie des Vatikan zur Kriegsverhütung in Bewegung. Aus den Reihen der christlichen Kirchen ist, wie schon in den 1980er Jahren, das Gros der Friedensbewegten zu rekrutieren. Bei dieser Gelegenheit rückten beide christliche Kirchen auch die in ihren Augen vorrangige Bekämpfung von Hunger und sozialem Elend als einzig adäquate Antwort auf den Terrorismus in den Mittelpunkt. Der katholische Wirtschaftsethiker Karl Homann führte aus, der Terror weise auf prinzipielle Mängel «unserer Ordnung» hin. «Wenn vier Milliarden Menschen, also zwei Drittel der Weltbevölkerung, vom Wohlstand ausgeschlossen sind, ohne Hoffnung, dass sich etwas ändert, wird es immer wieder zu Gewaltausbrüchen kommen» (SZ 24.12.2002)

Gleichzeitig meldeten Bischöfe und Sozialethiker Widerstand an gegen Experimente mit menschlichem Leben, bis hin zu dem angeblich zum Weihnachtsfest 2002 erstmals gelungenen Klonen menschlicher Lebewesen. Auch damit unterstreichen sie, dass Religionen «nicht von dieser Welt sind» und in einem wenigstens virtuellen Gegensatz zur kapitalistischen Ordnung stehen; sie fordern einen sozialpflichtigen und politisch geordneten Kapitalismus. In diese reformerische Richtung zielen viele politische Verlautbarungen der christlichen Sozialethiker und der kirchlichen Organisationen (Wiemeyer 2000).

Solche Interventionen und Reformvorschläge verlieren freilich an Glaubwürdigkeit, wenn parallel zum Bekanntwerden der Manipulationen von Großkonzernen, Analysten und Wirtschaftsprüfern nicht nur vereinzelte sexuelle Verfehlungen des Klerus ans Licht kommen und das unbedingte Festhalten am Lebensschutz mit einer völlig anachronistischen Sexualmoral gekoppelt ist. Ebenso irritiert, wenn Kardinäle und Priester in Lateinamerika, die sich als Stimme der Armen und politisch Verfolgten hervortun, in einem klerikalen Kontext bewegen, dessen symbiotische Nähe zur politischen Macht offensichtlich ist, darunter in der Vergangenheit zu autoritären Militärdiktatoren, deren unheilvolles Wirken die Kirche mit Schweigen übergangen oder sogar gesegnet hat, während die sozialrevolutionäre Befreiungstheologie praktisch exkommuniziert wurde. Unglaubwürdig ist die Inschutznahme der Verlierer der wirtschaftlichen Globalisierung schließlich auch, wenn die Kirchen, jedenfalls in der Bundesrepublik Deutschland, selbst wie milliardenschwere Sozialkonzerne wirtschaften. In diesem Sinne hat sich der Genueser Bischof Tettamanzi, der als Papst-Anwärter gehandelt wird, dafür eingesetzt, die Kirche solle nicht nur eine Kirche für die Armen sein, sondern auch eine sichtbar arme Kirche. Diese solle einen Großteil ihrer üppigen Besitzungen verschenken und kirchliche Funktionäre nicht mehr mit Gehältern bezahlen (HA 14.7.2001) – eine Vision, die in der kirchlichen Hierarchie Kopfschütteln und Spott ausgelöst haben dürfte.

Doch ungeachtet solcher Widersprüche hat sich in Gestalt der christlichen Kirchen, eventuell auch in breiteren religiösen Allianzen, ein weiterer Ort der Globalisierungskritik aufgetan, der in der hier zugrundegelegten Systematik zwischen den Optionen «Ausstieg» und «Loyalität» schwankt. Beide christliche Kirchen halten Distanz zum wirtschaftlich-wissenschaftlichen Komplex; die um sich selbst kreisende Welt von Soll und Haben ordnen sie «jenseitigen» Normen unter, das leitende Prinzip der Gewinnmaximierung wird an soziale Pflichten gekoppelt.

Fazit: Selbstkritik der Enron-Wirtschaft

Ein Instinkt von «Empire» könnte sich am Ende als richtig herausstellen: dass die stärkste Kritik des Kapitals von diesem selbst ausgehen wird. Noch Ende der 1990er Jahre überschlugen sich die wohligen Prognosen: Der Kapitalismus habe seine zyklische Krisenhaftigkeit abgeschüttelt und sei in eine Ära des Wachstums ohne Ende eingetreten; das Debakel der japanischen Wirtschaft, gerade noch allseits bewundert und gefürchtet, und die angeblich auch nur regionale Asien-Krise ignorierten die «Analysten». Seit der Jahrhundertwende hat sich das Klima radikal verändert. Zum einen schlugen konjunkturelle und strukturelle Krisenfaktoren wieder durch, womit unverwundbar erscheinende Multis wie AOL oder Vivendi ins Trudeln gerieten, zum anderen kamen massive Betrugsmanöver und unglaubliche Fälschereien bei einer ganzen Reihe namhafter US-Firmen ans Licht (Enron, Global Crossing, Xerox, Meryll Lynch, Tyco, IMClone, Arthur Andersen, Rite Aid, Adelphia, Merck, Worldcom, Qwest usw.) Die *New Economy* bekam ein neues Etikett: Enron-Wirtschaft (SZ 16.12.2002, dazu Lovink 2002 und

Müller 2002). Milliardenschulden waren bei Tochterfirmen versteckt, tote Kosten als Investitionen ausgegeben und Scheinumsätze gebucht worden; Aufsichtsräte hatten nicht beaufsichtigt, Wirtschaftsprüfer nicht geprüft, Berater hatten geraten – aber alle hatten dafür gesorgt, ihre Schäfchen rechtzeitig ins Trockene zu bringen.[29] Perplex nahmen die Anleger zur Kenntnis, dass die Begründung für einen hohen Aktienkurs nicht die tatsächlichen Zukunftsaussichten einer Firma waren, sondern häufig nur «ein hoher Aktienkurs», den das Kartell der Lüge simuliert hatte. Intern wurden solche Wertpapiere als «Dreck» tituliert, und so begnadeten Risiko-Unternehmern wie den Gebrüdern Haffa, den vor Gericht gelandeten Medienunternehmern, hätte keiner Glauben schenken sollen. Das wussten nun auch die Analysten, die eben noch dazu geraten hatten.

Mit der partiellen Aufdeckung dieser Betrugsskandale soll die Wirtschaft aus den Händen der Hasardeure befreit werden, die schlechten Jahre sollen nach der normalen «Überhitzung des Marktes» und der üblichen «Reinigungskrise» vorüber sein. Niemand weiß freilich, ob der ökonomische Super-Gau schon abgewendet ist, da nach dem Elften September permanente Kriegsangst und die Furcht vor einer neuen Ölkrise hinzukamen. Träumten Wirtschaftsweise, Chefvolkswirte und Analysten eben noch von krisenfreiem Wachstum und ewigen Produktivitätsfortschritten, diskutierten sie jetzt ernsthaft, ob eine kommende Krise die der 1930er Jahre übertreffen könnte – mit den entsprechenden Folgen für die weltwirtschaftliche Verflechtung. Die Situation zu Beginn des Jahres 2003: Die Investitionen stocken, die Profite stagnieren und die Crashs haben den harten Kern der «alten Ökonomie» erreicht. Die Malaise löst bei Anlegern und Kreditgebern prozyklisches Verhalten aus; bekam man von den Banken vor kurzem noch Geld für jeden Unsinn hinterhergeworfen, werden jetzt auch exzellente Geschäftsideen abgeschmettert.

In Folge des massiven Vertrauensverlustes versilberten institutionelle Anleger wie Lebensversicherungen und Pensionskassen ihre Fonds, so dass seit dem Frühjahr 2000, dem Höchststand von Dow Jones und Dax, rund 16 000 Milliarden Euro vernichtet worden sein sollen. Das beläuft sich auf das 40-Fache der jährlichen deutschen Steuereinnahmen, während verminderte Steuereinnahmen aus Kapitalgewinnen Staaten wie Kalifornien und Eldorados wie San Francisco in rasantem Tempo zu Armenhäusern machen können. Nachdem steigende Börsenkurse vier, fünf «verrückte Jahre» (Bohlen-Halbach) lang ein Potemkinsches Dorf fingiert hatten, war ihr rasanter Verfall harte Wahrheit. Und echter Globalisierungsschaden war entstanden: Zwischen 1995 und 2000 war der Aktienanteil an den Finanzanlagen der Lebensversicherer auch im eher börsenresistenten Deutschland von zehn auf über 25 % gestiegen (Zeit 4.7.2002). Auch die europäischen Volkswirtschaften hängen an der Nabelschnur von Wall Street und müssen auf die Rückkehr des amerikanischen Konsumenten-Vertrauens hoffen.

Alle offiziellen Szenarien gehen von der Annahme aus, die Weltwirtschaft durchlebe nach der Überhitzung nur die übliche Reinigungskrise. Aber wer garantiert, dass die destruktiven Seiten des «Raubtier-Kapitalismus» (Helmut Schmidt) wirklich eine kathartische Kehrseite haben? Die grundsätzliche Frage ist erlaubt, ob die kapitalistische Reproduktion deswegen gestört ist, weil sie kein «Außen», keine Systemumwelt mehr hat. Wirtschaftsakteure wurden systematisch ermuntert, gierig zu sein und Wettbewerb außer Kraft zu setzen, und das bedeutet: die Grundlagen kapitalistischen Wirtschaftens, seine Rechenhaftigkeit und Rentabilitätsmessung wurden über den Haufen geworfen. Damit ist die *Kultur* des Kapitalismus getroffen und die seit langem diagnostizierte Legitimationskrise könnte akut werden, wenn dem Markt fehlt, was seine Verteidiger immer als Tugenden und Garantien beschrieben haben: faire Preise, individuelle Tüchtigkeit, die Ehrlichkeit der Geschäftsleute.

Aber auch jenseits solcher «wirtschaftsfremder» Bedenken kann man bezweifeln, dass der Markt noch die beste Selbstregulierungsinstanz darstellt für Güter wie Information, Energie und Leben (im Verständnis der Biowissenschaften). An der Peripherie wuchern längst Schattenwirtschaft und Naturalientausch[30], während im Zentrum eine relativ egalitäre elektronische Netzwirtschaft Ansätze von Konsumentensouveränität hervorbringt und eine globale Tausch-Bewegung wie *Open Source* demonstriert hat, wie kapitalistische Verwertung von Information den Fortschritt *hemmt* und Kreativität *zerstört*.

Es fragt sich mithin, ob die kapitalistische Globalisierung auf der Höhe ihrer weltgesellschaftlichen Voraussetzungen ist. Diese werden heute als «Netzwerkgesellschaft» charakterisiert, was die Frage aufwirft, ob ihre Verfechter zur Überwindung der Wirtschaftskrise eher an eine zivilgesellschaftliche Reparatur und Korrektur «von unten» denken oder an die Reaktivierung staatlicher Regulierung, nunmehr auf transnationaler Ebene. Mit der zivilgesellschaftlichen Kontrolle von Unternehmensmacht durch Verbraucherverbände, Wirtschaftsdemokratie und eine offene Wissensgesellschaft würden bürokratische Regulierungsinstanzen eher obsolet. Andere möchten angesichts der offensichtlichen Vernachlässigung des kapitalistischen Gesamtinteresses genau diese wieder stärken und verlangen einen entschiedenen Umbau der Weltfinanzarchitektur.

Als Resümee des ersten Abschnitts lässt sich somit festhalten:
1. Mit einer pointierten Ideologiekritik der Globalisierung ist die ökonomische Verzerrung der Theorie der Weltgesellschaft in den Blickpunkt gerückt worden. Der Reputationsverlust der euphorisch New Economy getauften, auch als Kasino- oder Raubtier-Kapitalismus bezeichneten Wirtschaftsweise ließ die Exklusivität der kapitalistischen Weltwirtschaft und vor allem Phänomene sozialer Ungleichheit hervortreten.
2. Diese Exklusion erweist sich vor allem im Nord-Süd-Verhältnis, exemplarisch in Afrika, wo Phänomene von Markt- und Staatsversagen auf katastrophale Weise zusammenwirken. An diesem Fall erweist sich auch der Ethnozentrismus des vorherrschenden Verständnisses von Globalisierung als Verwestlichung. Die afrikanischen Gesellschaften laufen der globalen Kultur nicht hinterher, sie nehmen daran vielmehr gleichberechtigt teil und liefern richtungweisende Beiträge für eine Reform der Weltwirtschaftsordnung.
3. Die Schwächen der Globalisierung, wie wir sie kannten, haben eine diskursive und praktische Kritik verschiedener Provenienz erneuert, die unterschiedliche Auswege aus dem vermeintlich alternativlosen Ökonomismus weist und die politische Polarisierung untermauert.
Diese Herausforderungen der Globalisierungsorthodoxie müssen nun politisch «sortiert» werden. Existenzialistische Politisierung ging in der Geschichte der sozialen Bewegungen oft einher mit einer profunden Abneigung gegen Politik und Staat. Theoretische Kritik darf nicht dabei stehen bleiben, rhetorisch auf den «Neoliberalismus» einzuschlagen, sie muss eine weltwirtschaftlich einlösbare Zielperspektive formulieren: Zurück zum geschlossenen Handelsstaat, hin zu kleineren, weltoffenen und selbstregulierten Produk-

tionseinheiten oder zum planetarischen Staat mit einer demokratisch kontrollierten Weltregierung? Weitere Fragen schließen sich an: Begreift sich die Protestbewegung als «Sand im Getriebe», als Rädchen in einem evolutionären Prozess in den Transnationalstaat oder als kollektiver Akteur der globalen Bürgergesellschaft? Stützt sie sich auf nationale Bürokratien, und wie trägt sie gegebenenfalls zum unvermeidlichen Umbau des Wohlfahrtsstaates bei? Bleiben Institutionen wie WTO und Weltbank Zielscheiben des Protestes, oder sollen sie Bündnispartner bei einer Reform der Weltordnung sein?

II. Resistenz und Reform

Im Mittelpunkt dieses Abschnitts wird die Frage stehen, wie Gegnerschaft zur Globalisierung politisch-praktisch wird, auf welche Weise also politische Protestbewegungen Veränderungen der Weltgesellschaft erreichen wollen. Die im vorangegangenen Kapitel herausgearbeiteten fünf Sorten der Kritik kann man auch unter die Überschrift Resistenz und/oder Reform stellen, die entfernt an die Alternative Reform oder Revolution des Kapitalismus erinnert. Das Begriffspaar enthielt ein strategisches Grundproblem der historischen Arbeiterbewegung, das schon vor 1989 an Zugkraft verloren hatte und überholt wirkt. Aber im übertragenen Sinne hat diese Opposition Bestand: Verändern sich Richtung und Qualität der Globalisierung, wie wir sie kannten, durch Widerspruch und Widerstand (Resistenz) von außen, oder lernen ihre Akteure im Sinne einer konvergenten, durch politische Reformen unterstützten Systemevolution?

Der Bezug zur Arbeiterbewegung ist auch in anderer Hinsicht keine bloße Metapher: Sie war die erste moderne Massenbewegung, die den damals so aufgefassten «Hauptwiderspruch» zwischen Kapital und Arbeit zum Thema machte. Im Verlauf des 20. Jahrhunderts kamen andere Zielsetzungen und neue Konfliktlinien hinzu: die Gleichstellung der Geschlechter, das Postulat nachhaltigen Umweltschutzes, die Respektierung kultureller Verschiedenheiten und universal gültige Menschenrechte. Die aktuellen globalisierungskritischen Bewegungen haben diese Zielsetzungen inkorporiert und neu verknüpft, und so kann man fragen, welchen *zentralen Konflikt* sie thematisieren und welche *Historizität* (Touraine u. a. 1984) ihrer Auseinandersetzung beizumessen ist.

Zuvor möchte ich einen neuen Akteur der transnationalen Weltpolitik jenseits von Staat und Markt einführen, die so genannten Nicht-Regierungs-Organisationen (NRO, nach engl. Non-Governmental Organizations), um daran das ewige Spannungsverhältnis zwischen «Organisation» und «Bewegung» zu verdeutlichen. Die NRO agieren eher in der Lobby politischer Entscheidungsgremien und sitzen mit am Konferenztisch, die Protestbewegung zeigt sich auf den Straßen und öffentlichen Plätzen und im Fernsehen. Gemeinsam ist diesen beiden Flügeln der Globalisierungskritik aber ein Paradox: dass sie zwar demokratisierende Wirkung besitzen, es ihnen selbst jedoch an innerer wie äußerer Legitimität mangelt. Das ist ein Kernproblem der Globalisierungskritik und zugleich die wichtigste Herausforderung für einen zeitgemäßen Kosmopolitismus.

3. In der Lobby und am Verhandlungstisch: Nicht-Regierungs-Organisationen

In einem frisch renovierten Mietshaus im Berliner Bezirk Prenzlauer Berg steht seit kurzem das «Haus für Demokratie und Menschenrechte». Eine ganze Phalanx von Nicht-Regierungs-Organisationen hat dort ihr Domizil aufgeschlagen, nachdem das von der DDR-Bürgerbewegung aus SED-Vermögen abgezweigte Haus im Regierungsviertel nach langen Querelen einem klassischen Interessenverband, dem Deutschen Beamtenbund, überlassen werden musste. Hier ist gelegentlich noch etwas zu spüren vom demokratischen Aufbruch der «Wende», die seinerzeit als seltenes Beispiel einer deutschen (demokratischen) Revolution aufgefasst wurde. Doch ist der Geist von 1989 längst verweht, es herrscht ein Klima professioneller Expertise und Politikbegleitung, wie es für NRO durchweg typisch ist.

Und was fällt nicht alles unter dieses Kürzel: Zu den Berliner Mietern zählen bekannte Großorganisationen wie die deutsche Sektion von *amnesty international* (Hauptsitz: London), aber auch kleinere gemeinnützige Gruppen, die überregional wenig bekannt sind, nehmen für sich in Anspruch, die Bürgergesellschaft grenzüberschreitend zu vertreten. Das Haus am Prenzlauer Berg ist nur eine Niederlassung unter Zigtausenden, wo ehrenamtliche oder bezahlte Repräsentanten der Zivil- oder Bürgergesellschaft globale Themen bearbeiten. Niemand hat sie direkt beauftragt, aber sie haben sich kollektiv ein hohes, bisweilen sagenhaftes Ansehen erworben. Wollte man eine hervorstechende Entwicklung in der Politik des vergangenen Jahrzehnts auf eine Formel bringen, könnte man sagen: Nationalstaaten sind «out», die globale Bürgergesellschaft ist «in». Und während mittlerweile auch das Ansehen der *Corporate World* stark gelitten hat, Staat *und* Markt also gleichermaßen als «Versager» dastehen, bleiben die NRO die letzten Hoffnungsträger.

Das so holprig und technisch bezeichnete Konglomerat ist im vermeintlichen Niemandsland zwischen dem öffentlichen Sektor und dem privaten Wettbewerb gewachsen und soll jene Sozialität besorgen, die Staatsapparate und Marktwirtschaft nicht (mehr) liefern können oder wollen. Als «non-governmental organizations» versammelt man im englischen Sprachraum schon seit langem die Palette von Organisationen, Gruppen und Bewegungen, deren gemeinsamer Nenner zunächst nur ihre Nicht-Identität mit staatlich-administrativen Instanzen ist – mit anderen Worten: dass sie *nicht regieren*. Vielen Akteuren und Beobachtern der Politik gelten sie heute gleichwohl als aussichtsreichste Kandidaten für *global governance*, das heißt: für neuartige Regierungsaufgaben jenseits des Nationalstaats und auch neben den herkömmlichen internationalen Organisationen. Manchen Beobachtern erscheinen sie darüber hinaus noch als Anwärter für *good governance* im Sinne eines zeitgemäßen Regierungsstils, der nicht allein auf die Effizienz administrativen Handelns achtet, sondern die wesentlichen Aspekte von Bürgernähe und -beteiligung mitberücksichtigt und Regierungshandeln auch unter anderen Qualitätsgesichtspunkten wertet als Effizienz (oder «Output-Legitimität»).

Nicht-Regierungs-Organisationen: Eine bessere Eindeutschung ist bisher niemandem eingefallen, aber es fällt auch schwer, die vielfältigen Aufgaben und Funktionen der NRO *positiv* zu bestimmen. Dieser Mangel, wenn es einer ist, steht in keinem Verhältnis zu der Begeisterung, die das «Jahrzehnt der NRO» und die so genannte «NGOisierung der Weltpolitik» ausgelöst haben. Das explosive Wachstum der Anzahl und Mitglieder von NRO, auch die gestiegene Aufmerksamkeit in den Medien und die allgemeine Wertschätzung durch die Weltöffentlichkeit lassen solche Superlative gerechtfertigt erscheinen, doch hat sich die anfangs verbreitete Euphorie unterdessen gelegt: NRO sind gewiss nicht die herbeigesehnten Ausputzer der Weltpolitik, und zwischen den Polen «Regierung» und «Nicht-Regierung» besteht auch kein Nullsummenspiel, indem ein Verlust von Staatlichkeit automatisch einen Zugewinn an nicht-staatlicher Reg(ul)ierung mit sich gebracht hätte. Auch die

NRO sind eindeutig «von dieser Welt», und im Hinblick auf Titel und Thema dieses Buches gehören sie eher zu den Motoren oder Reformatoren der Globalisierung als zu ihren erklärten Gegnern, mit denen sie gleichwohl in einer Koalition und Arbeitsteilung stehen können.

Im historischen Rückblick zeigt sich, dass NRO ein modernes Phänomen mit vormoderner Vergangenheit sind; als historische Vorläufer kann man religiöse Organisationen wie Kirchen und Orden, aber auch vorindustrielle Berufsorganisationen (Zünfte und Kammern) sehen. Die Ziele klerikaler und korporativer Organe lagen ebenfalls nicht vorrangig in der Ausübung weltlicher Herrschaft und in der Erwirtschaftung von Gewinnen, und durch ihre Aktivität stellten sie zumindest indirekt gesellschaftliche Kollektivgüter bereit – klerikale Einrichtungen kümmerten sich um die Volksgesundheit und korporative Vereinigungen trugen zur allgemeinen Wohlfahrt bei. Zentral war in beiden Fällen die Uneigennützigkeit der Unterstützung hilfsbedürftiger Dritter, die meist aus der unmittelbaren Nachbarschaft kamen, aber es wurde auch schon Solidarität über den jeweiligen Kirchturm hinaus geübt. Religionsgemeinschaften und Bruderschaften überschritten immer schon die Grenzen, die Geographie oder Politik gezogen hatten; auch gab es, beginnend mit den Freimaurern bis hin zu Unternehmen und Stiftungen, immer schon Akteure «privater Weltpolitik», die eine liberale Weltordnung von unten aufbauten (Van der Pijl 1998).

Mustergültig war dies auch beim 1863 gegründeten Roten Kreuz der Fall, einer Organisation, die im Hinblick auf ihre Reichweite und Reputation zu Recht als eine Art Blaupause heutiger NRO eingestuft wird. In dieser Linie humanitären Engagements entwickelten sich im letzten Drittel des 19. Jahrhunderts rund 200 weitere, nun auch explizit so bezeichnete Nicht-Regierungs-Organisationen, deren internationales Auftreten und supranationale Organisationsform sie aus dem Ordnungsgefüge der Nationalstaaten herausragen ließen. Diese INRO waren eine Begleiterscheinung, aber auch der Antriebsmotor internationaler Regierungsorganisationen, die nach der ersten Globalisierungswelle vor 1914 als Verlängerung nationaler Staatlichkeit gebildet wurden: zur Regulierung des grenzüberschreitenden Verkehrs, zur Standardisierung technischer Normen, zur Prävention und Schlichtung von Konflikten und zur Bereitstellung einer Verhandlungsarena zwischen konfligierenden Staaten.

Parallel dazu griffen Vereine und Gruppen Probleme auf, die innerhalb der Nationalstaaten wie im zwischenstaatlichen Verkehr ignoriert wurden, darunter (meist thematisch getrennt) die desolate Lage des «Vierten Standes», die fehlende Gleichberechtigung von Frauen und der im Fieber der Hochindustrialisierung vernachlässigte Schutz der Natur. Im 20. Jahrhundert kamen pazifistische und anti-militaristische Gruppierungen hinzu, des weiteren solche, die eine menschenwürdigere Behandlung der Kolonialvölker und andere humanitäre oder kosmopolitische Ziele einklagten. Gemeinsam war diesen Initiativen, dass sie als Fürsprecher sozialer Gruppen auftraten, die ihre Interessen nicht selbst vertreten konnten; advokatorisches Stellvertreterhandeln kann man als wesentliches Charakteristikum von NRO bestimmen, die sich an die (globale) Öffentlichkeit wie an staatliche Instanzen wenden.

Schon um 1900 und besonders in der Zwischenkriegszeit, als mit dem Völkerbund erste Ansätze zu einer «Weltregierung» erkennbar wurden, war damit die gesamte Palette globaler Kollektivgüter ausgebreitet: vom Umweltschutz und der Frauenemanzipation über das Nord-Süd-Verhältnis bis zum Schutz von Minderheiten vor Diskriminierung. Die enorme Ausbreitung der NRO wurde aber vor allem begünstigt durch die Gründung der Vereinten Nationen und deren zunehmende Aktions- und Themenvielfalt nach dem Zweiten Weltkrieg; an die Seite der aus der Charta von 1948 entwickelten UN-Menschenrechtspolitik trat beispielgebend *amnesty international* als private *pressure group*, um die Buchstaben von Deklarationen und Konventionen mit Leben zu erfüllen. Seit den 1970er Jahren beschleunigte eine ganze Serie thematisch spezifischer UN-Konferenzen (vor allem der Umwelt-Gipfel von Rio de Janeiro 1992) das Anwachsen dieser «dritten Bank» weiter. Die Chance, sich als Expertenpool für die Bearbeitung globaler Entwicklungsziele zur Verfügung zu stellen, fiel zusammen mit den gestiegenen Wünschen nach Beteiligung, welche die «partizipatorische Revolution» in den reichen Ländern des Nordens ausgelöst hatte. Vermittelt über Wertewandel und höheres Bildungsniveau wuchs das Bedürfnis, die Angelegenheiten des eigenen Lebens «in die eigenen Hände zu nehmen» und sich dazu «unkonventionell», das heißt: außerhalb der üblichen Institutionen (Parteien, Parlamente, Interessengruppen) zu betätigen, nämlich in Bürgerinitiativen, Selbsthilfegruppen und Demonstrationen. Und solche Energien richteten sich nicht allein auf das nahe Umfeld und egoistische Ziele, sondern waren oft von einer (durch globale Kommunikationsräume inspirierten) Fernstensolidarität motiviert.

Resultat dieses kumulativen Prozesses war die Registrierung und Akkreditierung von (je nach Definition und Zählweise) 6000 bis 30 000 international tätigen NRO, wovon die meisten einen Beraterstatus bei nationalen und internationalen Regierungsorganisationen besitzen. Man kann festhalten, dass NRO damit *erstens* eine wesentliche Innovation des globalen Regierungs- und Entscheidungshandelns darstellen, also ein nicht mehr wegzudenkender Akteur der Weltpolitik sind, und dass sie *zweitens* bereits durch ihre bloße Existenz die Entgrenzung verstärken. Die Weltbank, einer der wichtigsten Gegenspieler, aber auch Partner der NRO, definiert sie als «private Organisationen, die Aktivitäten verfolgen, mit denen Leiden verringert wird, die Interessen der Armen befördert werden, die Umwelt geschützt, die soziale Grundversorgung gewährleistet und Gemeinschaftsbildung betrieben wird» (Operational Directive 14.70). Merkmale von NRO sind ihre humanitären Wertgrundlagen und überwiegend altruistischen Zielsetzungen, die Freiwilligkeit der Teilnahme und die Finanzierung durch Spenden und Mitgliedsbeiträge, wobei neuerdings eine zunehmende Professionalisierung und Kommerzialisierung der NRO in Rechnung zu stellen ist.[31]

Transnationale Bürgergesellschaft?

Philanthropisches und ehrenamtliches Engagement ist alt, war aber meist auf die nähere Umgebung und die nationale Gemeinschaft ausgerichtet und verstand sich im Hinblick auf die Regierungsebene eher als «Nebensache». Dass man NRO heute als Hoffnungsträger einer grenzüberschreitenden, transnationalen Bürgergesellschaft identifiziert, also gewissermaßen als TNRO, ist auf folgende Merkmale zurückzuführen, die ich nun noch etwas abstrakter fassen möchte: TNRO stellen globale Kollektivgüter bereit, sind als globale Netzwerke tätig, praktizieren grenzüberschreitende Solidarität, folgen als «neue Selbstständige der Politik» (Heins 2002:9 ff.) einem Muster globalen Unternehmertums, genießen globale Aufmerksamkeit und bilden damit Keime transnationalen Regierens.

a) *Bereitstellung globaler Kollektivgüter.* Zu unterscheiden sind «technische» Organisationen, die kollektive Güter und knappe Dienstleistungen bereitstellen (von der Katastrophenhilfe über Ausbildungsleistungen bis zu Aufforstungen im Regenwald), von explizit «politischen» Organisationen, wobei natürlich auch «Techniker» politische Ambitionen entwickeln können und, beispielhaft bei der Hunger- und Nahrungsmittelhilfe, solche Transfers stets in einem politischen Kontext stehen. Festhalten kann man, dass der gemeinsame Anspruch von NRO darin besteht, *von Staat und Markt vernachlässigte oder ignorierte globale Kollektivgüter zu reklamieren oder selbst für ihre Bereitstellung oder Bewahrung zu sorgen.* In diesem Sinne kann man die NRO nach Schwerpunkten ihrer Aktivität sortieren (Schaubild S. 146) und überwiegend postindustrielle Konfliktlagen und universalistische Zielsetzungen identifizieren. In dem «goldenen Sechseck» zwischen globaler Entwicklung und Umweltschutz, Menschenrechten und Gleichstellung der Geschlechter, sozialer Gerechtigkeit und Demokratie, berücksichtigen NRO *jene Aspekte und Dimensionen, die nach Ansicht der Kritiker der «real existierenden Globalisierung» fehlen oder von ihr bedroht werden.* Das bedeutet nicht, dass alle NRO oder auch nur ihre Mehrheit ein grundsätzlich kritisches Verhältnis zum so bezeichneten Prozess hätten.

b) *Globale Netzwerke.* Ferner kann man NRO unterscheiden nach der Reichweite ihrer Operationen (international, national, lokal), wobei sich mittlerweile aber auch ausschließlich lokal operierende Gruppen (*community based organizations*) über die globale Dimension und den «glokalen» Kontext ihres Tuns im Klaren sind. Die «Agenda 21» und der ingeniöse Imperativ «Global denken, lokal handeln» bringen die Verschränkung der beiden Dimensionen zum Ausdruck, wobei viele NRO aufgrund ihrer grenzüberschreitenden Thematik (saubere Luft, Rechte von Wanderarbeitern, Schutz von Menschenrechten etc.) *global operieren müssen und damit auch nicht mehr in einer Nation «beheimatet» sind, sondern von Beginn an als transnationales Netzwerk mit internationaler Belegschaft fungieren.* Die NRO können dabei ein (oft nur scheinbar) begrenztes Spezialvorhaben vorantreiben (Beispiel: Solarenergie) oder weit verzweigte Problemfelder bearbeiten (Welthandelsordnung), wobei man kaum noch zwischen so genannten «weichen» Themen (Klima, Biodiversität) und «harten» (Kontrolle der Finanzmärkte, Armutsbekämpfung) unterscheiden kann, da beispielsweise die Klimaveränderung längst «harte» ökonomische Folgen zeitigt. (Wer es nicht glaubt, nehme die Bilanzen der Versicherungsgesellschaften zur Kenntnis.) Mittlerweile hat sich die Erkenntnis verbreitet, dass globale Trends und Probleme über ererbte Ressortzuständigkeiten von nationalstaatlichen Ministerien oder supranationalen Kommissionen hinausreichen – und damit auch der herkömmlichen NRO. So setzt beispielsweise Armutsbekämpfung die Stärkung von Agrarproduzentinnen vor aus, und zwar in ihrer Eigenschaft als Frauen; auch Entwicklungs- und Umweltpolitik können unter dem Aspekt der Nachhaltigkeit nicht mehr getrennt gedacht und praktiziert werden. Insofern *operieren NRO zunehmend als sachübergreifende Netzwerke, und ein gemeinsames Dach ist die Forderung nach «nachhaltiger Entwicklung».*[32]

c) *Fernstensolidarität.* Die Herangehensweisen der NRO unterscheiden sich in dieser Frage. Manche arbeiten vor allem praktisch, andere stellen Bildung und Mobilisierung in den Vordergrund. Viele organisieren Selbsthilfe von Betroffenen, andere verstehen sich als Anwälte unterprivilegierter oder schlecht repräsentierter Individuen und Gruppen, die aus sich heraus zu handeln nicht in der Lage sind. Die besondere Leistung der meisten NRO besteht, anders als bei klassischen Interessengruppen, in der *Herstellung mittel- und langfristiger Solidarität, insbesondere von «Fernstenliebe», einer grenzüberschreitenden Anteilnahme am Schicksal anderer Menschen, die nicht der eigenen (ethnischen, religiösen, nationalen) Gruppe angehören und eigene Betroffenheit überschreiten.* Auch insofern sind NRO herausragende Promotoren und Transporteure globaler Öffentlichkeit gewesen, die Einsicht in die globale Interdependenz und Sensibilität für mögliche Opfer ethnozentrischen Handelns befördert haben. Man darf die altruistischen Motive der Arbeit von NRO weder überschätzen (da sie den Mitarbeitern oft eine immaterielle Gratifikation bereitstellen oder als bezahlte Tätigkeit ausgeübt werden), noch sollte man sie als «Gutmenschentum» lächerlich machen. Es lässt sich belegen, dass zur Mitarbeit in NRO eher Menschen bereit sind, die eine religiöse Sozialisation und Bindung aufweisen, und insofern spielen religiöse Organisationen im Kreis der NRO weltweit eine herausragende Rolle.

d) Ehrenamt als Beruf. Zu unterscheiden sind NRO ferner nach dem Grad ihrer Professionalisierung und Ressourcenausstattung, darunter vor allem die finanzielle Ausstattung, die durch Mitgliederbeiträge, Spenden und Transfers aus öffentlichen Töpfen gedeckt werden kann. Manche NRO betreiben einen hocheffizienten Apparat und setzen Millionen Dollar um, andere sind schlichte, eher intuitiv und sporadisch arbeitende Basisgruppen mit kärglichem Budget. Organisationen mit breiter formaler Mitgliedschaft und klarer Führungsstruktur wechseln ab mit exklusiven Zirkeln (*associations without members*) oder lockeren Gruppen ohne Hierarchie und formale Struktur. Analog zum Aufkommen der «Neuen Selbstständigkeit» und des «Ich-Unternehmers» hat sich auch in den NRO ein auf gemeinnützige Ziele bezogenes unternehmerisches Handeln verbreitet, das häufig eher dem Muster transnationaler Konzernmanager ähnelt als dem Muster bürokratischer Sachbearbeitung oder dem Funktionärshandeln von Interessengruppen.

e) *Aktionsrepertoire und globale Medienaufmerksamkeit.* Gemeinsam ist den NRO, dass *weniger die Zahl (und Finanzkraft) der Mitglieder als ihre Mobilisierungsbereitschaft zählt und folglich Anstrengungen intensiviert werden, sich durch Kampagnen und andere, oft spektakulär inszenierte Auftritte in der Mediengesellschaft* bemerkbar zu machen. Die Aktionen reichen von der schlichten Unterschriftensammlung über groß angelegte Boykott- und Protesthandlungen bis zu professionellen Medienkampagnen und am Rande auch Sabotage- und Gewaltakten, wobei die Medien ihre Aufmerksamkeit, die von den meisten NRO gesucht und nach Kräften animiert wird, oft umgekehrt gewichten. *Aktionen, die nicht «im Fernsehen» (oder wenigstens in der Lokalzeitung) vorkommen, haben so gut wie nicht stattgefunden, höchsten Nachrichtenwert besitzen hingegen unkonventionelle, darunter illegale und militante Ansätze.*

f) *Transnationales Regieren.* Manche NRO suchen enge Fühlung und Kooperation mit staatlichen und parlamentarischen Institutionen, andere wollen als «autonome» Bewegung so staatsfern wie möglich bleiben. Manche bahnen auch neue institutionelle Pfade, wo es noch keine ausgetretenen Wege der Einflussnahme gibt, andere füllen eher den Raum aus, den ihnen Regierungsorganisationen zuweisen. Manche sind *betont herrschaftskritisch und verstehen sich als «Sand im Getriebe» (der Globalisierung), andere möchten den zähen Lauf der Dinge voranbringen und verstehen sich als «positiv denkende» Reformer und Innovatoren.* Eine unterschiedliche Distanz oder Nähe hat sich gegenüber (transnationalen) Unternehmen herausgebildet, die nur von antikapitalistisch eingestellten NRO fundamental abgelehnt und bisweilen frontal angegangen werden. *Das Gros der Kritik zielt auf transnationale Regierungsorganisationen, vor allem außerhalb der engeren UN-Familie (wie WTO, Weltbank und Internationaler Währungsfonds), sowie auf nationale Staatsapparate.*

In all diesen Bezügen hat sich mit der quantitativen Ausdehnung der NRO eine beachtliche Rollendifferenzierung ergeben. Sie treten auf

– als investigativ tätige Aufklärer, die unterbliebene und zensierte Informationen verbreiten;[33]
– als Wächter oder «Wachhunde», die staatliche und nicht-staatliche Verfehlungen skandalisieren und auf deren Beseitigung oder Ahndung pochen;
– als Advokaten, die nicht-artikulierte und unterrepräsentierte Interessen vertreten;
– als Experten, die staatliche und nicht-staatliche Entscheidungen beeinflussen und Gegen-Expertise einbringen;
– als moralische Unternehmer, die mit ihren Kampagnen die gesamte Menschheit, die Natur als ganze und künftige Generationen im Blick haben;
– als Wettbewerber, die nicht oder nur unvollkommen verfügbare Dienstleistungen bereitstellen.

Mit der Übernahme solcher Rollen, die sich in der Praxis häufig überschneiden, befinden sich NRO in einem echten Konkurrenzverhältnis zu etablierten politischen und wirtschaftlichen Akteuren, etwa zu Medien, Ermittlungsbehörden, Parteien, Wissenschaftlern und Service-Unternehmen. Sie setzen neue kommunikative Relevanzen und Entscheidungspräferenzen und begründen damit auch einen anti-elitären Führungsanspruch. Will man die Funktionen von NRO noch abstrakter systematisieren, kann man vor allem vier Leistungen herausstellen: die Distribution von Macht, die Erzeugung von Solidarität, die Implementation von Wissen und die Diffusion von Werten.

Damit stellt sich unvermeidlich die Frage, wer diese Kontrolleure kontrolliert (Schmidt/Take 1997; Beisheim 1997; von Weizsäcker 2001; Altvater/Brunnengräber 2002). Alle Tugenden können bekanntlich in Laster umschlagen: Wer Missstände anprangert und öffentliche Erregung anstößt, durchbricht einen permissiven Konsens (oder Zynismus), der alles nur resigniert geschehen lässt, steht aber auch in der Gefahr einer Einseitigkeit, die in moralische Kreuzzüge und populistische Rhetorik münden kann. Wer sich vernachlässigten Gruppen zuwendet und für sie agiert, kann diese ungewollt in Klienten verwandeln, sie also übermäßig gängeln und in Dauerabhängigkeit versetzen, womit das bekannte Dilemma des Wohlfahrtsstaates repliziert wird, der keine «Hilfe zur Selbsthilfe» leistet.

Privatisierung der Weltpolitik

Der bisherige Überblick hat gezeigt, dass unter dem Sigel NRO ein äußerst weites Spektrum zivilgesellschaftlicher Mobilisierung zwischen Staat und Markt rubriziert wird, heute bevorzugt auf transnationaler Ebene. Die pluralistische Interessenpolitik nationalen Zuschnitts kann man dabei nicht einfach global «hochrechnen», die Voraussetzungen der Aggregation und Artikulation von Interessen auf Weltebene sind andere. Hier treffen heterogene politische Kulturen und Institutionen aufeinander, das Verhältnis von Staat, Markt und Bürgergesellschaft ist im globalen Rahmen je anders gelagert, und die im Kontext westlicher Verhandlungsdemokratien üblichen Konventionen und Routinen kann man nicht einfach generalisieren. Auch hier betreten NRO Neuland.

Als unbestrittene Leistung kann man hervorheben, dass NRO undurchsichtige Entscheidungsprozesse der transnationalen Regime transparenter gemacht haben. Der «Globalisierung von oben» wirkt ein transnationales «Netzwerk von unten» entgegen, das alternative Programme sozialer Gerechtigkeit, ökologischer Nachhaltigkeit und demokratischer Partizipation propagiert und implementieren hilft. Insofern zählt das Gros der NRO zu den Kritikern der Globalisierung, wie wir sie kannten, und mit Hilfe dieses politisch-moralischen Kapitals entwickelten NRO konzeptionelle und operative Alternativen zu den Strukturanpassungsprogrammen des IWF und der Weltbank und zur einseitigen, in sich widersprüchlichen Freihandelspolitik der WTO. Und die Kenntnis dieser Alternativen blieb dank der wachsenden Resonanz nicht auf Eingeweihte und

Außenseiter beschränkt. Gerade im Blick auf die NRO ist der Vorwurf zu widerlegen, die Gegner des herkömmlichen Globalisierungsmusters verharrten in einer «Anti-Haltung» und wüssten keine sachkundige Alternative zu präsentieren. Das Gegenteil ist der Fall. Auch Kritiker müssen ihnen ein hohes Maß an Beratungskompetenz und Gegenexpertise bescheinigen, das den einstigen Außenseitern die Tür zu nationalen Parlamentsausschüssen wie zu internationalen Regierungskonferenzen geöffnet hat.

Daraus folgt auch: Hier steht nicht mehr «David gegen «Goliath», aus vielen Nicht-Regierungs-Organisationen sind faktisch längst Mit-Regierungs-Organisationen geworden. Diesbezüglich muss man andererseits vor der Überschätzung warnen, die in dem Slogan der «NGOisierung der Weltpolitik» angelegt ist: Staatsapparate und multinationale Konzerne bleiben weiter die eindeutig hegemonialen Akteure, anders gesagt: der Schwanz wackelt auch in diesem Fall nicht mit dem Hund. Die Deregulierungspolitik seit den 1970er Jahren, die als Privatisierung der Weltpolitik gekennzeichnet worden ist (Brühl u. a. 2001), hat den NRO gewiss Nischen und Räume geschaffen, doch haben auch sie die Anarchie von Weltmarkt und Weltgesellschaft weder kompensieren noch gar aufheben können. Einige haben sich vielmehr «umarmen» lassen und fungieren selbst als Vollzugsorgane einer der öffentlichen Kontrolle weiterhin entzogenen Entwicklungs- und Umweltpolitik. Die 1990er Jahre waren nicht nur das Jahrzehnt der NRO, sondern auch eine Dekade der Entpolitisierung der Weltpolitik im herkömmlichen Sinne. Viele, die vor zehn Jahren noch große Hoffnungen in die NRO gesetzt haben, beklagen deshalb, dass die wirklich wichtigen Entscheidungen weiter hinter verschlossenen Türen gefällt werden und die NRO-Akteure zu Ko-Eliten entschärft worden sind.

Was die Quasi-Regierungstätigkeit von NRO betrifft, kann man vor allem ihr Auftreten im Süden der Welt heranziehen und hier nur ein Beispiel zitieren: Als ein regelrechter Staat im Staat gilt Proshika, eine große NRO in Bangladesh, die über 30 Millionen € von der britischen Regierung erhält und damit ein Bildungsprogramm für Mädchen und Frauen finanziert, das die überkommene Geschlechtertrennung in dem islamischen Staat ernsthaft herausfordert und sich Bestrebungen entgegenstellt, das säkulare Schulwesen zu islamisieren. So ist eine echte Rivalität entstanden zwischen den mit westlicher Entwicklungshilfe (und zum Teil durch christliche Kirchen) betriebenen Schulen und den Koranschulen, die wiederum aus saudischen und pakistanischen Quellen alimentiert werden. In dem einen Zweig werden Jungen und Mädchen gleichberechtigt und in Englisch unterrichtet, in dem anderen ausschließlich männliche Schüler in Urdu und Arabisch, und dieser Schulstreit geht bis in die Finanzierung von politischen Parteien bei Wahlen, indem etwa die amerikanische Jesuitenorganisation ASA die säkulare Awami League unterstützt hat (Economist 15.9.2001).

Diese Problematik findet man auch im größeren Maßstab: NRO verteilen derzeit rund ein Fünftel der von den Industrienationen bereitgestellten Entwicklungshilfe (2000: über 53 Milliarden US-$). Deshalb arbeitet die Weltbank gerne mit NRO zusammen, weil sie als «Graswurzelorganisationen» eine starke lokale Verankerung aufweisen und eine prozessorientierte Entwicklungsexpertise «im Feld» gewonnen haben, auch weil man ihre Anpassungs- und Innovationsfähigkeit schätzt und weil sie «partizipatorische Methoden und Werkzeuge» entwickelt haben, sich langfristig verpflichten und auf Nachhaltigkeit Wert legen und nicht zuletzt kosteneffektiver arbeiten. (Als Nachteile stellt die Weltbank die begrenzten Kapazitäten des (Finanz-)Managements, das Fehlen von Kommunikation und Kooperation innerhalb der Organisation und das fehlende Verständnis für den größeren sozio-ökonomischen Kontext heraus.)[34]

Lokale NRO-Vertreter sind gesuchte Partner, weil sie effizienter als die aus dem Ausland entsandten Stäbe arbeiten und als Arbeitgeber für Einheimische beliebt sind; damit tragen NRO insgesamt zur Legitimation der lokalen Partizipation bei. In kritischer Betrachtung werden sie damit oft als alternative Vorreiter von OECD-Interessen oder gar als Variante «nördlicher» Unterdrückung gesehen; manche wollen in den NRO eine «gesellschaftliche Regulationsinstanz (sehen), die dem hegemonialen Projekt der neoliberalen Globalisierung Legitimität verschafft – und so in ambivalenter Weise zur Akzeptanz der Globalisierung beitragen» (Altvater/Brunnengräber 2002:9, ähnlich Brand 2001). Die in der Tat prekäre Balance zwischen systemkonformer Lobbytätigkeit und herrschaftskritischer Mobilisierung und das ambivalente Verhältnis zu dominanten Akteuren der Globalisierung hat man in dem griffigen Slogan zusammengeführt, die NRO seien «vernetzt und verstrickt» (Altvater u. a. 2000). An ihrer Unabhängigkeit sind jedenfalls Zweifel angebracht, sofern sie großenteils auf staatliche Zuschüsse zurückgreifen oder sich überwiegend durch kommerzielle Dienstleistungen alimentieren. Auch in ihnen erweist sich die fehlende Autonomie der Bürgergesellschaft und des «Dritten Sektors» im Verhältnis zu Markt und Staat.

Experten und Gegen-Experten: Das Beispiel der WTO

Die möglichen Schatten- und Nachtseiten der «globalen Zivilgesellschaft» werden damit klar: NRO passen ebenso wie in eine neue, transnationale Weltordnung in ein «neues Mittelalter», wie man die neofeudale Anarchie bezeichnet hat, in welcher staatliche Funktionen auf ein Minimum geschrumpft sind und sich mit den transnationalen Regimen auch politischer Extremismus, ethnische Exklusion und religiöser Fundamentalismus verbreiten, und zwar in ebenso zivilgesellschaftlicher Verkleidung und über die Grenzen hinaus. (Letztlich könnte man auch die Mafia oder sogar Al-Qaida als NRO klassifizieren.) Die Verabschiedung des «Mythos NRO» sehen Kritiker sogar als wesentliche Voraussetzung für eine wirkliche Demokratisierung der Weltgesellschaft an (Hirsch 1999, Roth 2001); die NRO hätten nur die Methode, nicht aber die Richtung und Resultate transnationalen Regierens verändert und würden zunehmend von großen Konzernen zur Vertrauensbildung ausgenutzt. Der nur mit großem Wohlwollen nicht als gescheitert anzusehende «Rio-Prozess», der im Herbst 2002 zu der mageren Konferenz von Johannesburg und eher marginalen Fortschritten in der Klimapolitik geführt hat, kann jedenfalls übertriebene Hoffnungen dämpfen.

Vor allem eines bewirken NRO üblicherweise am Verhandlungstisch: die Entschleunigung von Entscheidungen. Das ist der Horror nationaler und transnationaler Bürokratien, hat aber im Effekt auch so manchen Schnellschuss verhindert, der aus der Borniertheit einer rein technischen Expertise resultiert.

Wägen wir die Formen und Funktionen der transnational tätigen NRO nüchtern ab, so können wir festhalten, dass sie ein Resultat der doppelten Entgrenzung sind, nämlich der Entterritorialisierung der nationalen Agenda und der Loslösung vom Ressortdenken der «Sachgebiete», und dass sie diese Entgrenzung zugleich maßgeblich vorangetrieben haben. NRO sind ein neuer und wichtiger Akteur der Weltpolitik, dessen Netzwerkstruktur auf staatliche Regierungs- und wirtschaftliche Unternehmenstätigkeiten zurückwirken könnte. Sicher weisen NRO im Verhältnis zu Regierungsorganisationen eine geringere Stabilität auf, dafür aber eine höhere Flexibilität, die sie durch die horizontale und heterarchische Anordnung ihrer Funktionsbereiche gewährleisten. Mit Dezentralisierung und Projektbezug können sie sich in der Umwelt- und Entwicklungspolitik besser auf regionale und lokale Gegebenheiten einstellen und sind insofern ein Modell kooperativer Konkurrenz im politischen Feld.

So deutet sich eine neue Instanz zwischen Staat und Markt an, deren Leistungsfähigkeit an jedem Einzelfall zu überprüfen ist. Der Staatsapparat verbürgt kollektive Entscheidung qua Hierarchie, der Markt die Allokation von Gütern und damit rationales Unternehmenshandeln; die Leistung der NRO kann bestenfalls darin bestehen, dass sie jene Regulierungsmechanismen bereitstellen, die für die Erzeugung transnationaler Solidarität und Vernetzung notwendig sind. Damit übernehmen sie Steuerungsleistungen jenseits des Nationalstaats und können die Effizienz bei der Bearbeitung globaler Probleme steigern, zugleich auch deren zivilgesellschaftliche Legitimation erhöhen und idealerweise einen Beitrag zur Demokratisierung des internationalen Systems leisten. Jedenfalls sind sie schon in Konkurrenz getreten mit den konventionellen Akteuren der Meinungs- und Willensbildung: mit Parteien, Interessenverbänden und Medien. NRO haben auch ihnen gegenüber eine höhere Beweglichkeit und schnellere Reaktionszeit. Sie müssen weniger auf geborene Besitzstände Rücksicht nehmen, besitzen eine per se transnationale Struktur und Vernetzung und können Themen besser kombinieren – Märkte & Menschenrechte, Markenprodukte & Kinderarbeit, Patente & Selbstbestimmung von Frauen und so weiter. Wie eine solche Entschleunigung oder, aus Sicht der Regierungsakteure, Blockade wirtschaftspolitischen Handelns aussieht, kann man exemplarisch am Beispiel der World Trade Organisation (WTO) darlegen, die heute das «rote Tuch» vieler NRO geworden ist.

Die WTO ist ein dynamisches Vertragswerk, das dem mit der Uruguay-Runde (1984–1994) ausgelaufenen General Agreement on Tariffs and Trade (GATT) folgte; von anfangs 104 hat sich die Zahl der Mitgliedstaaten auf 142 (Dezember 2002) erhöht. Der in Genf angesiedelte WTO-Rat ist nur eine schmale Bürokratie mit einem Generalsekretär an der Spitze (z.Zt. mit Supachai Panitchpakti erst-

Kirche mit Merkmalen einer NRO sehen?

mals ein Vertreter aus der Dritten Welt); entscheidend ist die Ministerkonferenz der Mitgliedstaaten, die sich im zweijährigen Turnus trifft und durch ressortbezogene Meetings vorbereitet wird. Zielsetzung der WTO ist die vollständige Liberalisierung des Handels mit Gütern und Dienstleistungen weltweit, wie schon aus der Vorgeschichte erkennbar ist: Das GATT war ein (ungeliebtes und deswegen schmächtig ausgestattetes) Kind aus der Familie der Bretton-Woods-Institutionen, mit deren Hilfe die Vereinigten Staaten nach 1945 die kapitalistische Weltwirtschaft zu reorganisieren und wiederzubeleben trachteten. Aus der amerikanischen Geschichte und Ideologie war plausibel, dass die Alte (und die koloniale) Welt nicht nur Demokratie und Unabhängigkeit nötig hatten, sondern als Vorbedingung und Ziel an sich auch wirtschaftlichen Wohlstand, und dieser ergab sich nach amerikanischer Überzeugung vor allem aus dem unbeschränkten Handel aller mit allen. (Nebenbei war eine Senkung von Zöllen und anderen Handelshemmnissen natürlich im Interesse amerikanischer Exporteure bei der Umstellung auf eine Friedensökonomie.) Zur Gründung einer International Trade Organisation (ITO) im Rang und mit den Vollmachten des IWF kam es damals allerdings nicht, da sich zum einen amerikanische Isolationisten gegen eine multilaterale Verregelung des Handelsverkehrs sperrten, zum anderen aus merkantilistischer Warte der Schutz schwächerer Volkswirtschaften vor Importen reklamiert wurde. Das GATT war gleichwohl eine Art «Abrüstungspakt für Merkantilisten»[35]: Das globale Zollniveau sank seit 1950 kontinuierlich, und es ist weithin unbestritten, dass dies wesentlich zur generellen Steigerung des Wirtschaftswachstums und Wohlstands in der zweiten Hälfte des 20. Jahrhunderts beigetragen hat und damit zur ökonomischen Globalisierung. Offene Gesellschaften haben offene Märkte, und Marktwirtschaften tragen zu dauerhafter Demokratisierung bei.

Das GATT war eine intergouvernementale Institution ohne eigene Vollmachten. Im Mittelpunkt stand das «dispute settlement», ein Streitschlichtungsverfahren zwischen Staaten, das Einstimmigkeit im GATT Council voraussetzte und damit jedem Land, das eines Regelverstoßes beschuldigt wurde, eine erhebliche Blockade- und Vetomacht einräumte. Vier Prinzipien leiteten das GATT genau wie die 1995 eingerichtete WTO: das Diskriminierungsverbot, Reziprozität, Transparenz und Multilateralismus. Hinzu trat die Meistbegünstigungsklausel, wonach Handelsvorteile für ein Land automatisch allen WTO-Mitgliedern zugute kommen. Im Lauf der Jahrzehnte erweiterte sich die originäre Zielsetzung, die Liberalisierung des Handels mit Gütern, Dienstleistungen und Kapital, um weitere Aspekte: Regeln für Auslandsinvestitionen und Wettbewerb, für das Arbeitsrecht und geistige Eigentum. Damit wurden die nicht-tarifären Aspekte des Handelsaustauschs in den Blick genommen, und zugleich griff die WTO tief in die Rechte der Mitgliedsländer (also in ihre nationalstaatliche Souveränität) ein und auf Bereiche aus, die anderen internationalen Organisationen vorbehalten waren – in der Arbeitspolitik der ebenfalls in Genf ansässigen ILO, in Fragen der Weltwirtschaftsordnung der UNCTAD, in der globalen Umweltpolitik der UNEP. Bei der Schlichtung von Handelskonflikten ist Einstimmigkeit nicht mehr erforderlich, vielmehr hat die WTO eine effektive Zwangsgewalt gewonnen durch den *Trade Policy Review Mechanism* (TPRM). So heißt ein sanktionsbewehrtes Verfahren der Streitschlichtung, aus dem Regelverletzer nicht mehr ausscheren können; entweder müssen sie dem geschädigten Land Schadenersatz zahlen oder sie bekommen Strafzölle auf ihre eigenen Exporte. In der internationalen Politik hat eine solche Sanktionsgewalt ansonsten nur noch der UN-Sicherheitsrat.

Während mit der WTO-Agenda bereits eine ökonomische Engführung der internationalen Beziehungen vorgenommen wurde, mit der Investitionsstandards, aber nicht Sozial- und Umweltstandards selbstverständlich sind, ist die Zuständigkeit auf der anderen Seite erheblich ausgeweitet worden – zum einen durch das GATS-Rahmenabkommen für den internationalen Handel mit Dienstleistungen, zum anderen durch das TRIPs-Abkommen, das «geistiges Eigentum» umfassend (Patente, Copyright, Warenzeichen, Markennamen) schützen und kommerziell besser verwertbar machen soll. Diese Expansion verleiht der Organisation gegenüber den Nationalstaaten eine Machtfülle, die sie fast zwangsläufig zur Zielscheibe von Aversionen gegen die «neoliberale Freihandelspolitik» machte und die übergeordnete Frage aufkommen ließ, woher die WTO die Legitimation nimmt, um beispielsweise gegen Monopole in der Strom- und Wasserversorgung oder gegen das öffentlich-rechtliche Fernsehen anzugehen oder in die Zulassung von Medikamenten einzugreifen und die Patentierung traditionellen Gemeinwissens im naturmedizinischen oder landwirtschaftlichen Bereich zu betreiben. Man kann zur Verteidigung der WTO anführen, dass dem stets Mehrheits- und Konsensentscheidungen der Mitgliedstaaten zugrunde liegen, für die jeweils gewählte nationale Vertreter verantwortlich sind, aber faktisch besteht zum einen unter den Mitgliedern der WTO eine starke, von den USA und den EU-Ländern angeführte Hierarchie, die schon in vielen Sitzungen zu skandalösen Arkanberatungen geführt hat, und zum anderen sind die Ministerialvertreter den nationalen Parlamenten gegenüber mangels Transparenz und Interesse kaum rechenschaftspflichtig zu nennen.

Aufgrund dieser schwachen Legitimationsbasis hat sich die WTO, analog zu Weltbank und IWF, bei ihrer Tagung in Singapur 1996 erstmals vorsichtig für NRO geöffnet. Deren Konsultation und Kooperation ist nun auch im Konfliktschlichtungsprozess möglich, der Informationsfluss ist verbessert worden, es finden regelmäßig Debatten über kontroverse Themen mit Umweltorganisationen und Arbeitnehmervertretungen statt. Doch auch im Verhältnis zu anderen transnationalen Regimen (IWF, Weltbank) blieb dieser Dialog unterentwickelt, wobei das Genfer Sekretariat offener dafür sein dürfte als die Vertreter der Mitgliedstaaten selbst. Umweltgruppen und Gewerkschaften werden in einer Organisation, die stets darauf gerichtet war, «versteckte Handelshemmnisse» abzubauen, als genau solche empfunden und damit als zusätzliche Barrieren für die Erfüllung der eigenen Aufgaben.

Umgekehrt verlassen sich Umwelt- und Verbraucherschützer oder Arbeitnehmervertreter ebenfalls lieber auf eine «handfeste» nationale Gesetzgebung, die sie als Lobby beeinflussen können, denn auf eine komplizierte Streitschlichtung auf supranationaler Ebene. So mussten Europäer hinnehmen, dass amerikanische Exporteure hormonbehandeltes Rindfleisch exportierten und bei der WTO Recht bekamen (allerdings auch, weil es der Beweisführung der EU-Vertreter angeblich an wissenschaftlicher Evidenz mangelte), und auf den US-Markt gelangte gegen den Einspruch amerikanischer Tierschützer mexikanischer Thunfisch, der mit Methoden gefangen wurde, bei denen geschützte Delfine sterben mussten. Doch lässt sich zugunsten der WTO argumentieren, dass nationale Regierungen weit stärker unter der Fuchtel starker Interessengruppen stehen, während es in einem Schlichtungsverfahren weniger Geheimhaltung gibt und in veritablen Handelskriegen das Recht des Stärkeren noch stärker gelten würde. Unter den NRO ist jedenfalls umstritten, ob man die WTO zu einer irreparablen Fehlkonstruktion erklärt, wie Walden Bello oder Lori Wallach meinen («Shrink or sink» fordert kategorisch die US-Organisation *Public Citizen*), oder ob man sie für reformfähig ansieht und damit sogar als Grundstein einer neuen Weltwirtschaftsordnung, wie dies Saskia Sassen und die Organisation *Germanwatch* nahe legen.

Letztlich läuft dies auf die Frage hinaus, ob eine «Deglobalisierung», also eine Konzentration auf lokale und regionale Märkte und eine Stärkung der Subsistenzwirtschaft, den Produzenten in der Dritten Welt wie den Verbrauchern in der Ersten Welt nicht dienlicher wären als ein konsequenter Freihandel, der überwiegend den Nahrungsmittelketten, Energiekonzernen, Medienkonglomeraten und Patenthaltern dient. Die Diskussion wirft ebenso prinzipielle Bedenken auf, ob Reformanstrengungen, die unter den Schlagwörtern Agrarwende (mit der Betonung gesunder Ernährung auf der Grundlage biologischen Anbaus und natürlicher Tierhaltung), Energiewende (unter Rückgriff auf erneuerbare Energiequellen) und «open source» (mit der breitestmöglichen Verfügbarkeit von Allgemeinwissen) weltweit Anhänger finden, unter dem Diktat eines derart betriebsblinden transnationalen Regimes jemals verwirklicht werden können.

Die Zweifel erhärten sich, nimmt man die schematische Vorgehensweise der WTO im GATS-Abkommen unter die Lupe. Das *General Agreement on Trade in Services* gilt dem in den vergangenen Jahrzehnten immer bedeutsamer gewordenen Dienstleistungssektor, der in den OECD-Ländern zwei Drittel, in den ärmeren Entwicklungsländern etwa ein Drittel des jeweiligen Bruttoinlandsproduktes erwirtschaftet. Besonders bedeutsam erscheint der WTO der als «Wissens-Ökonomie» bezeichnete Bereich, der mit der Digitalisierung Felder umfasst, die als Basisdienstleistungen bisher dem besonderen Schutz durch nationalstaatliche Regulierung unterlagen. Solche Verordnungen, Standards und Normen gelten in der Sicht der WTO nunmehr als Handelshemmnisse, und so könnte man sie in der Tat einstufen, wenn man Gesundheit, soziale Sicherung, Bildung, Information und Kultur primär als Waren definiert.

Die WTO hat damit Gebiete in den Blick genommen, die niemals zuvor Gegenstand der Handelspolitik waren (Wahl 2001). Hier stoßen am Verhandlungstisch der WTO zwei Kulturen aufeinander:

das überwiegend privat organisierte Sozialsystem (einschließlich Bildung, Gesundheit und Kultur) der anglo-amerikanischen Welt und das überwiegend in öffentlicher Regie betriebene Sozialsystem der Europäischen Union. Letztere definiert diese Basisdienstleistungen als Bestandteil der Daseinsfürsorge, die man von kommerziellen Überlegungen freihalten muss, erstere sieht darin einen gigantischen Wachstumsmarkt, der wie in allen anderen Bereichen der kapitalistischen Ökonomie den Bedürfnissen der Verbraucher am besten gerecht wird. Diese Auffassung hat sich in der WTO weitgehend durchgesetzt, sämtliche staatlichen Regulierungsmaßnahmen werden in ihrer Notwendigkeit bezweifelt und getestet. Dazu zählen Ladenöffnungszeiten, Bauvorschriften, Umweltbestimmungen, Arbeitsschutz und Gesundheitsauflagen, zusätzlich das, was in Deutschland als «aktive Arbeitsmarktpolitik» betrieben wird, und nicht zuletzt das öffentlich-rechtliche Fernsehen, die Filmförderung, die Buchpreisbindung und der Verzicht auf Studiengebühren. Die Privatisierungsoffensive, die Mitte der 1970er Jahre in den USA (vor dem Hintergrund einer durchkommerzialisierten Gesellschaft) und in Großbritannien (gegen einen durchregulierten Wohlfahrtsstaat mit starken Arbeitnehmervertretungen) gestartet wurde, findet jetzt auf globaler Ebene statt. Auch die EU-Kommission plädiert für eine Liberalisierung der Strom- und Wasserversorgung, nicht zuletzt, damit die großen europäischen Anbieter auf den Weltmarkt ausgreifen können. Wer an niedrigen Strompreisen oder Flugtarifen interessiert ist, wird aus kurzfristiger Sicht über solche Liberalisierungen erfreut sein, und es besteht kein Grund, staatliche Monopole prinzipiell in Schutz zu nehmen. Andererseits liegen die Kehrseiten eines massenhaften Ferntourismus und der Abhängigkeit von wenigen, auf fossile Energieträger setzenden Konzernen auf der Hand. Auch zeigt sich im amerikanischen Bildungssystem bereits eine Art geldaristokratische Schließung, und beim Fernsehen steht der Beweis aus, dass privat-kommerzielle Anbieter die Vielfalt des Programms erhöht und die Qualität verbessert haben.

Für den Slogan der NRO «Die Welt ist keine Ware» gibt es viele überzeugende Beispiele, vor allem im Bereich von Bildung und Kultur, Gesundheit und Umwelt. Dass mittlerweile nicht nur Legitimationszweifel, sondern auch Kompetenzzweifel in der Welt sind, verdankt man dem Wirken der NRO, die aus verschiedener Sicht das Expertenmonopol der WTO gebrochen haben. So wie sich eine ganze Phalanx von NRO in Opposition zur WTO gesetzt hat, ist eine analoge «Paarbildung» zwischen NRO und transnationalen Regimen (Weltbank, IWF usw.) in allen anderen Politikfeldern zustande gekommen (O'Brien u. a. 2000); eine intermediäre Position nehmen dabei die UN-Konferenzen ein (Fues/Hamm 2001). Die NRO treten hier als Elitenkonkurrenz auf, aus ihren Mitarbeitern rekrutieren nicht zuletzt auch die internationalen Organisationen und transnationalen Regime selbst ihren Nachwuchs. So kritisch die Haltung der NRO-Akteure auch sein mag, sie tragen damit zur Aufklärung und zur Reform dieser Organisationen bei, die seit Ende der 1990er Jahre in Gang gekommen ist. Seither ist nicht nur die Tonlage ihrer Sprecher, allen voran Weltbank-Chef James Wolfensohn, moderater und verbindlicher geworden, sie sind in der Planung, Durchführung und Evaluation ihrer Programme heute auch weit transparenter, als dies für das Gros der nationalen Ministerialbürokratien zutrifft. Und selbstkritische Stimmen hört man, sotto voce, auch auf den mittleren Führungsebenen der transnationalen Regime selbst, vor allem, seit Weltbank-, IMF- und WTO-Funktionäre mit seriösen Studien konfrontiert sind, die ihnen grobes Versagen und grundfalsche Politikansätze bescheinigen. Diese treffen bisweilen ins Mark, wenn beispielsweise der Berkeley-Ökonom Andrew Rose das Kerndogma der WTO in Frage stellt, das GATT und seine Nachfolgerin hätten zur stetigen Zunahme des Handels beigetragen und arme Länder an den Welthandel herangeführt. In Wahrheit habe, so Rose, die Mitgliedschaft in diesen Handelsrunden keinen wesentlichen Effekt gehabt, andere WTO-Kritiker bescheinigen sogar negative Effekte für die armen Regionen – etwas, was NRO-Vertreter seit langem behaupten (Economist 23.11.2002). Die fundamentale Kritik hat nun allerdings den Effekt, dass die Vereinigten Staaten wieder zu bilateralen Handelsverträgen übergehen. Nicht weniger im Kreuzfeuer stehen die Strukturanpassungsprogramme des IWF, wozu besonders die von Argentinien auf die Nachbarländer übergreifende Finanzkrise beigetragen hat (Economist 28.9.2002).

Wie kritisch auch immer man die Durchschlagskraft dieser Selbst-Aufklärung beurteilt (Ziegler 2002): Die NRO sind Akteure von *global governance* geworden, wie man das Netzwerk transnationaler Regime, nationalstaatlicher Koordination, Konferenz-Diplomatie und NRO-Pression bezeichnet. Dieses Netzwerk ist in Bewegung geraten. Eine Tendenz weist in die Richtung, dass die Vereinigten Staaten den transnationalen Regimen ihre Unterstützung entziehen und auch handelspolitisch auf Unilateralismus setzen, eine andere, eher langfristige Tendenz führt zu einer erweiterten Koordinierungsrolle, also in die Nähe einer global tätigen Wirtschafts- und Entwicklungsbürokratie. In und zwischen den NRO wird es eine Debatte geben, wie stark sie sich in diesem Netzwerk engagieren wollen: als eine Art «globaler Dritter Sektor», der aus (wirtschafts-)bürgerschaftlicher Position die Pole von Markt und Staat (bzw. Chaos und Hierarchie) ausbalanciert, oder als «disruptive» Kraft, die Prozesse der weltwirtschaftlichen Verflechtung stört und entschleunigt. Das war die bisherige Rolle der Mobilisierung von Straßenprotest durch eine globale Protestbewegung, der ich mich nun genauer zuwenden möchte.

4. Auf der Straße und im Fernsehen:
Die außerparlamentarische Protestbewegung

Reclaim the Streets nennt sich eine globalisierungskritische Bewegung aus Großbritannien, deren Name deutlich macht, dass sie es mit dem Antichambrieren bei Gipfelkonferenzen und in Hinterzimmern nicht bewenden lassen möchte. Hinaus auf die Straßen zu gehen und so den intellektuellen Dissens und mentale Vorbehalte zum Ausdruck zu bringen, war stets die Aufgabe sozialer Bewegungen, die man als Antriebsmotoren historischer Entwicklung bezeichnen kann. So mächtig Ideen und Theorien sein mögen: Erst im «disruptiven Handeln» radikaler Minderheiten und größerer Kollektive wird, pathetisch gesprochen: Geschichte gemacht, und hier lag die Chance zur Setzung eines Anfangs, worin Hannah Arendt das Wesen des Politischen erkannt hat (Arendt 1986:272 ff.)

Ein Anfang wurde nunmehr auch an symbolisch gewordenen Orten wie Seattle, Genua und Porto Alegre gemacht. In einer Mediengesellschaft wirken solche Auftritte oft erst, wenn die «Globalisierungsgegner» als namhafte Marke im Fernsehen sichtbar werden. Das verleiht dem Dissens seine Wucht und befördert das im vorigen Kapitel beschriebene Wirken der NRO. Zwischen ihnen und den jetzt genauer behandelten Protestbewegungen kann man ohnehin nur eine heuristische Unterscheidung treffen. Inhaltlich wie personell eng verzahnt, handelt es sich sozusagen um die beiden Arme ein und desselben politischen Körpers. Dabei darf man die NRO nicht zum «Kopf» und die Protestbewegung nicht zur «Faust» erklären; es gibt Bewegungsintellektuelle genauso wie Konferenzaktivisten, und manche verkörpern beides in einer Person. Was auf der Straße reklamiert und im Fernsehen gezeigt wird, korrespondiert also mehr oder weniger mit dem, was am Verhandlungstisch in geregelter Tagesordnung gefordert und in der Lobby mit der dort üblichen Diskretion ausgehandelt wird.

So hat parallel zu und in heftiger Reaktion auf die Globalisierung auch die «Streitpolitik» (nach Tilly 1978, 1993) Auftrieb bekommen. Das war zuletzt in den 1970er Jahren mit den «Neuen Sozialen Bewegungen» der Fall, die aber trotz eines gelegentlich hoch gehaltenen Internationalismus im wesentlichen aus nationalen Traditionen kamen und sich an «ihre» Staatsapparate und Öffentlichkeiten wandten. Heutzutage könnten echte transnationale Bewegungen entstehen, deren Mitstreiter genau wie die Manager transnationaler Konzerne kein Vaterland mehr kennen und in eine historische Auseinandersetzung mit den transnationalen Regimen eintreten. Im Folgenden möchte ich nachzeichnen, wie die Globalisierungskritik in relativ kurzer Zeit die Welt umrundete, aus welchen lokalen Protestkulturen sie dabei schöpfte und wie der Süden der Weltgesellschaft darin repräsentiert ist. Anzunehmen ist, dass die Heterogenität der Themen und Akteure zunimmt; darin liegt vermutlich eher eine Stärke und die besondere Anziehungskraft der Globalisierungskritik. Die entscheidende Frage lautet aber, ob auch eine transnationale Agenda Unzufriedenheit bündeln und in allen Regionen des Globus mobilisieren kann, nachdem soziale Bewegungen bislang in nationalen Konfliktarenen eingespannt blieben. Den Paradigmen der Bewegungsforschung folgend, muss man hier vor allem vier Dimensionen betrachten: die sozialstrukturellen Voraussetzungen und Eigenheiten der Bewegungen, ihre kollektive Identität, die Fähigkeit, die «öffentliche Auslegung des Seins» (Karl Mannheim) erfolgreich zu rahmen (framing), schließlich die Ressourcen der Mobilisierung.[36] Schlichter ausgedrückt: Wer wirkt mit, welches Wir-Gefühl hat die Bewegung und welches Weltbild vermittelt sie, wie finanziert sie sich?

Ein starker Auftritt ...

Aufmerksame Chronisten der Bewegungsgeschichte wissen, dass es lange vor «Seattle», dem medialen *coming out* der «Anti-Globalisierer» 1999, eine vernehmbare Globalisierungskritik gab, die den Auftritt auf Straßen und Plätzen keineswegs scheute. Auch Konferenzen der WTO waren bereits mehrfach Zielscheiben von Protest geworden, aber breit wahrgenommen wurden sie zu diesem Datum, manchmal auch erst mit «Genua», wo im Sommer 2001 die bislang blutigste Konfrontation mit der Staatsmacht stattfand. Wer Sinn für Symbolik hat: Auch in den 1960er Jahren war eine Protestbewegung im amerikanischen Westen gestartet, die im romanischen Europa den höchsten Grad von Militanz erreichte. Doch die Geschichte wiederholt sich bekanntlich nicht. Die Inkubationsphase war schon Mitte der 1980er Jahre in Europa, wo eine gut organisierte Ökologie- und Friedensbewegung und ein weit verzweigtes entwicklungskritisches Netzwerk Weltbank, IWF und Weltwirtschaftsgipfel ins Visier nahm. Vor allem diese mit großem Medienspektakel begleiteten *summits* erregten Anstoß, und in dem Maße, wie die Mächtigen der Welt sich nicht mehr auf Kamingespräche beschränkten, sondern für die Mediengesellschaft demonstrativ in Szene setzten, schufen sie sich ihre lästigen und lautstarken Kritiker selbst. Bei den Gipfeltreffen (und hier vor allem gegen den US-Präsidenten Ronald Reagan) demonstrierten Hunderttausende in Paris (1982), London (1984), Bonn (1985), Venedig (1987) und Berlin (1988). Es wurden entsprechende Gegengipfel angesetzt und Tribunale veranstaltet, und oft kam es dabei zu rituellen Scharmützeln mit der Polizei und regelrechten Straßenschlachten (Rucht 2002b; Holzapfel/König 2001).

Was in Seattle und Genua an die breite Weltöffentlichkeit trat, war also ein Ausläufer älterer Proteste, häufig mit starker antiamerikanischer Komponente. Die Globalisierungskritik trat das Erbe der (soll man sagen: alten) neuen sozialen Bewegungen an: von Umweltschützern, Eine-Welt-Gruppen, Frauenrechtlerinnen, Rüstungsgegnern und Pazifisten. Bei ihnen war thematisch schon die ganze Palette aufgeboten und vernetzt, aber im Unterschied zur heutigen Globalisierungskritik blieb sie, trotz des Versuchs, über den nationalen Tellerrand hinauszublicken und in der Art des klassischen Internationalismus (Hierlmaier 2002) Bündnisse zu schließen, meist provinziell. Die außerparlamentarischen Oppositionen des ausgehenden 20. Jahrhunderts behielten ihr nationales Kolorit, Forderungen und Provokationen zielten auf das heimische Establishment. Der Anspruch heutiger Protestbewegungen reicht weiter, und als wichtigste Innovation können sie weniger neue Themen anführen als diese transnationale Vernetzung der Akteure und damit die Hervorbringung einer globalen Konfliktarena.

Wie diese entstanden ist, kann man in der Tat am Beispiel der Demonstrationen gegen das WTO-Treffen in Seattle im Herbst 1999 illustrieren, der Initialzündung zu einer weltweit beachteten Herausforderung (Bayne 2000, Cohen/Rai 2001, Brecher u. a. 2000). Die Hauptstadt des nordwestlichsten US-Bundesstaates war bekannt durch die von Bill Gates geleitete Weltfirma Microsoft, einigen auch durch Grunge Rock und eine ungewöhnliche Verdichtung lokaler (digitaler) *community networks* (Schuler 1996). Dort war vom 30. November bis zum 1. Dezember 1999 eine Ministerkonferenz der WTO anberaumt, die von US-amerikanischer Seite schlecht vorbereitet war und durch den Massenprotest vollends scheiterte. Dass man einen Gipfel «kippen» konnte, war ein Erfolgserlebnis, die das der Verhinderung des Multilateral Agreement on Investment (MAI, unter der Ägide der OECD) einige Jahre zuvor gleichkam. War es entwicklungskritischen Gruppen damals gelungen, den geheimgehaltenen Versuch, Ländern der Dritten Welt für sie nachteilige Investitionsbedingungen zu diktieren (Barlow/Clarke 1998), schaute dieses Mal die ganze Welt zu, wie sich eine als Durchbruch für den Freihandel deklarierte Konferenz im Chaos auflöste. Der Städtename Seattle erhielt deshalb eine sagenhafte Aura für Freunde wie Gegner der Globalisierung, wie wir sie kannten, und der Nimbus: *There is no alternative* war auch praktisch beschädigt.

Die anwesenden Minister zeigten sich überrascht, dabei war die «Battle of Seattle» monatelang vorbereitet und angekündigt worden. Auf dem Campus in Berkeley und in anderen Orten vor allem an der amerikanischen Westküste hatten sich die *Ruckus Society* und das *Direct Action Network*, eine speziell für die Konferenz gegründete Koordinierungsgruppe, minutiös für das Treffen präpariert, zwei von vielen Gruppen, die ein «anderes Amerika» im Verhältnis zu Big Business und zur entpolitisierten Welt der Vorstädte verkörperten. Als *grassroots movement* (Graswurzel-Bewegung) ließen sie uramerikanische Traditionen aufleben: das direkte, dezentrale und staatsferne Engagement von unten, das man auch als gelebten, ideologisch unaufgeregten Anarchismus sehen kann. Dieser erwartet wenig vom Interventions-Staat, der in den USA ohnehin nur rudimentär ausgeprägt ist, vertraut auf die eigene Fantasie und setzt sich mit Gegnern offen und direkt auseinander. Wer mit Globalisierungskritik vor allem deutsche Kirchentage, die Aufmärsche italienischer Post-Kommunisten oder eine Sommer-akademie französischer Attac-Mitglieder assoziiert, muss sich diese politisch-kulturellen Eigenheiten vor Augen führen, und solche Verschiedenheiten sind wiederum bedeutsam für Zusammenset-zung und Zusammenhalt einer jeden transnationalen Bewegung. Die nordamerikanische Variante in den USA und (wiederum verschieden) im Nachbarland Kanada ist geprägt von einem jun-gen, multikulturellen Campus-Milieu, angereichert durch «Aus-steiger», die eine alternative Lebensweise (etwa mit vegetarischer Ernährung und oft in kommuneartigen Zusammenhängen) prakti-zieren; hinzu kommt ein besonderer Typus semi-professioneller Bewegungsunternehmer, den man sich mit ähnlicher Chuzpe und Cleverness auch als ehrgeizigen Nachwuchs in Anwaltskanzleien oder Vorstandsbüros vorstellen kann.

Als «Organisatorin von Seattle» identifiziert wurde Lori Wallach, eine Juristin, die als «Chef-Lobbyistin» für *Global Trade Watch* tätig war, einen Ableger der (durch den Verbraucheranwalt und grünen Präsidentschaftskandidaten Ralph Nader bekannt geworde-nen) Organisation *Public Citizen*. Mit ihrer kenntnisreichen und rhetorisch brillanten Kritik am gegenwärtigen Welthandelssystem (Wallach 2002) verschaffte sie sich auch bei der anderen Seite Re-spekt. Ihren konfrontativen Arbeitsstil beschrieb sie in einem Inter-view so: «Ich gehe zu einem Kongressabgeordneten und fordere ihn auf, eine bestimmte Position einzunehmen. Wenn er das nicht tut, wird er gefoltert bis zu dem Tag, an dem er es tut. Ich sorge (sonst) dafür, dass er nicht wiedergewählt wird» (taz 14./15.9.2002), und auf einem Podium des Weltsozialforums 2002 leitete sie ihr State-ment damit ein, dass sie demonstrativ ein telefonbuchstarkes Doku-ment der WTO zerriss. Das war mehr als bloße Show, denn Mrs. Wallach kennt den Inhalt des Dokuments genau und versteht es, dieses auch verbal zu zerfetzen (vgl. ihren *Public Citizen Pocket Trade Lawyer* 2001)

Solche im Handels- und Zivilrecht beschlagenen Bewegungsunternehmer sind die besondere Stärke der amerikanischen Globalisierungskritik, deren Milieu sich durch eine nur scheinbar widersprüchliche Kombination auszeichnet: Verbundenheit mit der Natur und dem einfachen Leben (*wilderness*), raumgreifende Mobilität und eine (damals noch seltene) Vertrautheit mit neuen Medien, die zur Beschaffung von Information und zur Mobilisierung erhebliche Vorteile und Kostenersparnisse bieten. (Insofern hat die Protestbewegung aus der Deregulierung der Telekommunikation Nutzen gezogen.) Vor allem an der amerikanischen Westküste und in vielen Universitätsstädten hatten sich digitale Bürgernetze gebildet, womit die *face-to-face*-Kommunikation der lokalen Graswurzel-Initiativen verdichtet und mit geringem Aufwand global ausgeweitet wurden. Am ehesten kann man dieses Milieu als libertär kennzeichnen. Es ist weniger von Mitglieder-Organisationen als von Basisgruppen geprägt, setzt auf rasche Erfolge in logistisch meist exzellent vorbereiteten Kampagnen und präsentiert sich mit ausgefeilten Public-Relations-Methoden in allen verfügbaren Medien. Am Rande ist hier auch ein militanter Linksradikalismus angesiedelt, der ein wütendes, sozialrevolutionäres Vokabular pflegt und die handfeste Konfrontation sucht, bisweilen auch vandalenhaft auftritt, aber das Gros der Protestierer hält sich eher an Gandhi und andere Protagonisten gewaltfreien Widerstands und zivilen Ungehorsams.

Die Vielfalt des Milieus zeigt sich auf der Internet-Plattform des Z-Magazine (Z-Net, www.zmag.org), das vor allem im Milieu junger College-Absolventen genutzt wird; daneben schufen diverse Independent Media Center eine digitale Plattform, auf der die Logistik des Straßenprotestes ebenso wie inhaltliche Debatten zu finden sind. Hier publizieren Autorinnen wie Lydia Sargent, die Gründerin der Druckversion des 1988 gegründeten Z-Magazine, oder Leslie Cagan, eine feministische Friedensaktivistin aus New York. Auch im virtuellen Raum verbindet sich ein zupackend investigativer Journalismus mit künstlerischer Inspiration, Lydia Sargent etwa ist Regisseurin einer freien Theatertruppe. Das *Z Media Institute* und unabhängige Medien-Zentren (www.indymedia.org) sind Schulen einer interaktiven Gegenöffentlichkeit, die politischen Aktivisten und Alternativ-Journalisten Training anbieten, wozu *fund raising* und Multimedia-Fertigkeiten gehören. Bei IndyMedia finden sich sowohl redaktionelle Beiträge von den Schauplätzen der Globalisierungskritik (im weitesten Sinne) wie Plattformen für den unzensierten, nicht-moderierten Meinungsaustausch. Damit hat sich im Internet das Konzept der Gegen-Öffentlichkeit ein Stück weit verwirklicht.

Die kleine Skizze des amerikanischen Milieus belegt, dass «Seattle» zunächst vor allem ein amerikanisches Ereignis war. Das Gros der über 50 000 Demonstranten kam aus US-amerikanischen und kanadischen Organisationen; am stärksten vertreten war der Gewerkschaftsdachverband AFL-CIO, der sich in den zurückliegenden Jahren kritisch mit den negativen Folgen des von der Clinton-Administration abgeschlossenen NAFTA-Abkommens mit Kanada und Mexiko auseinandergesetzt hatte (Mazur 2000). Dabei waren auch der Sierra Club, eine der größten Umweltorganisationen der Welt (www.sierraclub.org), der auf ökologische Folgen des Freihandels hinwies, sowie Menschenrechts- und Migrantenorganisationen, die ihr Augenmerk auf die Ausbeutung in den Billiglohnfabriken (*sweatshops*) diesseits und jenseits der Grenzen richteten. Diese Fragen waren wiederum in den Universitäten auf Resonanz gestoßen (Appelbaum/Dreier 1999).

Ein wichtiger Schritt zur transnationalen Globalisierungskritik bestand damit in der «Wiedervereinigung» der alten mit den neuen sozialen Bewegungen. Die Allianz zwischen «teamsters and turtles», zwischen hartgesottenen Brummi-Fahrern und zartfühlenden Tierschützern (die sich in Seattle im Blick auf die vom Aussterben bedrohten Schildkröten entsprechend maskiert hatten) muss vor dem Hintergrund der jüngeren Bewegungsgeschichte eher überraschen. Während des Vietnamkriegs hatten sich Hippies und Gewerkschaftler ablehnend bis feindlich gegenübergestanden, wofür der Philosoph Richard Rorty das sektiererische Gehabe der Kriegsgegner verantwortlich gemacht hat (Rorty 1999, 2000); lange Zeit hatte sich die amerikanische Linke mit Vorliebe auf Nebenschauplätzen getummelt, kulturelle Differenz als Wert an sich gefeiert und damit, wie Rorty zu Recht kritisiert, von Kernfragen sozialer Bewegungen abgelenkt, nämlich Gleichheit und soziale Gerechtigkeit. Umweltschützer und Automobilarbeiter waren auch selten übereingekommen, was die Bewertung von Energieverbrauch und Klimaschäden betrifft. Eine technische Inkarnation dieses Gegensatzes sind die mittlerweile schwer in die Kritik geratenen S.U.V. (Sports Utility Vehicles), übermotorisierte, aus Militär-Jeeps entwickelte «Leichtlastkraftwagen», die von Umweltauflagen befreit und steuerlich begünstigt sind. Für die vom Weltmarkt bedrohte US-Automobilindustrie waren sie ein Segen, für Umwelt und Verkehrssicherheit ein Fluch.

In dem in Richtung Seattle führenden Prozess stand man aber vor allem in einer Hinsicht zusammen: dass sich die beschworene Globalisierung nicht in Amerikanisierung, also im Export amerikanischer Waren und Kulturmuster erschöpfen, sondern auch die USA selbst (und zwar nicht nur segensreich) betreffen würde. Gemeinsamer Gegner waren die exzessive Deregulierung und Freihandelspolitik, die seit den Reagan-Jahren im Interesse der großen Firmen betrieben worden war und sich nun via WTO global durchzusetzen drohte. Stein des Anstoßes waren die erwähnten Missstände in den Billiglohnfabriken, die eine gegen die Turnschuhfirma Nike gerichtete Kampagne ins Bewusstsein gehoben hatte. Die Firma, ein Markenzeichen globaler Kultur genau wie McDonald's oder Microsoft, unterbot in ihren Fabriken in Südostasien die ohnehin lächerlichen Mindestlöhne und hintertrieb betriebliche Interessenvertretungen, während sie zugleich einen Basketballstar wie Michael Jordan mit millionenschweren Werbeverträgen köderte (Klein 2000). Gegen diesen neuen Manchesterkapitalismus zogen amerikanische Arbeiter und Menschenrechtler an einem Strang: Die einen nahmen Anstoß daran, dass der Welthandel um diesen barbarischen Preis zunahm, die anderen, dass dies auch noch auf Kosten einheimischer Arbeitsplätze ging. Denn trotz des Mitte der 1990er Jahre einsetzenden Booms stieg die Arbeitslosigkeit in importsensiblen Industriebranchen.

Hier kam also Kapitalismuskritik aus einem urkapitalistischen Land, nicht prinzipiell gegen diese Produktionsweise als solche, aber gegen *Corporate America*, die Ballung ökonomischer Macht in wenigen Großkonzernen und Multis. Dieser Affekt erklärt auch die breite Sympathie für das damals laufende (und Ende 2002 niedergeschlagene) Kartellverfahren gegen die Firma Microsoft. Bill Gates, der sich als Selfmademan und Tüftler Sympathie erworben hatte, konnte gar nicht so viel für wohltätige Zwecke spenden, wie seine Reputation dahinschwand, zumal die von seinem Unternehmen verkörperte neue Arbeitswelt kaum Platz ließ für gewerkschaftliche Interessenvertretung. Corporate America führte den Klassenkampf von oben, um die nur noch schwach organisierte, in betrieblichen Auseinandersetzungen aber kampfstarke *working class* gefügig zu machen. AFL-CIO stand im Überlebenskampf, und auch deswegen näherten sich die Gewerkschaftler den ungewohnten Bündnispartnern an, den Vegetariern und Freaks, den Schwulen und Lesben, den Lebenskünstlern und Anarchisten. Und deswegen zeigte sich auch Präsident Clinton, der seine Wiederwahl 1996 nicht zuletzt der finanziellen und moralischen Unterstützung durch die US-Gewerkschaften verdankte, von den Protesten in Seattle beeindruckt, zum Entsetzen der Gralshüter der freien Marktwirtschaft, die Globalisierungskritiker als Ignoranten und Spinner abzuqualifizieren versuchten.

In einem Punkt hatten sie vielleicht recht: Denn häufig ist es ein im Kern isolationistisches Motiv, das Amerikaner gegen die WTO aufbringt, dass sich ein transnationales Regime in ureigene Belange der Vereinigten Staaten einmischt (Reich 1996, Faux 1999). Ein pauschaler Vorwurf des Protektionismus ist nicht angebracht, aber zum Repertoire des amerikanischen Populismus gehört eine Aversion gegen jede Art von multilateraler Politik. In den 1990er Jahren formulierte diese Linie, wie bereits erwähnt, der republikanische, später unabhängige Außenseiter Pat Buchanan, der als katholischer Integrist und Abtreibungsgegner denkbar weit von dem Aufmarsch der in Seattle versammelten *radicals* entfernt war. Aber im Unterschied zu Buchanan und dem erfolgreicheren Ross Perot wurden in Seattle nicht mehr (allein) Interessen amerikanischer Arbeiter gegen den Rest der Welt verfochten, man protestierte gemeinsam mit Kollegen aus Ostasien, der Karibik, Südafrika und Lateinamerika – eine mühsame Aufgabe, an welcher der Internationalismus der klassischen Arbeiterbewegung und auch die pragmatischen Bemühungen supranationaler Gewerkschaftsbünde nach 1945 immer wieder gescheitert waren.[37] Auch bei Ralph Nader ist die Ambiguität einer Kritik zu studieren, die Globalisierungsfolgen häufig nur abzuschotten trachtet; nicht wenige amerikanische, kanadische und australische Umweltschützer sind aus ähnlich protektionistischen Motiven gegen Einwanderung und kulturelle Vielfalt eingestellt. Der Widerstreit zwischen Territorialisten und Globalisten, den wir eingangs diagnostiziert haben, durchzieht auch die aktuelle Globalisierungskritik.

Zusammengeschweißt wurden alte und neue Bewegungen durch den gemeinsame Feind namens «Neoliberalismus», der oft kritisch und kompetent seziert, gelegentlich aber auch nur hypermoralisch denunziert und dämonisiert wird. Im übrigen hatten sich mit der

Bildungsentwicklung und in der Mediengesellschaft alte Milieugegensätze abgeschliffen, auch bei den «Traditionalisten» war der Respekt vor nur scheinbar marginalen Ansprüchen kultureller Differenz und der Gleichberechtigung von Mann und Frau gewachsen, auch für sie hatten ethische Fragen an Bedeutung gewonnen. Damit legten sie andere Bewertungsmaßstäbe an wirtschaftliches Wachstum als das selbstreferentielle, keinen Zwecken und Kriterien unterworfene Motiv des schnellen Profits. Zwar wirkt dieses in den USA weniger anrüchig als in der Alten Welt, aber auch hier stieß man sich daran, wie leichtsinnig und bedenkenlos die Unternehmen und ihre CEO's vorgehen, indem sie Lebensmittel ohne Kenntnis der Folgen genetisch verändern, seltene Tierarten der Ausrottung preisgeben und letzte Naturreservate antasten. Eine solche Kolonisierung der Lebenswelt ist auch für konsumfreudige Arbeitnehmer keine Lappalie.

In der öffentlichen Meinung herrschte über die Vorgänge in Seattle gleichwohl zumeist Unverständnis, vor allem, weil im TV überwiegend Krawallszenen zu sehen waren. Dabei war das Gros der Proteste eher theatralisch und karnevalesk inszeniert worden; Kostüme und Riesenpuppen erinnerten an Halloween-Paraden, also nicht entfernt an den Sturm auf das Winterpalais und die Barrikadenkämpfe vom Pariser Mai. Und auch die linksradikalen Sekten hatten sich in die Schlange der Diskutanten bei den zahlreichen Teach-ins eingereiht, kein Ismus wurde vom Scheiterhaufen der Geschichte geholt, so sehr die «Socialist Workers Party» und andere Splittergruppen agitieren und filibustern mochten. «Seattle» stand, gegen das seither kolportierte Medienbild von Gewalt und Aufstand, in der besten Tradition einer vom Geist der Gewaltfreiheit und des zivilen Ungehorsams getragenen Bürgerrechtsbewegung. Grell übertüncht wurde dies jedoch durch eingeschlagene Fensterscheiben, vom Vandalismus gegen Hass-Symbole des globalen Kapitalismus wie Starbucks, Nike und Gap, von Straßenschlachten zwischen einer entschlossenen Minderheit und der Polizei. Beide Gruppen waren nach Einbruch der Dunkelheit brutal aufeinander losgegangen, Seattle war in Schwaden von Tränengas gehüllt. Doch war absehbar, dass solche Ausschreitungen für die Außenwirkung der Anti-WTO-Proteste mehr ausrichten würden als alles vernünftige Reden und Argumentieren.

… und die ganze Welt schaut zu

Seattle war ein starker Auftritt und für viele auch ein Initiations-
ritual. Der Mythos von Seattle stärkte die weltweite Mobilisierung,
erzeugte aber auch ein stereotypes, eher reaktives Aktionsmuster,
das den transnationalen Protest auf den Kalender und die Tagesordnung der Gipfelkonferenzen fixierte. Ihnen überließ man damit
ungewollt die Regie und dem Fernsehen die Breitenwirkung. Das
war schon aus den Protesten gegen den Vietnamkrieg geläufig; manche gehen so weit, dessen Beendigung den Fernsehbildern nicht nur
vom Kriegsschauplatz, sondern auch von den großen Aufmärschen
und den brutalen Auseinandersetzungen mit der Polizei zuzu-
schreiben. Und da diese Bilder um die Welt gingen, lösten sie
Empörung rund um den Erdball aus, weshalb viele in der außerparlamentarischen Opposition der 1960er Jahre die erste globale Bewegung erblicken wollen. Jedenfalls war es für soziale Bewegungen
seither essentiell, «ins Fernsehen» zu kommen; ein einziger vor Millionen visualisierter Protest war mehr wert als tausend Worte und
lokale Ereignisse.

TV-Teams folgten den «Anti-Globalisierer» titulierten Kritikern
in alle Himmelsrichtungen, wenn diese wiederum den Treffen di-
verser transnationaler Organisationen nacheilten. Im April 2000
führte das zunächst in die amerikanische Bundeshauptstadt Washington, zur routinemäßigen Frühjahrssitzung von Weltbank und
IWF, die in der Vergangenheit kaum je öffentliche Beachtung gefunden hatte. Dieses Mal waren die Ordnungskräfte besser vorbereitet;
in Folge weiträumiger Absperrungen und präventiver Festnahmen
fielen die Straßenproteste weniger beeindruckend aus, aber wieder
gab es einschlägige Live-Bilder. Die Berichterstattung über das Aufeinandertreffen in Washington D.C. würdigte diesmal jedoch stärker die Rolle des Internets und neuer Kommunikationskanäle, in
die manche große Hoffnungen für eine Regeneration oppositionel-
ler Politik setzte, die sich damit aber auch den Ruf eines «linksradikalen» Mediums erwarben. Unabhängige Pressedienste wie Indy-
Media hatten einen Platz im Netz erobert und bemühten sich, das
Monopol des Fernsehens und der wenigen überregionalen Printme-
dien zu brechen, um einerseits die innere Mobilisierung voranzu-
treiben und ein autonomes Informationsnetzwerk für die Binnen-

kommunikation aufzubauen, andererseits die interessierte Öffentlichkeit und Journalisten zu informieren, die nicht nur an Randale-Bildern interessiert waren. Webseiten wie die der Ad-hoc-Koalition *Mobilization for Global Justice* (www.a16.org) (gemünzt auf den 16. April, den Beginn der Tagung) waren auch jetzt wieder für die Logistik (vom Schlafplatz bis zu Verhaltensregeln bei Festnahmen) wichtig, und die verfügbaren Links zeichneten ein aufschlußreiches Bild von der Vielgestaltigkeit der Protestszene, die nicht mehr nur metaphorisch als Netzwerk zu charakterisieren ist. «Erst im Internet fügt sich die zersplitterte Szene zur schlagkräftigen Truppe. Denn das elektronische Medium, das sich selbst jeder hierarchischen Ordnung entzieht, erlaubt ebenso den vernetzten Teilnehmern, ihre Unabhängigkeit zu wahren», beschrieb ein Journalist die Stärke, aber auch die Fragilität der Protestgruppen, die sich grenzüberschreitend zu einer virtuellen Gemeinschaft formierten (FAZ 18.4.2000). Seither sind Möglichkeiten und Grenzen einer autonomen Medienpraxis weiter ausgetestet worden (Oy 2002; Moes 2002), und man darf behaupten, dass dies für die Zukunft transnationaler Vergemeinschaftung essentiell ist. Denn während soziale Bewegungen bisher auf lokalen Milieus beruhten, in denen man sich kannte und häufig traf, muss jede grenzüberschreitende Bewegung auf computergestützte Kommunikation zurückgreifen.

Ungeachtet dessen bleibt das Fernsehen bis auf weiteres Hauptverbreitungsmedium der Globalisierungskritik und bestimmt als Massenmedium deren Reputation in der öffentlichen Meinung. Hatte es bis dahin Nachrichten von «unerhörten Begebenheiten» in den USA verbreitet, folgte es nun der Protestkarawane an Schauplätze rund um den Globus: im Juli 2000 zum G8-Gipfel im japanischen Okinawa, Ende September 2000 zur Tagung von Weltbank und IWF in Prag. Hier erhofften sich einige ein «europäisches Seattle», und Gemeinsamkeiten der Inszenierung des Protestes waren auch erkennbar: Wieder war die Veranstaltung mit einem globalen Aktionstag kombiniert, die Strukturanpassungsprogramme des IWF und die Schuldenerlasspolitik der Weltbank waren vorab kritisch durchleuchtet worden, auch war wieder Stimmung für ein weiteres Aufeinandertreffen mit dem «Neoliberalismus» gemacht worden. Davon bekam die Öffentlichkeit der damals noch als ostmitteleuropäisches Musterland des Kapitalismus gewürdigten Tschechischen Republik freilich nicht viel mit. Die Stadt an der Moldau

erlebte einen (vom Staatspräsidenten Vaclav Havel heftig kritisierten) Großaufmarsch der Sicherheitskräfte und eine gezielte Militarisierung der Konfrontation von oben; nervöse, um ihre Reputation
fürchtende Behörden lösten eine regelrechte Bürgerkriegshysterie
aus, indem sie auch weit ab vom Geschehen schulfrei gaben und ältere Menschen aufforderten, die Stadt für vier Tage zu verlassen. Es
war, als stünde eine Sintflut oder Terrorkatastrophe bevor: Mehrere
tausend Polizisten wurden aus der Provinz angekarrt, ein älterer
Dissident erlebte Prag in einer «Atmosphäre von Unterdrückung
und Angst, wie es sie seit 1989 nicht mehr gegeben habe» (FAZ
25.9.2000). Oder soll man sagen: seit dem 21. August 1968? Der
26. September wurde zum D-Day ausgerufen, als rollten wie damals
russische Panzer, und vor dem Konferenzgebäude fuhren allen Erns-
tes zwei (tschechische) Tanks auf. Diese noch an vielen Schauplätzen aufgefrischte Anmutung des Weltbürgerkriegs erlaubte der Polizei ein völlig unverhältnismäßiges Vorgehen, was wiederum dem
«schwarzen Block» Auftrieb gab, der militanten Fraktion der Globalisierungskritik, so genannt in Erinnerung an die vermeintlichen
Glanzzeiten der (schwarz gekleideten und vermummten) «Autonomen» der 1980er Jahre. Auch wer nach Prag gekommen war, um in
dieser Tradition gezielt Randale zu machen, konnte nun (wider bes-
seres Wissen) behaupten, er habe sich nur gegen eine schwer bewaff-
nete Polizei zur Wehr gesetzt.

Auf diese Hypothek der Globalisierungskritik werde ich gleich
zurückkommen. Hier soll zunächst geschildert werden, wie sich das
Lauffeuer der Kritik im grellen Schein der Kameras ausbreitete. Weniger Aufsehen erregte im September 2000 eine asiatisch-pazifische
Regionalkonferenz des *World Economic Forum* (WEF), doch das
Davoser Zusammentreffen des WEF-Plenums im Januar 2001
brachte die nächste Stufe der Polarisierung. Hermetisch wurde der
Wintersportort von der Außenwelt abgeriegelt, und obwohl Szenen wie in Seattle oder Prag vermieden wurden, bekam das traditio-
nelle Treffen der selbsternannten Wirtschaftseliten mit politischen
Entscheidern beim zwanglosen Après-Ski einen schweren Schlag
versetzt. Erstmals wurde klar, dass man sich auf absehbare Zeit
nicht mehr ungestört im kleinen Kreis würde treffen können; insofern hatten die Gipfel-Stürmer einen zweiten strategischen Erfolg
errungen. Zugleich entzog diese als Zweikampf ausgemalte Konfrontation der erstmals in Porto Alegre abgehaltenen Parallelveran-

staltung des *Forum Social Mundial* die Aufmerksamkeit, wo man nicht mehr gegen einen vermeintlich übermächtigen Feind anrannte, sondern sich argumentativ mit konkreten Fragen der Weltwirtschaft auseinandersetzte und dabei einem eigenen Zeitplan folgte.

Anfang 2001 hatte die Protestbewegung einmal den Globus umrundet, aber stets behielten die Demonstrationen regionalen Bezug und lokales Kolorit. In Davos erinnerte man sich reflexartig an die «Zürcher Krawalle» der 1970er Jahre, obwohl kaum einer der damaligen Akteure anwesend war. In Porto Alegre und bei den folgenden Ministertagungen der FTAA (Free Trade Area of the Americas, spanisch ALCA) in Buenos Aires und Quito gaben Gegner des unbegrenzten Freihandels aus den beiden Amerikas den Ton an. Hier war vor allem die lateinamerikanische Linke präsent, die unter dem Eindruck der schweren Wirtschaftskrise in Argentinien stand und zum Teil mit Fidel Castro, einem prononcierten Globalisierungsgegner, sympathisierte, zum Teil auch mit dem venezolanischen Volkstribun Hugo Chavez, während Splittergruppen auf die Guerilla setzten. Kaum ein Ereignis war für die Globalisierungskritik symbolisch so signifikant (und mythosträchtig) wie der Aufstand der Zapatistas im Süden Mexikos; der stets vermummt auftretende «Subcomandante Marcos» verkörpert zum einen kompromisslose Kampfbereitschaft (und eine Reinkarnation Che Guevaras), zum anderen ist er auf Grund seiner großen Intellektualität und gelegentlichen Verbindlichkeit ein Sympathieträger. Und die von Chiapas ausgehende Rebellion demonstriert darüber hinaus die Bedeutung, die unterdrückten indigenen Kulturen und Minderheiten vor allem im Milieu der westlichen Globalisierungskritik zugebilligt werden (Mittelstädt 1997, Womack 1998, Brand 2000).

Die Hauptschauplätze lagen weiter in der westlichen Welt, etwa bei der nächsten Frühjahrstagung von Weltbank und IWF, und zunehmend bei EU-Gipfeln, wo es im Juni 2001 in Göteborg zu massiven Ausschreitungen kam, während die Proteste in Brüssel (Dezember 2001), Barcelona, Sevilla und Kopenhagen (im Verlauf des Jahres 2002) durchweg friedlicher verliefen. Diese Beruhigung mag eine Reaktion auf die Eskalation der Gewalt darstellen, die im Juli 2001 den G8-Gipfel im italienischen Genua gekennzeichnet hatte.

Zur Kritik der Gewalt

Fast überall, wo Agenturen der wirtschaftlichen Globalisierung und ihre Gegner aufeinandertrafen, gab es Verletzte und Festnahmen, Straßenschlachten und Zerstörung. Der abwegige Vorwurf, Kritiker der Globalisierung strebten mit gewalttätigen Mitteln revolutionäre Ziele an, schien sich vor allem mit «Genua» bestätigt zu haben. Dort gab es auch das erste Todesopfer: Der 23-jährige Carlo Giuliani kam durch einen Schuss aus einer Polizeiwaffe zu Tode und wurde von einem Polizeiwagen überrollt, den er zuvor attackiert hatte. Die Globalisierungskritiker hatten einen Märtyrer, den Kommentatoren mit dem am 2. Juni 1967 in West-Berlin von einem Polizisten getöteten Studenten Benno Ohnesorg gleichsetzten und so zum ersten Toten in einem «weltweiten Mai '68» erhoben (Bernard Kouchner). So zutreffend die These sein mag, dass diese Eskalation für die ansonsten verweigerte Aufmerksamkeit gesorgt habe, und so zutreffend ferner ist, dass sich sozialer und politischer Wandel selten ohne Gewalt ergeben hat: eine Strategie der Militanz rechtfertigt beides nicht. Manche Redaktionen sind tatsächlich nur an Bildern von brennenden Autos, vermummten Gesichtern und prügelnden Polizisten interessiert, also an einer Ikonographie der Verwüstung, und geliefert wird sie von einer Minderheit, die auf die Gegenaggression der Polizei setzt, um eine militante, ja militärische Bekämpfung des Kapitals zu legitimieren. Doch weil dieses Kalkül die Bewegung an einen Automatismus von direkter Aktion und mediatisierter Gewalt ketten würde, wird sie von den Sprechern der transnationalen Protestbewegung einmütig zurückgewiesen; angebracht sei einzig ein strikt gewaltfreies Vorgehen, die argumentative Auseinandersetzung und ein fantasievolles Aktionsrepertoire, das auf Überraschungscoups, aber nicht auf Fausthiebe und Schlimmeres setzt: «Der schwarze Block ist nicht Teil der Globalisierungsgegner. Verpisst Euch!» brachte es ein repräsentativer Kommentar nach dem Showdown von Genua in einem Internet-Forum auf den Punkt.

Zwei Faktoren erschweren die Distanznahme allerdings: die umgekehrte Instrumentalisierung des «schwarzen Blocks» durch den Staatsapparat, das heißt: durch Polizeiführung, Angehörige der Sicherheitskräfte und Teile der politischen Führung, die aus verschiedenen Gründen Bürgerkrieg spielen, im weiteren wird dann das Solidarisierungsbedürfnis mit Leidtragenden dieser Eskalation häufig zum Solidarisierungszwang. Schon die mannigfachen Schikanen bei der Anreise nach Genua löste eine Eskalation aus, die sich mit einem als «geil» beschriebenen Gewalterlebnis und der Wut über unschuldige Opfer fortsetzte und die spontane Solidarität von Anwohnern (die in Genua Wasserflaschen gegen CS-Gas reichten und Erste Hilfe anboten) irrigerweise als Indiz von Einverständnis mit militanten Attacken auf die Polizei deutete. Wo 10 000 oder gar 200 000 Demonstranten zusammenstehen, kommt leicht die größenwahnsinnige Illusion auf, ein «Angriff» auf die gegnerische Seite sei erfolgversprechend. Nach der «Schlacht» tritt rasch Ernüchterung ein, aber das Bekanntwerden der zum Teil infamen Strategie von polizeilicher und politischer Führung lässt schon wieder Rachegedanken für die nächste Gelegenheit aufkeimen. In Genua gab es, wie unabhängige Untersuchungen belegen, brutale Menschenrechtsverletzungen und Übergriffe durch die Sicherheitskräfte, keineswegs nur «im Eifer des Gefechts». Wer in der Haft keine faschistischen Lieder singen wollte, wurde mit Prügel bedroht, und es wurden Waffen eingeschmuggelt, um die Gewaltbereitschaft der Demonstranten zu beweisen. Aber auch solche Exzesse entschuldigten italienische Regierungssprecher oder kommentierte man mit unverhohlener Genugtuung – die Randalierer, nach dem September 2001 zu «Terroristen» hochstilisiert, hätten nur bekommen, was sie verdienten.

Für die Regierung Berlusconi hat dies keine einschneidenden Folgen gehabt. Entsprechend fielen die Reaktionen aus: «Dieser Angriff ist auch deswegen so bezeichnend, weil er noch einmal klarmacht, … der Staat beantwortet erfolgreichen Widerstand auf jeden Fall mit Gewalt; ob er gewaltfrei oder gewalttätig ist, spielt keine Rolle, ebenso wenig, ob er legal ist oder nicht», kommentierte einer das Genueser Debakel im Internet, und man fragt sich, ob das Resignation zum Ausdruck bringt oder einen Freibrief dafür ausstellt, künftige Aktionen militant zu gestalten. In linksradikalen Zeitschriften, in Internet-Foren und auch in der Berliner *tageszeitung* gab es Wortmeldungen, die kompromisslos auf Straßenmilitanz setzen und den gewaltfreien Flügel der Protestbewegung von linksaußen zu desavouieren suchen.[38] Barrikaden, ausgeplünderte Läden und brennende Autos gehören seit Jahren zum Kreuzberger «Revolutionären Ersten Mai»; ein Beobachter hat das Ritual als «Schaulaufen einer dunklen destruktiven Form von Extremsportart» und als «dunkle, obsessive Metropolenparty» charakterisiert (taz, 27./28.4.2002), der im Milieu eines dogmatischen Anarchismus freilich eine existenzielle Dimension beigemessen wird.

Dieser Typus von Gewalt kennt keine präzisen Gegner und erklärten Feinde mehr, und die wirklich Erniedrigten und Beleidigten dienen in der Regel nur als Staffage. Angereichert ist diese Pose mit einer seltsamen Nostalgie für die Rote-Armee-Fraktion (RAF), die ausgerechnet Andreas Baader zur Pop-Ikone werden ließ.[39] Ähnlich wie in Italien, wo manche sich über die Ermordung eines «neoliberalen» Staatsbeamten freuen konnten, wird eine verkommene Mördertruppe zu Lichtgestalten heroisiert, und sogar ein deutlich um Läuterung bemühter Film wie «Black Box BRD» wird affirmativ gesehen. Man kann solche Phantasien als Reaktion auf «1968» deuten: Baader, Ensslin und Meinhof, die dazugehörten und (anders als Cohn-Bendit, Fischer und Vollmer) davon nicht abließen, sondern die Revolte radikalisierten, sind selbst als tote Helden die lebenden Vorwürfe an eine angeblich nicht einmal mehr reformistische Linke. Dass sie lange nach '68 ein Stück von der Macht liehen und das neoliberale Programm adaptierten, fördert den Weltschmerz des Punk-Anarchismus und erschwert eine Bekehrung zur westlichen Demokratie, die bei Adriano Sofri oder André Glucksmann noch möglich war.

Auch wenn man noch einmal betonen muss, dass gewaltbereite Gruppen im gesamten Spektrum der Globalisierungskritik eine marginale Rolle spielen: als Problem stellt sich die Kritik der Gewalt allen Akteuren. Ein Teilnehmer des Europäischen Sozialforums im November 2002 in Florenz interpretierte den friedlichen Verlauf als Beleg, dass die globalisierungskritische Bewegung «aus dem Schatten der Gewalt getreten ist»; Florenz habe gezeigt, «dass, wenn tatsächlich große Menschenmengen mobilisiert werden, weder staatliche Provokationen noch die Orientierung auf Militanz durch kleine Gruppen eine Chance haben».[40] Auch die *Disobediente*, eine als «Anarcho-Punks» bezeichnete Gruppierung, und die *Tutte Bianchi*, die beim Prager IWF/Weltbank-Treffen noch so aggressiv aufgetreten waren, hatten sich friedlich eingereiht und die auch in diesem Fall wieder genährte Hysterie ad absurdum geführt. Und an medialer Aufmerksamkeit fehlte es gleichwohl nicht.

Action! Von der Organisation zur Kampagne

Globalisierungskritik ist nicht nur grenzen-, sondern auch generationsübergreifend. Wenn sie an sich auch keine Jugendbewegung ist, so ist sie doch ein von jungen Aktivisten und jugendlichen, d.h. punktuellen und situativen Mobilisierungsformaten geprägtes Netzwerk, dessen Binnenkommunikation in wachsender Selbstverständlichkeit via Internet verläuft und dessen Aktionsrepertoire friedliche Demonstrationen (aber ungern «Latschdemos»), Aufmärsche (unter Einschluss von Sitzblockaden und dem gewaltlosen Eindringen in Sperrzonen) und vor allem Kampagnen umfasst. Deren Organisation ist ein Prüfstein für die Internationalität von Protestbewegungen. Auch wenn nämlich die Gegenstände, zum Beispiel Klimaschutz, Abschaffung der Todesstrafe oder das Verbot von Landminen, ein internationales Vorgehen erfordern, erschweren kulturelle und sprachliche Barrieren und der immer noch national begrenzte Kommunikationsraum etablierter Medien weiterhin grenzüberschreitende Aktionen. Die (in vieler Hinsicht problematische) Brent Spar-Kampagne im Jahr 1995 (Jordan 2001) illustriert diese Schwierigkeiten; sie kann gleichwohl als ein Durchbruch und als formales Muster für transnationale Kampagnen gelten.

Als Kampagne bezeichnet Lahusen «eine (a) geplante oder vorbereitete Reihe von Kommunikationsaktivitäten (b) zur Erzielung und Verhinderung eines Wandels von Einstellungen, Verhaltensweisen oder Entscheidungen (c) bestimmter, zu benennender Adressaten» (2002:40, auch 1996). Kampagnen pflegen Armeen und Unternehmen zu führen, neuerdings auch Werbeagenturen, doch eignet sich dieses Format, in friedlicher Variante und nicht auf die Erzielung von Gewinn ausgerichtet, auch für Protestbewegungen. Wo ein Thema gewaltig und der Zeithorizont seiner Bearbeitung oft kaum überschaubar erscheint, kann man etappenweise vorgehen und hat Raum für thematische Flexibilität, personellen Austausch und Erfolgserlebnisse. Zudem verbinden sich hier in idealer Weise dauerhafte Organisationskerne mit Projektarbeit und globale Themen mit lokalen Herangehensweisen; ferner erlaubt die flache Hierarchie der Kampagnenorganisation ausgreifende Vernetzungen und die spontane Bildung von Allianzen, denen kein Zentralkomitee mehr zustimmen muss. Am ehesten gelingt dies bei Ein-Punkt-

Kampagnen, die sich auf eine klar zu beschreibende Problematik mit fest umrissenen, quantifizierbaren Zielsetzungen und ebenso klar begrenzten Zielgruppen beziehen.

Kampagnen haben stets eine Außen- und eine Innenseite. Nach außen sollen sie die breite oder eine spezielle Öffentlichkeit informieren, aufklären und bilden, mit Mitteln, die vom traditionellen Info-Stand in der Fußgängerzone über die eigene Homepage bis zum Videoclip im Fernsehen oder im Werbeblock vor dem Hauptfilm reichen. Nach innen müssen eigene Unterstützer motiviert und auf die Straße gebracht werden. Nach außen wie nach innen richten sich Rekrutierungsappelle an neue Mitglieder und Sympathisanten, oft zielen diese auf bestimmte Altersgruppen, Betroffene und Milieus. Nach außen wiederum will man mit Kampagnen Einfluss nehmen auf Entscheidungsträger und Multiplikatoren. Kampagnen, die informieren, mobilisieren und rekrutieren, sind oft zugleich Instrumente der Geldbeschaffung und des *fund-raising*; wer nicht festes Mitglied in einer Organisation werden will, wie dies heute zur Regel wird, kann immerhin einen Überweisungsträger ausfüllen oder einen entsprechenden Mausklick ausführen. Auch hier ist das Internet ein technisches Medium, aber auch eine virtuelle Gemeinschaft, und gelegentlich wird es selbst Schauplatz der Kampagne und einer digitalen Protestbwegung, wie beispielsweise bei der netzgestützten Sabotage-Aktion «Deportation Class» gegen die Abschiebung nichtregistrierter Flüchtlinge mit Flugzeugen der Lufthansa.

Die Transnationalisierung von Kampagnen wird vor allem durch das herkömmliche Mediensystem geleistet, wenn sich bekannte Unterhaltungsstars und Prominente für eine «gute Sache» einsetzen; auch greifen viele globalisierungskritische Organisationen auf die Reputation von Pop-Stars zurück oder von Alt-Politikern wie Oskar Lafontaine. Prominenz ist nicht nur ein Hilfsmittel der PR-Arbeit transnationaler Bewegungen, sie ist selbst ein Vektor der Elitebildung, insofern eine nach außen erkennbare Mitarbeit möglicherweise kulturelles Kapital verschafft. Im «Promi-Kult» liegt freilich eine Gefahr. Das Mediensystem ist auf Personifikation und Skandalfiguren erpicht, und zwar auf eine Naomi Klein-Ikone ebenso wie auf einen zornigen älteren Herrn oder einen jugendlichen Märtyrer.

Zwei Kampagnen-Beispiele seien kurz erwähnt: Erlassjahr.de und Attac. Beide rücken den Aspekt der globalen Umverteilung in den Vordergrund, den man als originäres (wenn auch in vielen entwicklungspolitischen Initiativen vorgeprägtes) Thema der transnationalen Globalisierungskritik bezeichnen kann.

Im Jahr 2001 entstand Erlassjahr.de, anknüpfend an eine ältere Kampagne gleichen Namens und im Kontext der in mehr als 50 Länder aktiven *Jubilee*-Bewegung. Ihr Thema ist die Überschuldung vieler Entwicklungsländer, die nicht einmal die fälligen Zinsen bei privaten Banken und öffentlichen Geldgebern abtragen können, ohne tief in das ohnehin niedrige Existenzniveau der Bevölkerung hineinzuschneiden. Grundidee dieser Kampagne ist deshalb ein rettender Schuldenerlass, nach dem uralten biblischen Motiv der periodischen Freistellung der Schuldner durch ihre Gläubiger. Die Promotoren haben aber nicht punktuelle Gnadenakte im Sinn, sondern die Entwicklung eines internationalen Insolvenzrechts für Staaten, an dem Weltbank und «Pariser Club» sowie nationale Einrichtungen wie die Kreditanstalt für Wiederaufbau, die Hermes AG und nicht zuletzt die Finanzminister mitwirken sollen. Getragen wird Erlassjahr.de von nicht weniger als 570 (vor allem kirchlichen oder kirchennahen) Organisationen; in Köln eröffnete im Anschluss an eine regionale Aktion gegen die G7-Konferenz im Jahr 1999 ein Koordinierungsbüro, jährliche Vollversammlungen entscheiden über Programmatik und Aktionsziele (Kaiser 2002). Finanzwirtschaftliche Expertise und moralische Argumentation sind hier eng verbunden; das theologische Motiv, das gläubige Christen motiviert, ist in einer rationalen Kritik an den Auswüchsen globaler Ungleichheit säkularisiert worden. Ein solches Projekt ist auch konkret genug, um über ein unverbindliches Räsonieren und Almosengeben hinauszugelangen.

Erlassjahr.de zielt auf eine Repolitisierung des Weltfinanzsystems ab und fordert dazu die Schaffung transnationaler Clearing-Stellen. Darauf hob auch eine andere Kampagne ab, aus der sich Attac entwickelt hat (Association pour la taxation des transactions pour l'aide aux citoyens = Verein zur Besteuerung von Finanztransaktionen zu Gunsten der Bürger). Die Einführung einer Devisen- oder Spekulationssteuer hat nicht weniger komplexe Implikationen als ein globaler Schuldenerlass. Hier geht es aber nicht um die Entlastung der ärmsten Länder, sondern um die Belastung der Top-Akteure der globalen Finanzwirtschaft. PR-Experten hätten 1997 eingewendet, als diese schon bekannte, bisher aber nur akademisch traktierte Idee im Zusammenhang mit der bedrohlichen Krise der asiatischen Finanz-

märkte aufgegriffen wurde, man könne sich wohl kaum ein entlege-
neres Thema suchen, und ihm wenig Erfolg versprochen, doch löste
die Kampagne die Gründung der bisher wohl erfolgreichsten weltweiten Organisation von Globalisierungskritikern aus.

Ausgangspunkt war eine Begleiterscheinung der ökonomischen
Deregulierung und der Entgrenzung der Nationalstaaten, nämlich
der Mangel an Steuereinnahmen und generell der Verlust von Steu-
erhoheit. Insbesondere für Gesellschaften, die ihre Wohlfahrt und
Infrastruktur überwiegend aus fiskalischen Einnahmen finanzieren,
ist diese Entwicklung fatal, und noch negativer wirkt sie sich in der
Dritten Welt aus. Auf der Suche nach neuen Quellen für öffentliche
Ausgaben griff man auf das bereits vor Jahrzehnten vom späteren
Nobelpreisträger James Tobin vorgelegte Konzept einer Devisenumsatzsteuer zurück, die als Tobin Tax bezeichnet worden ist. Deren Grundidee ist denkbar einfach: An- und Verkauf einer Währung
werden mit einer Steuer belegt (Tobin schlug einen Satz von einem
Prozent vor, andere Vorschläge reduzierten ihn auf 0,1 bis 0,5 %);
dadurch werden kurzfristige Spekulationen unrentabel und erhebliche Einnahmen erwirtschaftet. Bei einem Tagesvolumen von Transaktionen auf den Devisenmärkten mit Fristen unter sieben Tagen in
Höhe von 1,2 Billionen US-$ (1998) wären das geschätzte 100 Mrd.
US-$ und mehr pro Jahr bei einem Satz von 0,1 %, und das heißt:
mehr als doppelt so viel wie die gesamte staatliche Entwicklungshilfe derzeit.

Ziel der Maßnahme war bei Tobin die Stabilisierung des Kapital-
marktes, dessen kurzfristige Schwankungen als eine Ursache für die
weltweite Finanz- und Wirtschaftskrise identifiziert werden; im
Nebeneffekt taugen so getätigte Einnahmen jedoch auch als Finan-
zierungsquelle für weltweite Kollektivgüter und Entwicklungsaufgaben, und hier liegt der (von Tobin nicht erwünschte und zurück-
gewiesene) Umverteilungsaspekt (Wahl/Waldow 2001). Man kann
sich leicht ausmalen, dass diese utopisch anmutende Idee eine Flut
von Kritik provoziert hat. Sachlich eingewendet wurde, nicht alle
kurzfristigen Geschäfte seien spekulativer Natur; eine Transak-
tionskette bei Warengeschäften gegen Devisen sei vielmehr ein üb-
licher, überdies spekulationshemmender und wechselkursneutraler
Vorgang (Härtel 2001). Mit der Steuer würden deswegen auch ökonomisch sinnvolle Devisentransaktionen Schaden nehmen und notwendige Liquidität entzogen. Geltend gemacht wurden ferner tech-

nische Probleme bei der Erfassung und Dokumentation von Transaktionen, und es wurde eine aufwändige Super-Bürokratie an die Wand gemalt. Ordnungspolitisch passt kein Konzept, das nicht Steuererleichterungen propagiert, in die heutige Landschaft der Schul- und Populärökonomie; folglich wird die Tobin-Steuer von allen relevanten Entscheidungsträgern in Nordamerika und Asien abgelehnt. Und schließlich stieß die Idee auf den Widerstand unmittelbar interessierter Kreise aus der Finanzwirtschaft, denen erhebliche Gewinne verloren gehen würden. Da die Tobin-Steuer sich nur realisieren ließe, wenn alle finanzwirtschaftlichen Akteure «weltweit und einheitlich» (Tobin) an einem Strang zögen, ist sie bereits «gestorben», wenn sich auch nur ein Staat (und hier insbesondere die USA) verweigert beziehungsweise auch noch eine Umlenkung von Kapital auf diesen Finanzplatz die Folge wäre. Um solche Manöver zu verhindern, hat der Wirtschaftswissenschaftler Spahn (2002) eine Variante entwickelt, die auch einen Alleingang im Euro-Raum erlauben soll.

Die Devisensteuer ist kein *deus ex machina*, und man darf keine übertriebenen Erwartungen in ihre vermutlich begrenzte Wirkung haben und sich auch keine Illusionen machen über Widerstände aus Banken- und Regierungskreisen (Grözinger 2002). Gedacht und wirkungsvoll ist sie als Teil eines ganzen Bündels von Maßnahmen, die auf noch mehr Widerstand stoßen dürften: die Beseitigung von Offshore-Steueroasen, die Stabilisierung der Leitwährungen Dollar, Yen und Euro in einem Währungskorridor, Kapitalverkehrskontrollen und die Aufrüstung der Banken- und Börsenaufsicht.

Die Tobin-Steuer ist damit nur ein kleiner Baustein in der Reform des globalen finanzwirtschaftlichen Ordnungsrahmens, die einen fiskalpolitischen Paradigmenwechsel voraussetzt. Attac hat geschickt und sachlich auf die unfaire Kritik von Seiten Tobins reagiert, aber das Vorhaben ist bisher kaum in die offizielle Politik eingeflossen. Am ehesten könnte dies in Europa der Fall sein, wo die französische Mitte-Links-Regierung die Tobin-Steuer aufgriff, ihre rechtsliberale Nachfolgerin allerdings nichts mehr davon wissen will. Für das deutsche Bundesministerium für wirtschaftliche Zusammenarbeit wurde ein Gutachten erstellt, das in der globalisierungskritischen Szene kursiert und (auch wegen der erkennbaren Sympathie der zuständigen Bundesministerin Wieczorek-Zeul) als stärkste Annäherung eines Mitglieds der rot-grünen Bundesregierung gewertet wird. Demgegenüber haben sich der Bundeskanzler wie der Präsident der Bundesbank ablehnend geäußert (taz 31.8.2001, FTD 27.6.2001), und es ist nicht absehbar, wie in näherer Zukunft eine Devisensteuer in eine fiskalpolitische Landschaft eingepasst werden könnte, die in den USA von einem gigantischen Steuer-erleichterungsprogramm beherrscht wird. Attac und Erlassjahr.de haben von unterschiedlichen Ausgangspunkten aus ein Gegenpro-gramm formuliert, das mit linkskeynesianischen Ansätzen alter-nativ-ökonomischer Gruppen und Berufsvereinigungen konver-giert.[41]

Universale Weltrepublik ...

Attac ist heute bekanntlich keine apokryphe Ein-Punkt-Kampagne mehr, sondern mittlerweile zum Leuchtturm der Globalisierungskri-tik avanciert. Entstanden ist die Gruppe in Frankreich aus der bereits erwähnten Idee des Chefredakteurs von *Le Monde diplomatique*, Ignacio Ramonet, der in einem Artikel vom Dezember 1997 («Ent-waffnet die Märkte!») die Einführung einer Solidaritätssteuer an-regte. Trotz der spröden Materie – ökonomische Zusammenhänge wollten neue soziale Bewegungen früher nicht so genau studieren – stieß dies auf enorme Resonanz: 5000 Leserbriefe gingen ein, über 100 000 Unterschriften wurden gesammelt. 1998 wurde eine Charta zur Kontrolle der Finanzmärkte und ihrer Institutionen verabschie-det, die als Gründungs- und Grundsatzdokument von Attac Inter-national gelten kann. Im Juni des Jahres gründete eine zehnköpfige Gruppe von Akademikern, Intellektuellen und Journalisten einen Verein mit Sitz in Paris und 150 Regionalgruppen im ganzen Land, denen man als Einzelmitglied wie als NRO beitreten konnte. Die französische Gruppe ist mit 30 000 von weltweit 80 000 Mitgliedern in dreißig Ländern auch heute noch die stärkste Sektion von Attac.

Unter diesem Banner versammelten sich überall Zigtausende von Demonstranten und bildete sich das Weltsozialforum, unter dieser Adresse auch suchen Journalisten nach Gesprächspartnern, die hier eine Frage zur Verschuldungsproblematik beantworten und dort als Kontrahenten für ein Streitgespräch mit einem Bankier oder Wirt-schaftsminister zur Verfügung stehen sollen. Trotz dieser medialen Überpräsenz ist Attac eine wirkliche Organisation, die – und hier

fallen die Unterschiede zum libertären Stil der amerikanischen Partner ins Gewicht – fest in der Tradition des französischen Republikanismus steht. Attac ist dafür in den USA nicht vertreten, wo *Global
Exchange*, *Public Citizen*, *Global Trade Watch* und andere eine ähnliche Vernetzungsfunktion übernehmen.

Attac-Frankreich versteht man nur, wenn man Frankreichs Linke
versteht, aus deren Grandeur (und Krise) die Initiative erwachsen
ist, und daran lässt sich noch einmal die Frage aufgreifen, ob Globalisierungskritik per se links ist. Für Frankreich scheint sie sich von
selbst zu bejahen. Nach langer Durststrecke – die Präsidentschaft
von François Mitterand war Mitte der 1980er Jahre in eine Kohabi-
tation gemündet und auf neoliberalen Modernisierungskurs gegangen, die Gewerkschaften und Linksparteien hatten kontinuierlich
an Mitgliedern und Wählern verloren – war es Mitte der 1990er
Jahre zu einem Aufschwung linksorientierter Bewegungen gekommen, der sich in der Gründung neuer, bewegungsförmiger Gewerkschaften ausdrückte; hinzu kamen die Aufmärsche von Arbeitslosen-
initiativen, die spektakulären Aktionen der Wohnungslosen und
Nicht-Registrierten. Nicht zuletzt kehrte mit der Regierung Jospin
auch die «plurale Linke» an die Macht zurück, eine Koalition aus
Sozialisten, Grünen und Kommunisten, und kaum irgendwo in Europa stand die akademische und intellektuelle Linke so entschieden
in Opposition gegen den «Terror der Ökonomie» (Vivienne Forrester, Mitinitiatorin von Attac) und das «Einheitsdenken», das Pierre
Bourdieu (ebenfalls Attac-Mitglied) als «Maoismus des Kapitals»
ironisierte.

In dem traditionsreichen Dreieck zwischen anspruchsvoller Mei-
nungspresse, staatlichen Universitäten und immer noch einfluss-
reichen Gewerkschaftszentralen konnte sich ein sozial-moralisches
Milieu halten, das sich so wiederum nur in den französischen Republiken hatte bilden können: frankozentrisch, aber stets universalistisch ausgreifend. Im Republikanismus überlebte eine Emphase des
«Gemeinwohls» (*le bien public*), die weltweit auf dem Rückzug ist
und lächerlich gemacht wird. Auch in Frankreich haben liberale und
libertäre Kritiker den überzogenen Etatismus und Ethnozentrismus
des «Volks der Linken» moniert, was auf die politische Landschaft
nicht ohne Einfluss blieb und auf Resonanz bei ehemaligen, gewen-
deten und selbstkritischen Linken stieß. Der «Gaullo-Kommunis-
mus» schwächte sich ab, ebenso der bürokratische Zentralismus der

linken Gruppen, wobei viele Energien, die bisher von der Arbeiterbewegung, vom Laizismus und von den Staatsdienern getragen wurden, im Populismus Le Pens wieder auflebten. Geblieben sind aber
der pädagogische Akzent und der Glaube an einen starken, von Sonderinteressen unabhängigen öffentlichen Sektor, der an den Früh-
sozialismus, beispielsweise der Saint-Simonisten, im 19. Jahrhundert
erinnert. Ebenso erkennbar sind das genossenschaftliche Element,
das an die ländliche Tradition Frankreichs anschließt, und die Begeisterung für öffentliche Auftritte, Aufmärsche und Volksfeste. Im
Verhältnis zur amerikanischen und deutschen Globalisierungskritik
ist die von Attac-Frankreich repräsentierte Strömung rationalisti-
scher; Attac charakterisiert sich selbst als eine «aktionsorientierte
Bildungsbewegung», und diese ist überproportional bevölkert von
Akademikern und Autodidakten, die an der politischen Ökonomie
eines immer noch merkantilistischen Wirtschaftssystems geschult
sind und zugleich an Fakten orientiert zu argumentieren verstehen –
und das wiederum deduktiver und stärker dozierend als die detail-
verliebten und forensisch begabten Bewegungsadvokaten in den
USA und weniger (oder anders) moralisierend als ihre deutschen
Kollegen.

In Frankreich hat man es mit einer volkstümlichen und im Kern
sehr staatsfreundlichen Elite zu tun; die rebellische Graswurzelig-
keit der US-Bewegung findet ihre Entsprechung am ehesten im an-
tiautoritären Aktionismus der Bauerngewerkschaft oder Hausbe-
setzergruppen. Attac ist fest im Milieu des linken und nationalen
Denkens verwurzelt; viele Mitglieder gehören dem *Parti Socialiste*
und dem *Parti Communiste* an – oder sie würden es, wenn es Attac
nicht gäbe, das heute auch als Parteiersatz fungiert. Die Linke hat
sich dezentralisiert, sie ist ironischer und beweglicher geworden; zu-
sammengehalten wird sie durch eine erkennbar in anti-atlantischer
und tiersmondistischer Tradition stehende Publikation wie «Monde
Diplo» (Auflage 40000 Exemplare). Auch Attac verteilt sich auf
zahlreiche regionale Gruppen, die sich relativ unabhängig von der
Pariser Zentrale betätigen. Diese wurde lange Zeit vom Gründungs-
vater Bernard Cassen geleitet, der Ende 2002 einem der kommunisti-
schen Partei entstammenden Nachfolger Platz gemacht hat.

Auf eine Einverleibung durch die alte Linke, die in den Parlamentswahlen eine verheerende Niederlage hinnehmen musste, läuft
das nicht hinaus, aber es könnte sich der Druck der trotzkistischen

Sekten verstärken, die sich stets als linke Antikommunisten und Rivalen der «pluralen Linken» betätigt haben und Attac wegen angeblichen Sozialreformismus' von linksaußen attackieren. In Frankreich (aber auch in anderen Ländern) gab es einige Versuche, lokale Gruppen zu übernehmen, ihre Veranstaltungen zu majorisieren oder durch langatmige Reden in revolutionäre teach-ins umzufunktionieren, auch wurde versucht, Attac-Mitglieder für eine (wieder mal im Aufbau befindliche) revolutionäre Arbeiterpartei anzuwerben.

Attac-Frankreich bringt erhebliche intellektuelle und organisatorische Ressourcen in das globale Protest- und Aktionsnetzwerk ein. Die Spannung zwischen universalistischer Mission, die an die kontinentaleuropäischen Revolutionen anknüpft und eine zweite Aufklärung postuliert, und einem nationalistischen Souveränitätsdenken ist nicht aufgehoben. Beide Linien konvergieren aber in der Forderung, die ungesteuerten Prozesse der Weltwirtschaft durch politische, hier vor allem staatliche Intervention zu domestizieren und eine Idee globaler Kollektivgüter an die Stelle reinen Gewinnstrebens zu setzen. Aus der französischen, im weiteren Sinne romanischen politischen Kultur, die hier mit anderen Ausprägungen des kontinentaleuropäischen Wohlfahrtsstaats übereinstimmt (Meyer 2001), ergibt sich die klarste Konfrontation mit der amerikanischen Herausforderung, aber auch ein Kontrast zur globalisierungskritischen Bewegung in Nordamerika. Pluralismus und lockere Vernetzung haben die transnationalen Bewegungen bisher vor einem Binnenkonflikt und Spaltungstendenzen bewahrt, aber eine Renationalisierung ist auch hier nicht ganz ausgeschlossen.

… oder globaler Kirchentag?

Die deutsche Sektion von Attac wurde im Januar 2000 gegründet; nach eher verhaltenem Beginn strömten die Mitglieder, zeitweise gab es 150 Beitrittserklärungen pro Woche. In Deutschland hat Attac mehr Einzelmitglieder, darunter den Sozialrichter Jürgen Borchert, der unter anderem den hessischen Ministerpräsidenten Roland Koch sozialpolitisch berät (Zeit 10.1.2002), und den früheren SPD-Vorsitzenden und «Superminister» Oskar Lafontaine, aber auch zahlreiche ressourcenstarke institutionelle Mitglieder wie die Gewerkschaft *ver.di*, den *Bund für Umwelt und Natur Deutschland* (BUND) und *Pax Christi*, die zu den größten Organisationen ihres Typs in Europa und der Welt zählen. Mitte 2002 bezifferte Attac-Deutschland (Attac-D) den Stand auf 5000 Mitglieder, im Oktober wurde bereits das 10000. Mitglied aufgenommen. Sie arbeiten in 80 lokalen Gruppen mit einem deutlichen Ost-West-Gefälle; in den neuen Bundesländern hat sich Attac bisher kaum verankern können, am dichtesten geknüpft ist das Netz zwischen Hamburg und Konstanz, mit deutlich erkennbaren Knotenpunkten an Rhein und Ruhr und im Rhein-Main-Gebiet sowie in einigen Universitätsstädten.

Attac ist mittlerweile ein Liebling der Medien geworden. Einem größeren Publikum bekannt wurde der Verein mit dem ungewöhnlichen Namen bei seinem Berliner Kongreß im Oktober 2001, der unter dem (vom Weltsozialforum übernommenen) Motto stand: «Eine andere Welt ist möglich». Wenige hundert Teilnehmer wurden ursprünglich erwartet, am Ende sollen mehr als 4000 Menschen in die Hörsäle der Technischen Universität geströmt sein. Das geschah wenige Tage nach den Anschlägen von New York und Washington, von denen sich Attac unzweideutig distanzierte[42], während die PDS den Slogan plakatierte «So was kommt von so was», womit wohl insinuiert wurde, Amerika sei an seinem schlimmen Schicksal selbst schuld. Doch eine geläufige These der Globalisierungskritik war herausgefordert: Dass die Wurzel des Terrors in den sozialen und ökonomischen Verhältnissen der Dritten Welt liege, was im Fall der Al-Qaida, der Taliban und erst recht im Blick auf Saudi-Arabien gewiß nicht zu halten ist.

Auch skeptische Beobachter bescheinigten der zweitägigen Versammlung, die sich in überfüllte Arbeitsgruppen und aus allen Nähten platzende Plenarveranstaltungen teilte, hohes Argumentationsniveau und ein ungewöhnliches Maß an Toleranz gegenüber Abweichlern und Andersdenkenden. Damals wurden Attac-Mitglieder noch spöttisch bis herablassend kommentiert, als naive Weltverbesserer und «trübe Romantiker» (FAZ 21.7.2001). Andere sorgten sich über eine Renaissance des Linksradikalismus, wie das Bundesamt für Verfassungsschutz und die Konrad-Adenauer-Stiftung, die Attac vornehmlich unter dem Gesichtspunkt der Unterwanderung durch kommunistische und trotzkistische Kader betrachten und eine Renaissance gewaltbereiter Autonomer wittern, statt zur Kenntnis zu nehmen, dass der stets geforderte politische Aufbruch der jüngeren Generation hier offenbar stattfindet.[43] Die Ablehnung der parteinahen Stiftung ist erklärlich: Attac ist unter jüngeren Alterskohorten eindeutig eine Konkurrenz zu den bei Jugendlichen schlechter denn je angesehenen Parteien. Es ist zwar unverkennbar (und im Übrigen unbestritten), dass ehemalige und aktuelle Mitglieder und Kader linker Parteien und Gruppen, darunter aus dem Spektrum der DKP und der PDS, in Führungspositionen tätig sind, aber man würde den Charakter von Attac und das politische Engagement der 10 000 Mitglieder völlig mißverstehen, wenn man es einzig durch die Brille des «Extremismus» betrachtete. Den erklärten Versuch der trotzkistischen Organisation *Linksruck*, Attac in bekannt «entristischer» Manier zu unterwandern, hat der Koordinierungskreis entschieden zurückgewiesen.

Dieses 19-köpfige Gremium, das aus einem zweimal jährlich tagenden «Ratschlag» hervorgeht, führt die Geschäfte. Eine vereinsrechtlich lockere Struktur soll die Zwitterstellung zwischen Bewegung, Netzwerk und Organisation spiegeln und bewahren. Man hält (einstweilen) am Konsens-Prinzip fest und verzichtet explizit auf fixe Weltanschauung und festes Programm. Ein wissenschaftlicher Beirat soll die inhaltliche Arbeit leisten, Mailinglisten und Materialien (u. a. eine taz-Beilage) die inhaltliche und organisatorische Koordination. Die soziale Zusammensetzung von Attac ist bisher nicht genauer untersucht worden. Das Netzwerk ist – vor allem im Vergleich zu Parteien und Verbänden – jung, aber nicht die häufig apostrophierte Jugendbewegung; man findet dort auch Bewegungsveteranen aus früheren Mobilisierungswellen, die den rot-grünen Weg in die kommunalen und Regierungsapparate gemieden und sich nicht ins Privatleben zurückgezogen haben.

Eine erste, noch unsystematische Milieuskizze offenbart Ähnlichkeiten und Übereinstimmungen mit Universitätsseminaren und Kirchentagen, vor allem mit deren alternativen Teilen; auffällig ist die relativ große Zahl kirchlich gebundener Mitglieder. Es gibt einen (allerdings nicht allzu hohen) Überhang männlicher Mitglieder und, wie nicht anders zu erwarten, überdurchschnittlich viele Aktive mit Abitur und (abgeschlossenem) Studium. Doch reicht die Anziehungskraft von Attac über diese «üblichen Verdächtigen» hinaus, was nicht zuletzt am besonderen Appeal der «Marke» liegen dürfte. Als solche werden die «Attacis» (laut Selbstetikettierung) zunehmend positiv gewertet. Das «Polit-Branding» (taz 2.11.2001) weckt Assoziationen mit Widerstand, Energie und Lebendigkeit. Attac verheißt Befreiung aus der Visionsarmut der 1990er Jahre und versucht, aus der mentalen und intellektuellen Defensive herauszukommen. Das ist für viele Altersgruppen verlockend: Attac versammelt Verlierer der Globalisierung in einem weiteren Sinne, aber dazu gehören mittlerweile eben auch der eben noch ahnungslos aufstrebende Mitarbeiter von Pixelpark und die mit 40 Jahren in Konkurs gegangene Unternehmensgründerin, die für ihre Karriere auf Familie verzichtet hat. Attac-Milieu und Protest-Szene mögen ihnen fremd bleiben, aber dem Netzwerk gehört ihre Sympathie. Denn der Kasino-Kapitalismus hat Lebenspläne geboren, die mangels Kapital unerfüllt bleiben werden, und Lebensläufe hinterlassen, die mit der Krise vorzeitig abgebrochen werden mussten. Attac ist insofern Antipodin der «Generation Golf», die sich solchen Formen des Engagements und Milieus gegenüber ironisch-blasiert gibt (Beispiel: FAS 26.2.2002), aber auch eine Ehrenrettung für eine Alterskohorte, die mit so viel Elan eine ökonomische Revolution gestartet hat und damit schon so bald «vor die Wand gefahren» ist.

Im Kern trifft die Selbstanzeige als «Bildungsbewegung mit Aktionscharakter und Expertise» zu. Attac-D ist in der Tat eine Art wandernde Volkshochschule, die über «Vorträge, Publikationen, Podiumsdiskussionen und intensive Pressearbeit … die komplexen Zusammenhänge der Globalisierungsthematik einer breiten Öffentlichkeit vermittelt und Alternativen zum neoliberalen Dogma aufgezeigt» (taz-Beilage 25.4.2002). Attac geht auf diese Weise «ins Volk», fast in der Art postmoderner Narodniki, wenn man eine entsprechende Bildungsinitiative aus dem vorrevolutionären Russland als historisches Vorbild heranziehen darf. Das verleiht Attac den Zug einer Versammlung strebsamer, von manchen streberhaft empfundener Autodidakten. Einige Gründer haben sich gerade konsequent zum Abfassen von Dissertationen zurückgezogen, der Wissenschaftliche Beirat (erstmals zusammengetreten im Frühjahr 2002) signalisiert, dass man zu dem beizutragen gedenkt, was Politiker bisweilen als «professorales Geschwätz» abtun. Nur zielt der Sachverstand keineswegs allein auf das mühsame Geschäft der Politikberatung ab, in dem man es – die kleine Retourkutsche sei erlaubt – neben der Geschwätzigkeit auch mit der Taubheit von Politikern zu tun bekommt, sondern vor allem auf die Selbstqualifikation der Bewegung.

Der Erfolg der Marke, animiert durch Bilder und Berichte aus Genua, löste im Herbst 2001 eine regelrechte «Wachtumskrise» (Sven Giegold) aus; der Ansturm von Aufnahmebegehren und das hektische Interesse der Journalisten überforderten die improvisierte Geschäftsstelle in der Artilleriestraße zu Verden und setzten die (ohnehin fragilen) Vereinsstrukturen einer Zerreißprobe aus. Der überfällige Neustart stand im Mai 2002 mit einer Bundesversammlung in Frankfurt am Main an (für Bewegungshistoriker: an historischem Ort im Hörsaal 6). Nach einer Satzungsdebatte über ein Strukturpapier wurde der Umzug der Attac-Zentrale in die Bankenmetropole zum Dezember 2002 beschlossen und Attac-D ein professionelles Management zugedacht, in Zukunft wohl auch eine feste Mitgliederstruktur und das Delegiertenprinzip. Die Gratwanderung zwischen organisatorischer Stärkung und offener Vernetzung soll aber weitergehen. Attac hält am Konsens-Prinzip fest und zieht Abstimmungen vor, bei denen letztlich niemand überstimmt werden soll.

Wie Attac als Keim und exemplarischer Ausdruck der europäischen Sozialbewegung in die «politische Gelegenheitstruktur» repräsentativer Demokratien hinein passt, soll im nächsten Kapitel analysiert werden. Zuvor möchte ich noch einmal auf die Diversität der politischen Kulturen und Bewegungtraditionen eingehen, die sich auch in den Antworten auf die oft gestellte Frage zeigt, was die transnationale Protestbewegung konkret und «positiv» zu einer neuen Welt(wirtschafts-)ordnung beizutragen hat. Dabei herrscht eine gouvernementale Orientierung auf das transnationale Institutionensystem (*global governance*) vor, das man als keynesianische Umverteilungspolitik im Weltmaßstab charakterisieren kann und das auf ein Konzept globaler Kollektivgüter abzielt (Kaul u.a. 1999). Dieses steht in der Tradition des europäischen Wohlfahrtsstaates; demgegenüber zielen die in den Vereinigten Staaten formulierten Reformansätze eher auf die Ermächtigung der Bürger zu autonomer Handlungsfähigkeit. Solche Vorstellungen herrschen auch in den meisten Ländern der Dritten Welt vor, wo die Erfahrungen sozialrevolutionärer Bewegungen historisch näher liegen und das Vertrauen in die Steuerungsfähigkeit des Staates zwangsläufig gering ist. Die Schwierigkeit, aber auch die große Chance einer transnationalen sozialen Bewegung besteht darin, diese Ansätze zu kombinieren und ihre Diversität zu bewahren.

Auf dem Weg zur transnationalen Bewegungsgesellschaft?

Die bekanntesten transnationalen Protestgruppen sind im Norden der Weltgesellschaft angesiedelt, der Süden wirkt auch hier zunächst randständig. Das liegt daran, dass in postmaterialistischen (vulgo: reichen) Gesellschaften erheblich größere Chancen für Aufkommen und Überleben sozialer Bewegungen bestehen, drückt aber auch eine mediale Verzerrung aus. Ein abschließender Blick auf das *Forum Social Mundial* (World Social Forum, WSF) zeigt, dass sich der globale Treffpunkt zivilgesellschaftlicher Gruppen (Parteien und Militärorganisationen sind ausdrücklich ausgeschlossen) mittlerweile im Süden konstituiert hat – auch hier unter dem vage und traditionell klingenden Leitspruch: «gegen den Neoliberalismus und die Beherrschung der Welt durch das Kapital und jedwede Form von Imperialismus». Das WSF ist der derzeit größte Umschlagplatz für den Austausch von Ideen und zur Koordination von Aktionen zwischen Nord und Süd. Es hat einen geschäftsführenden «Internationalen Rat», verfügt über ein Koordinierungsbüro und ist in mehrere regionale (gleich kontinentale) Sozialforen aufgeteilt.

Wichtigste zentrale Veranstaltung ist das jährliche Treffen im südbrasilianischen Porto Alegre, jeweils im (sommerlichen warmen) Januar. Es wird organisiert vom Internationalen Rat, in dem acht brasilianische Organisationen und mehrere Dutzend ausländischer Gewerkschafts-, Umweltschutz-, Frauen- und Entwicklungsorganisationen aus Nordamerika, Europa, Afrika und Asien vertreten sind. Diese Führungsgruppe spiegelt die Entstehung des WSF aus der informellen Kooperation zwischen brasilianischen und französischen Globalisierungskritikern, die nach der erfolgreichen Verhinderung des MAI-Abkommens und den Demonstrationen in Seattle, Prag und Davos einen «konstruktiven» Impuls geben wollten. Dabei gab es einen in der Namenswahl sichtbaren Bezug zum WEF, aber man wollte eine eigene Plattform für die Kritik an der Politik transnationale Regime und nationaler Regierungen schaffen. Nach Gesprächen mit Attac-F in Paris fiel die Wahl auf ein Land der Dritten Welt und hier konkret auf Brasilien, das finanziell und logistisch am ehesten in der Lage schien, große Teilnehmerzahlen aus aller Welt verkraften zu können. Porto Alegre bot sich wie von selbst als Versammlungsort an, da Stadt und Region von einer gut organisierten Linken regiert werden und über die Landesgrenzen hinaus bekannte Experimente mit partizipativer Demokratie durchführen, darunter die effektive Mitentscheidung der Bevölkerung beim Haushalt der Millionenstadt und des Bundeslandes Rio Grande do Sul (Herzberg/Kasche 2002, Brinkmann 2002).

Im Februar 2000 trafen sich in São Paulo Vertreter folgender brasilianischer Gruppen: ABONG, ein Dachverband der brasilianischen NRO, die brasilianische Sektion von Attac, CBJP (Komitee für Gerechtigkeit und Frieden) und CJG (Global Justice Centre), Mitarbeiter des sozioökonomischen Forschungsinstituts IBASE und von CIVES, einer Unternehmerorganisation, ferner Funktionäre des Gewerkschaftsbunds CUT und Delegierte der Bewegung der Landlosen MST. Sie bilden noch heute das Rückgrat des Forums und haben Großveranstaltungen mit Zigtausenden von Teilnehmern auf die Beine gestellt. Das wäre kaum möglich gewesen ohne die Unterstützung der Stadt- und Regionalregierungen, die von der PT (Arbeiterpartei) geführt werden, jener Partei, aus der im dritten Anlauf auch der amtierende brasilianische Staatspräsident Luiz Inacio Lula de Silva hervorgegangen ist. Erheblichen Anteil an der Begründung des WSF behielt stets die französische Attac-Sektion mit Bernard Cassen an der Spitze, der als graue Eminenz unübersehbar blieb.

Die jeweils vier Tage dauernde Veranstaltung im Januar hat große Vormittagsforen mit bekannten Panel-Teilnehmern («große Namen im Kampf gegen das Einheitsdenken») vor großem Auditorium, daneben eine kaum noch überschaubare Zahl von Workshops, die zur Selbstdarstellung der zahlreichen Initiativen dienen, die nach Porto Alegre gereist sind. Ursprünglich war an exklusive Veranstaltungen für eingeladene Gruppen gedacht, doch hat sich das Forum mittlerweile als «großer Markt der Möglichkeiten» etabliert. Beim ersten Treffen kamen knapp 10000 Teilnehmer nach Porto Alegre, im Januar 2002 rund 50000, weit mehr, als von den Initiatoren erhofft und erwartet wurden, im Januar 2003 kamen mehr als 100000 Menschen. Damit scheint aber auch eine Grenze erreicht zu sein – nicht nur quantitativ. «Porto Alegre» hat sich etabliert und «Davos» den Rang abgelaufen, ist der WEF-Tagung aber auch ähnlicher geworden.[44]

Das breite thematische Spektrum des WSF 2003 demonstriert noch einmal die wesentlichen Zielsetzungen des transnationalen Protest-Netzwerks:

– demokratische nachhaltige Entwicklung (mit den Themen subsidiäre Entwicklung, WTO-Kritik, Schuldenerlass, Beschäftigung und Reregulierung der Arbeitsmärkte, Genossenschaften, Stadtentwicklung);

– Diversität und Gleichheit (Gleichstellung der Geschlechter, Bekämpfung von Intoleranz, Verwirklichung der Menschenrechte, Transmigration und Flüchtlinge, Zugang zu Wasser, Lebensmitteln und Grundbesitz, Zugang zu Bildung, Gesundheit und sozialer Sicherheit);

– Medien, Kultur und Gegen-Öffentlichkeit (Informationsfreiheit, Demokratisierung der Medien, Überwindung des digitalen Grabens, Identitätspolitik, symbolische Politik, Sprachenvielfalt);

– politische Macht, Zivilgesellschaft und Demokratie (Geschlechterdemokratie, Demokratisierung des Staates, alte und neue soziale Bewegungen, ziviler Ungehorsam, Bürgerkontrolle von unten);

– Förderung des Friedens und Bekämpfung des Militarismus (Kritik imperialer und unilateraler Politik, Widerstand gegen Militarisierung, Institutionen von *global economic governance*, Rolle von Regierungen und Vereinten Nationen, demokratische Konfliktlösung, Integration und Multilateralismus).

Die Panels waren durchgängig international und multilingual besetzt, die Referenten repräsentieren Organisationen, deren Auflistung ein *Who is Who* der transnationalen Protestbewegung ergibt und etwa vier Seiten dieses Buches füllen würde. Hier kann die Spannbreite nur exemplarisch herausgestrichen werden:

Es traten auf: *Food First* und *Kerala Shastra Sahitya* aus Indien, *Public Citizen* und *Just Act* aus den USA, die *Caritas* aus Deutschland, die Gewerkschaftsverbände *AFL-CIO, CUT, ver.di und CGIL*, die globalen Netzwerke *Oxfam, Jubilee, Friends of the Earth, World Network for Reproductive Rights*, ferner die *Free Software Foundation*, das *Network Institute for Global Democratization* sowie *Greenpeace* und *amnesty international*, ferner eine wachsende Zahl von Süd-Süd-Netzwerken, feministische Gruppen wie die *Women Living under Muslim Laws* und *Women of Colours Re-*

source, Berufsverbände, Forschungsinstitute sowie Spezialorganisationen wie die *National Working Group on Patent Laws* aus Indien. Auch hier schlägt das Selbstverständnis von Attac durch, nämlich Volksbildungsanstalt, Pressure Group und Protestbewegung in einem zu sein.

Porto Alegre und das WSF werden als permanenter Prozess definiert, der weder auf bestimmte Ereignisse noch auf diesen Ort beschränkt bleiben soll. 2004 soll das Forum in Indien tagen, allerdings wollten viele wegen der bewährten Infrastruktur in Porto Alegre bleiben. Mittlerweile wurden eine Reihe von regionalen und thematischen Foren eingerichtet, die autonom agieren und über die ganze Welt verteilt sind. Sozialforen haben unterdessen in Asien, Lateinamerika und Europa stattgefunden, darunter im November 2002 in Florenz und im Januar 2003 in Hyderabad/Indien. Zahlenmäßig überwiegen beim jährlichen WSF-Meeting Delegierte aus Brasilien, Argentinien und anderen lateinamerikanischen Ländern, organisatorisch und konzeptionell bilden aber auch Vertreter aus dem romanischen Europa und aus Südostasien ein Schwergewicht, während amerikanische und deutsche Repräsentanten eine ungewohnt bescheidene Rolle spielen. Dabei existieren aber keine ausgeprägten Hierarchien, bestehende Spannungen und Rivalitäten sind bisher nicht nach außen gedrungen. Die polyphone, aber nicht «quotierte» Zusammensetzung der Panels und der Leitungsgremien spiegelt den Versuch, tatsächlich als gleichberechtigte transnationale Bewegung aufzutreten, in der aktionistisch und lobbyistisch tätige NRO kooperieren.

Das Weltsozialforum illustriert den «Spagat», in dem soziale Bewegungen heute stehen, und es bestätigt die Erkenntnisse, die ein «Delphi-Panel» über die Zukunft der sozialen Bewegungen (Haase 2000) jüngst zusammentrug: Sie müssen nationale Grenzen überwinden, also selbst globaler werden, ohne dabei ihre lokale Verankerung zu verlieren. Sie müssen thematisch und von ihrer Mitgliederstruktur her differenzierter und heterogener werden, bleiben zugleich aber darauf angewiesen, Botschaften moralisch pointiert und mediengerecht, damit auch polarisierend präsentieren zu können. Sie müssen sich professionalisieren und Mitgliedern, Sympathisanten wie der Allgemeinheit Dienstleistungen anbieten, zugleich aber sind sie zunehmend auf das freiwillige Engagement und die Spendenbereitschaft Einzelner angewiesen. Sie wirken außerparlamentarisch, müssen sich aber zugleich der etablierten Politik stärker zuwenden.

Mit anderen Worten: Soziale Bewegungen können sich von den «Großtendenzen» postindustrieller Gesellschaften nicht frei machen, die mit den Begriffen Individualisierung, Mediendemokratie und Multikultur bezeichnet werden. Gleichwohl haben Sozialforscher solche Gesellschaften als «Bewegungsgesellschaften» charakterisiert, in denen thematisch ausdifferenzierte Bewegungen dauerhaft politischen Einfluss nehmen und alltäglich geworden sind; von ihrer Existenz hängt damit auch der Erfolg konventioneller Einfluss- und Interessenpolitik über Parteien und Verbände in Parlamenten und Verhandlungsgremien ab. In diese «Bewegungs-Landschaft» hat sich nun eine Protestbewegung eingefügt, die mit ihrem thematischen Ansatz (aktive Kritik der Globalisierung) wie in ihrer globalen Vernetzung transnational ist. Dabei wird der Süden der Welt stärker als bisher berücksichtigt und repräsentiert, auch sind Süd-Süd-Netzwerke besser beteiligt.

Die vier vorgestellten politisch-kulturellen Spielarten (Frankreich, USA, Deutschland, Brasilien) der «Transnationale» nehmen bekannte Themenstellungen der Neuen Sozialen Bewegungen auf, projizieren sie aber in einen globalen Kommunikations- und Aktionsraum und refigurieren sie dort. Soziale Fragen werden dabei wieder stärker thematisiert, was auch die intensivere Beteiligung von Migranten-, Bauern- und Landlosen-Organisationen anzeigt und die Aufnahme von kulturellen und sozialen Menschenrechten in die Diskurse und Forderungskataloge unterstreicht. Als Matrix kommt nur ein Netzwerk in Frage; jede programmatische Verengung oder organisatorische Fixierung im Stil der klassischen Internationalen (von der Marxschen Arbeiterassoziation bis zum Trotzkismus) oder einer anderen *corporate identity* würde das Netzwerk zerreißen. Politischer Pluralismus und kulturelle Autonomie sind im Blick auf die Sachbereiche wie auf die regionalen und lokalen Organisationskerne eine erklärte Stärke der Bewegung; eine Abgrenzung ist notwendig und möglich nur gegen gewalttätige Aktionen und rechtsradikale Mitstreiter, ansonsten lebt die Protestbewegung von der Vielfalt ihrer Auffassungen und Arbeitsweisen. Allerdings kleiden sich auch parochiale und ethnozentrische Reaktionen auf Probleme der Globalisierung häufig in Bewegungsform, darunter fremdenfeindlicher Protest, esoterische Zirkel und religiöse Bewegungen mit charismatischen Führern und fundamentalistischer Ideologie. Dies ist die unvermeidbare «andere Seite» der Bürgergesellschaft, die ebenso transnational ausgreift wie die Märkte.

Herkömmliche soziale Bewegungen waren stets mit dem Nationalstaat klassischer Prägung verbunden, und dies gilt im Großen und Ganzen auch noch für ihre transnationalen Ausprägungen. Die Massen, die im November 2002 zum Europäischen Sozialforum nach Florenz strömten, waren hauptsächlich Italiener und durch die italienischen Verhältnisse mobilisiert, das heißt: «Florenz» war unter anderem auch eine Fortsetzung der Generalstreiks und der Mobilisierung der Linksparteien und Linksgewerkschaften gegen die Regierung Berlusconi. Auch andernorts herrschen nationale Adressaten und Deutungsmuster vor, der Gegensatz zwischen Territorialisten und Globalisten ist in der globalisierungskritischen Bewegung keineswegs überwunden.

Gleichwohl haben globale Systeme, Risiken und Medien nun auch globale «Gelegenheitsstrukturen» hervorgebracht, womit sich Problemverursachung und Problembehebung auch hier wieder in einem «Mehrebenensystem» überlappen. Transnationale Aktionen, Organisationen und Kampagnen werden, wie es die Bewegungsforschung seit einiger Zeit prognostiziert, sich mehren und zur Regel werden, weit über bisher übliche Kampagnen etwa in Grenzgebieten und «Dreiländerecks» hinaus. Bezugspunkte sind das UN-System und die UN-Konferenzen, die globale Reichweite der Themen und nicht zuletzt die globale Medienaufmerksamkeit tragen dazu bei. Somit stellt das Transnationale in den sozialen Bewegungen eine neue Qualität dar; es entwickeln sich Synergieeffekte, und Netzwerke vom Typ Attac fungieren als Vermittler und «Durchlauferhitzer» zwischen nationalen NSB und der durch die transnationalen Regime geschaffenen globalen Bewegungsszene.

Diesen Erfolgen stehen eine Reihe offener Probleme gegenüber, die ich in den nächsten Kapiteln ausführlicher behandeln möchte. Der britische Premier Tony Blair hat angesichts der gewalttätigen Proteste in Genua auf eines dieser Probleme, ein mögliches Demokratiedefizit hingewiesen: «So these people can come and they can riot and protest on the street and throw petrol bombs at the police and then we, the democratic leaders, should conclude from that we should never meet again. I think the world has gone mad.» (Economist 4.8.2001) Dem haben die Globalisierungskritiker schon auf

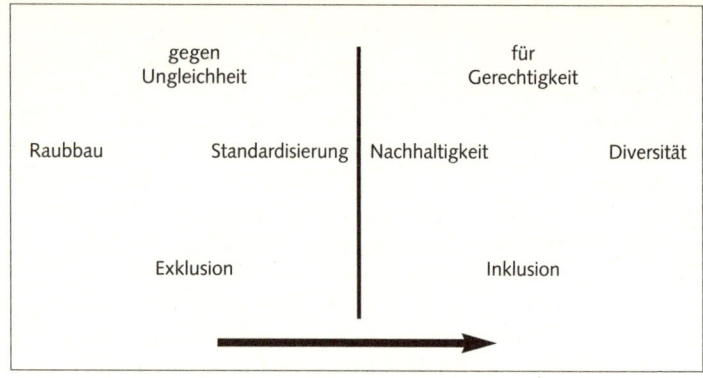

gegen		für
Ungleichheit		Gerechtigkeit
Raubbau	Standardisierung	Nachhaltigkeit	Diversität
	Exklusion	Inklusion	

Schaubild 3: Von der Globalisierungskritik zur Politik der Nachhaltigkeit

dem WTO-Treffen in Seattle den selbstbewussten Slogan «That's democracy» entgegengehalten. Demokratisierende Wirkung haben sie zunächst allein dadurch, dass sie das Demokratiedefizit der transnationalen Regime sichtbar gemacht haben. Damit legen sie offen, dass kollektiv verbindliche Entscheidungen in weiten Bereichen ohne demokratische Einflussnahme und Kontrolle getroffen und exekutiert werden. Damit haben sie politisches Interesse wiedererweckt, auch in Kreisen, die als «Verlierer» der Globalisierung oder «Ausgeschlossene» eher zur «Exit»-Option geneigt hatten; damit übernehmen sie des weiteren die Thematisierungsfunktion, die Parlamente und Parteien nur noch selektiv wahrnehmen, und lenken sie zugleich auf die globale Ebene. Als Achillesferse gilt jedoch, dass Globalisierungskritiker, die zwangsläufig nicht durch allgemeine Wahlen bestätigt werden, auch auf andere Weise nicht rechenschaftspflichtig sind (obwohl sie zunehmend in Entscheidungsprozesse einbezogen werden) und dass sie im Übrigen in ihren eigenen Reihen wenig innerorganisatorische Demokratie zulassen. Übergangs- oder ersatzweise nehmen sie andere Arten von Zustimmung in Anspruch: öffentliche Resonanz, den reichlichen Fluß von Spenden, die mediale Aufmerksamkeit breiten moralischen Zuspruch.

5. Die Transnationale:
Vorreiter globaler Demokratie?

Das Demokratisierungsparadox

Viele Nicht-Regierungs-Organisationen, die weltöffentlich und welt-bürgerlich tätig sind, profilieren sich Regierungsvertretern gegenüber als die wahrhaft demokratischen Akteure. Indem sie globale Probleme auf die Tagesordnung gesetzt und ein kritisch-oppositionelles Forum für Belange geschaffen haben, die von den etablierten Wirtschafts- und Politikeliten vernachlässigt oder ignoriert wurden, kann man ihnen diese demokratisierende Rolle mit Fug und Recht bescheinigen. Sie thematisieren Fragen, die eine gewaltige Zahl von Menschen weltweit betreffen, die vom Establishment der politischen Systeme aber kaum erörtert werden und auch in den Massenmedien ohne sie wenig Aufmerksamkeit gefunden hätten.

Die Rolle sozialer Bewegungen bestand immer darin, Defizite der öffentlichen Debatte aufzuspüren und die Abschottung mit sich selbst beschäftigter politischer Eliten aufzubrechen. Mit «Arsch huh, Zäng usenander!» hat eine kölsche Initiative gegen Fremdenfeindlichkeit diese Doppelfunktion von Thematisierung und Mobilisierung ebenso exemplarisch wie drastisch auf den Punkt gebracht: Wenn ihr euch nicht bewegt, tun wir es, und ihr bewegt euch nur, weil wir es tun. Allgemeiner gesagt: Soziale Bewegungen bringen neue Politikziele (Beispiel: Nachhaltigkeit), neue Institutionen (Beispiel: Agenda 21) und neue Prozeduren (Runde Tische) auf, und eben damit fügen sie sich – neben den politischen Parteien, den Interessenverbänden und den Massenmedien – ein in das Gefüge intermediärer Institutionen zwischen der Privatsphäre und der Verwaltung, oftmals als Außenseiter in Ausnahmesituationen und als Ideenlieferant für die Öffentlichkeit, als Frühwarnsystem im politischen System und als Antriebsmotor sozialen Wandels.

Solche (im wahrsten Sinne des Wortes) Bürger-Initiativen müssen sich um Repräsentativität ihrer «Menschheitsanliegen» nicht kümmern; andernfalls hätten Stellungnahmen radikaler Minderheiten von vornherein keine Berechtigung. Als ein paar Hundert Aufständische die Bastille erstürmten, haben sie nicht erst demoskopisch ermittelt, ob die Mehrheit der Pariser das für gut befinden werde; genausowenig haben sich Demonstranten in Seattle und Genua überlegt, ob ihre prätentiösen Slogans («This is democracy!», «Voi G8, noi 6 000 000 000!») durch Umfrageergebnisse gedeckt waren. Das Kapital sozialer Bewegungen sind «weder Wählerstimmen noch beitragszahlende Mitglieder und Expertise, sondern die Hingabe (‹commitment›) ihrer Anhänger» (Rucht 2000:55).

Soziale Bewegungen haben immer schon universalistisch und weltumspannend gedacht – das Verhältnis von Kapital und Arbeit war ebensowenig auf ein Land begrenzt wie die Unterdrückung der Frauen oder die Umweltverschmutzung. Heute agieren sie aber auch stärker inter- und transnational, und exemplarisch haben die «Globalisierungsgegner» aus anfänglich kleinsten Zirkeln heraus eine weltweite Öffentlichkeit für Probleme und Fragen geschaffen, die im Mainstream der repräsentativ-demokratischen Institutionen für zweitrangig gehalten wurden, denen sich die etablierten Akteure nun aber verstärkt zuwenden müssen. Schon zu Beginn der 1970er Jahre hatten neue soziale Bewegungen Kontroversen und Konflikte ausgelöst, die in den herkömmlichen Spaltungs- und Konfliktlinien postmoderner Industriegesellschaften nicht abgebildet waren, und damit das klassische institutionelle Arrangement von außen beeinflusst und verändert. Seither hat sich die Rolle sozialer Bewegungen in der politischen Interessenvermittlung gewandelt, ihre Initiativen sind professioneller und differenzierter geworden, wobei auch die Grenzen zwischen den ohnehin oft arbeitsteilig vorgehenden Protestbewegungen und Nicht-Regierungs-Organisationen fließend geworden sind. (Im Folgenden behandle ich sie trotz ihrer Unterschiede gemeinsam als transnationale Protest- und Reformakteure unter dem Namen NRO).

Unbestreitbar ist die *demokratisierende Funktion* dieser Bewegungen, auf der primären Stufe der Artikulation und Mobilisierung von Protest richtet sich also noch keine «demokratische Frage» (Rödel u. a. 1989) an sie. Als demokratische Frage hat man den in der Moderne ständig gewachsenen Anspruch bezeichnet, kollektiv verbindliche Entscheidungen (einschließlich der dorthin führenden Meinungs- und Urteilsbildung) durch Wahlen und Abstimmungen zu begründen, womit das «Fallbeil» der Mehrheit als wichtigstes

Entscheidungskriterium herangezogen wird. Die knappen Wahlausgänge in den USA und Deutschland haben gezeigt, wie scharf diese Guillotine Mehrheit und Minderheit trennen kann. Die Leistungen von NRO erschöpfen sich heute aber faktisch nicht mehr in Information, Beratung und Monitoring, auch nicht in Bildungsveranstaltungen und Protestkampagnen, und das heißt: Reicht ihre Rolle über die Herstellung von Öffentlichkeit und themenspezifische Mobilisierung hinaus und greifen sie – vor allem jenseits der lokalen und nationalen Sphäre, auf welche die sozialen Bewegungen bisher meist ausgerichtet waren – in Entscheidungsprozesse ein, müssen sie sich die Frage der demokratischen Legitimation gefallen lassen.

Bisher wird diese Frage weder von den Akteuren noch von publizistischer oder wissenschaftlicher Seite zufriedenstellend beantwortet, und das verwundert angesichts des Anspruchs der NRO und der Bedeutung der Frage denn doch. Problematisch ist der demokratische Anspruch transnationaler NRO in dreifacher Hinsicht:

– Erstens wirken NRO zumindest informell an Entscheidungsprozessen mit, ohne sich einer Kontrolle durch die davon Betroffenen zu unterziehen.
– Zweitens wird bewegungs- oder organisationsintern unter Mitgliedern und Anhängern selten ein Meinungsbild erstellt, Sprecher von NRO sind in der Regel nicht mit einem Mandat ausgestattet.
– Drittens operieren NRO oft ohne Rückbindung an Institutionen, die legitimerweise mit dem Anspruch auftreten können, als Volksvertretungen den Willen der Gesamtbevölkerung oder als Interessengruppen Teile davon zu repräsentieren.

So treffend NRO also auf das «Demokratiedefizit» internationaler Regime (exemplarisch: die WTO) hingewiesen haben, so sehr springt ihr eigenes Legitimationsdefizit ins Auge. Dieses Mißverhältnis zwischen Vertretungs-Anspruch und Organisations-Wirklichkeit kann man als *Demokratisierungsparadox* kennzeichnen, insofern NRO *demokratisierend wirken, ohne selbst demokratisch zu sein.* Auch für sie gilt also, was man WTO und anderen Organen von *global governance* zu Recht vorwirft: ein Manko an demokratischer Glaubwürdigkeit in den Politikarenen «jenseits des Nationalstaates». Und hier liegt womöglich eine historische Bringschuld: Der spontanen Erstürmung der Bastille folgte die Erhebung der Generalstände zu «Repräsentanten des französischen Volkes» und des Dritten Standes zu eben jener Instanz, die anstelle der «hunderttausend Menschen» (gemeint war die Minderheit von Adel und Klerus) die Gesetze beschloss, das heißt: der revolutionäre Anspruch wurde im Lauf des 19. Jahrhunderts durch demokratische Volkswahlen untermauert. Die transnationalen Globalisierungskritiker müssen den Beweis noch antreten, dass sie und nicht die G8-Gipfel für «sechs Milliarden» sprechen dürfen. In der Sprache der liberalen Demokratietheorie: ihr «title-to-rule» ist noch ungeklärt. Und ganz nüchtern muss man konstatieren, dass «bewährte institutionelle oder prozedurale Blaupausen für demokratisches und erfolgreiches Regieren jenseits des Staates (nicht) existieren» (Wolf 2002:5).

Der kurze Arm demokratischer Institutionen

Mit «demokratisch und erfolgreich» werden zwei zentrale Aspekte von Legitimation angesprochen: die «Output-Legitimation» der Effektivität von Regierungsentscheidungen und die «Input-Legitimation» der Beteiligung des Volkssouveräns daran. Regierungs- wie Nicht-Regierungs-Organisationen laborieren hier an demselben Strukturproblem: am Fehlen demokratischer Repräsentation auf globaler Ebene. Das ist ein Folgeproblem der doppelten Entgrenzung des Nationalstaats, das heißt: der Privatisierung und der Internationalisierung von Entscheidungen. Während lokale und nationale Entscheidungen immer öfter über die Grenzen eines Nationalstaates hinauswirken und zugleich immer mehr supranationale Gremien grenzüberbreitende Entscheidungen treffen, sind die Betroffenen daran «in keinster Weise» beteiligt und legen supranationale Akteure keiner zuständigen Instanz Rechenschaft ab. Zwei urdemokratische Regeln sind damit schlicht außer Kraft gesetzt: die Kongruenzregel, die besagt, dass die von Herrschaft betroffenen Personen mit den Herrschaft Ausübenden kongruent sein sollen, und die Zurechenbarkeit von Entscheidungen.

Dafür zuständige Bemessungsinstanzen, Parlament und Öffentlichkeit, bestehen einzig im nationalstaatlichen Rahmen, mit der partiellen Ausnahme der Europäischen Union; doch auch das von den Europäern direkt gewählte Parlament hat bekanntlich nur begrenzte Rechte, so dass bei dieser bisher singulären supranationalen Volksvertretung Klagen über das Demokratiedefizit ebenfalls Legion sind. Auf europäischer und erst recht auf globaler Ebene besteht keine parlamentarische Regierungsbildung und -verantwortung, keine Kontrolle der Exekutive, keine Einheit von Gesetzesinitiative und Beschlußkompetenz, das heißt: sämtliche Essentials der parlamentarischen Prärogative fehlen im transnationalen Rahmen, während die Regierungsaktivitäten auf dieser Ebene täglich wachsen. Mehr noch als im Nationalstaat leben wir gewissermaßen ständig in der «Stunde der Exekutive».

Das unverkennbare Demokratiedefizit inter- und supranationaler Regime wirkt noch krasser vor dem Hintergrund des *globalen Demokratieerfolgs* seit 1945 und vor allem nach 1989. Mehr als die Hälfte der Mitgliedstaaten der Vereinten Nationen, vor wenigen Jahrzehnten aus überwiegend autoritären Systemen zusammengesetzt, wird heute demokratisch regiert, viele davon haben bereits mehrere reguläre Wahlen zwischen Regierung und Opposition veranstaltet und garantieren Grund- und Bürgerrechte dauerhaft. Demokratie, so prekär sie vielerorts geblieben sein mag, ist also weltweit kein Minderheitenprogramm mehr, doch die gute Bilanz zum guten Ende eines von totalitären Regimen durchzogenen 20. Jahrhunderts wird unterminiert durch die Tatsache, dass sie auf das Innere der gleichzeitig an Souveränität und Gestaltungskraft einbüßenden Staaten begrenzt bleibt, wenn jenseits des Nationalstaates nicht analoge Mechanismen der Herrschaft des Volkes durch und für das Volk (im Sinne der klassischen Definition Abraham Lincolns) gefunden werden.

Insofern ist es positiv, wenn sich nun mit den Kritikern der real existierenden Globalisierung ein Hoffnungsträger globaler Demokratie eingestellt hat. NRO sind freilich nicht-staatliche Prätendenten von Volkssouveränität, die im staatstheoretischen und verfassungsrechtlichen Mainstream an den Staat, genauer: an die Staatssouveränität gebunden ist und bleibt. Ein Volk ist den meisten Denkschulen allein als Staatsvolk vorstellbar, demokratische Selbstbestimmung setzt also die Existenz eines Staates voraus. Jenseits des Staates beginnt in diesem Denkmodell die Herrschaft anderer Staaten, die durch andere Völker legitimiert ist (oder auch nicht). Supranationale Gemeinschaften sind demnach keine Staaten und, ist man geneigt fortzufahren, herrschen nicht, aber das ist natürlich falsch: Die Europäische Union oder der Internationale Währungsfonds üben sehr wohl Herrschaft aus, und selbst die Vereinten Nationen haben sich stellenweise zu einem Instrument supranationaler Regierung entwickelt. Überall sind *public policy networks* gewachsen, die zwischen herkömmlichem *government* und neuartiger *governance* angesiedelt sind.

Man muß anerkennen, dass der Nationalstaat nur eine politische Vergemeinschaftung unter vielen ist; ähnlich wie Gemeinden oder Regionen (oder die Länder der Bundesrepublik) eine politische Identität haben und die Mitwirkung der Bürgerschaft anstreben, ist dies selbstverständlich auch bei supra- und transnationalen Regimen der Fall. Wenn der Souverän seine Rechte auf verschiedenen Stufen von Staatlichkeit (kommunale Selbstverwaltung, Bundesländer) zur Geltung bringen kann, ist nicht ausgeschlossen, dass dies auch jenseits nationalstaatlicher Grenzen geschieht – wo immer nämlich Herrschaft ausgeübt wird.

Das Demokratieprinzip, in Lincolns Gettysburg-Adresse kurz und bündig definiert, gilt ungeachtet des territorialen Zuschnitts politischer Herrschaft, läuft derzeit aber ins Leere, da es jenseits der Nationen höchstens rudimentär institutionalisiert ist. Und hier muß man sich offenbar von majoritären Demokratievorstellungen verabschieden. Diesem Modell folgend gelangt eine politische Gemeinschaft (*demos*) zu kollektiv verbindlichen Entscheidungen, indem sie sich klare, durch politische Parteien und Personen verkörperte Entscheidungsalternativen vorlegt; für diese werden in Wahlen und Abstimmungen Mehrheiten gefunden, welche wiederum für einen begrenzten Zeitraum die Richtung der Politik bestimmen. So beschreibt man die Grundlagen der Konkurrenzdemokratie, deren Legitimationsquelle die Mehrheit des Volkes bzw. in der Volksvertretung ist.

Man kann derzeit nur konstatieren, dass es diesem «Modell von Demokratie bezogen auf den politischen Raum jenseits des Nationalstaates an jeglicher Anschlußfähigkeit mangelt» (Wolf 2001:5). Entsprechend begrenzt sind ja die Möglichkeiten der europäischen Volksvertretung, die zwar bei einzelnen Rechtsetzungsakten mit dem Europäischen Rat zusammenarbeitet, aber nur begrenzte Zustimmungsrechte für nicht zwingende Teile des Gemeinschaftshaushalts und begrenzte Kontrollrechte gegenüber der europäischen

Exekutive besitzt. «Daß es auf der Gemeinschaftsebene überhaupt ein parlamentarisches Organ gibt, ist nicht zuletzt mit dessen relativ geringer Kompetenzausstattung erkauft.» (Gusy 2000:136) Und trotz beachtlicher Kompetenzzuwächse seit den 1970er Jahren blieb auch eine andere Faustregel gültig: «Je wichtiger eine Aufgabe, desto geringer ist die parlamentarische Beteiligung daran.» (ebd.: 139) Und man muss weiter die Frage stellen, ob im europäischen Parlament eine zusätzliche Legitimationsressource erwachsen ist – oder nicht vielmehr eine wechselseitige Schwächung der nationalen Parlamente *und* des supranationalen Parlaments eingetreten ist. Während Bedeutung und Regelungsdichte der europäischen Politikebene zunehmen, können nationale Parlamente darauf weniger Einfluss nehmen und bekommen noch zusätzlich Konkurrenz durch ein aufgewertetes Europaparlament, ohne dass dieses in der europäischen Gewaltenteilung wirklich sein Gewicht in die Wagschale werfen kann.

In dieser Lage wollen Befürworter der europäischen Integration durchstarten, also ein europäisches «Vollparlament» bilden und es durch eine zweite Kammer ergänzen, damit kleinere Völker nicht hoffnungslos majorisiert werden. Kritiker sehen in dieser Parlamentarisierung keine gute Lösung, oder sie bestreiten das an den mangelnden Kompetenzen des Europäischen Parlaments festgemachte Demokratiedefizit generell (Scharpf 1998). Da es keinen europäischen Demos (und keine europäische Öffentlichkeit) gebe, benötigt man ihrer Meinung nach keine direkte Legitimation von Kommission und Ministerrat, die sich ihre Repräsentativität sozusagen geliehen haben – indirekt über die durch nationale Wahlen legitimierte Vertretung staatlicher Interessen in den Leitungs- und Lenkungsgremien der EU. Das Demokratieprinzip, so wird argumentiert, verlange nicht zwingend, alle Staatsorgane müssten unmittelbar vom Volk gewählt sein, und diese mittelbare Legitimation wird auf die europäische Ebene transferiert. Die im Ministerrat agierenden Regierungen der Mitgliedstaaten beziehen demnach hinreichend Legitimität aus der Volkswahl der Parlamente, aus denen sie hervorgegangen sind, oder anders gesagt: Wenn etwa die Sozial- oder Agrarminister in Berlin, Paris und Kopenhagen ausreichend legitimiert sind, sind sie es in Brüssel auch.

Es liegt auf der Hand, dass hier Räume entstehen, die der Kontrolle der nationalen wie supranationalen Volksvertretungen faktisch entzogen sind und leicht von Oligarchien und Interessenvertretungen okkupiert werden können; auch werden derart lange und verzweigte Legitimationsketten fiktiv und können von den Betroffenen ohne spezielle Einsicht nicht nachvollzogen werden. Und wenn dies schon auf der relativ homogenen Ebene Europas der Fall ist, müssen transnationale Regime umso eher als demokratieferne und demokratiefreie Räume angesehen werden.

Wege aus der Legitimationskrise

Konkrete Abhilfen müssen sich aus der politischen Praxis entwickeln, nach dem Motto «form follows function». Wenig zielführend wäre eine Dogmatisierung der Vorgaben, die eine territorialstaatliche, über Parteienkonkurrenz vermittelte Mehrheitsdemokratie macht. Einen Königsweg kann man hier kaum vorzeichnen, man kann lediglich Klippen aufzeigen, die sich auf bisher beschrittenen Wegen aufgetan haben. Im Anschluß an die politologische Fachdiskussion der letzten Jahre kann man drei Lösungsversuche skizzieren: die konsequente Durchparlamentarisierung supranationaler Institutionen, den Ausbau grenzüberschreitender Verhandlungsdemokratie (angereichert durch Elemente assoziativer, deliberativer und direkter Demokratie) und eine transnationale Bürger-Föderation. Der letzte Weg zeichnet sich gerade erst am Horizont ab, die beiden anderen Varianten sind wohl als Irrweg oder Fluchtweg zu kennzeichnen. Zu vermeiden ist aber zunächst ein (wenn auch ehrenwerter) Holzweg.

Holzweg: Demokratische Isolation

Aus dem liberalen anglo-amerikanischen Demokratiemodell ebenso wie aus einer strikten Auslegung von Staatssouveränität im kontinentaleuropäischen Denken könnte man den Schluß ziehen, der Frage demokratischer Mitwirkung jenseits des Nationalstaates sei wenig Beachtung zu schenken, wäre sie doch automatisch mit einem Verlust an nationaler Souveränität verbunden, wenn sich der Souverän den Mehrheitsentscheidungen anderer Völker zu unterwerfen habe. Jede supranationale Gemeinschaftsbildung, etwa nach dem Muster eines europäischen Demos, ist in dieser Sicht chancenlos: Es kann keine Konkurrenzdemokratie ohne Weltregierung geben, und im übrigen darf es eine solche Weltregierung nicht geben. Der tiefere, meist zu wenig berücksichtigte Grund für die Weigerung der Vereinigten Staaten und Großbritanniens, sich an supranationalen und multilateralen «Abenteuern» zu beteiligen, liegt in dem Bestreben, die Autonomie des Westminster-Parlaments bzw. des amerikanischen Kongresses nicht anzutasten. Gewiß sind die USA und Großbritannien von der ökonomischen und kulturellen Entgrenzung nicht ausgenommen, aber beide Gesellschaften mißtrauen supra- und transnationalen Demokratieexperimenten, die zwangsläufig eine Entmachtung der eigenen Volksvertretung mit sich bringen.

Diese Haltung legt eigentlich den Rückbau der internationalen Politikverflechtung nahe bzw. einen regulativen Minimalismus, der globale Interdependenzen wesentlich über Märkte (oder die Setzungen einer Hegemonialmacht) steuert. Keinesfalls darf der honorige Versuch, «hehre» Parlamentsrechte zu schützen, gering geschätzt werden: Parlamente sind nun einmal die Kerninstitutionen demokratischer Repräsentation und Öffentlichkeit und bis dato ebenso unverzichtbare wie unübertroffene Garanten demokratischer Gesetzgebung, Regierungsbildung und Regierungskontrolle. In diesem Licht müssen noch einmal Vorschläge bewertet werden, die eine demokratische Legitimation transnationaler Entscheidungen vor allem mittels einer territorial erweiterten parlamentarischen Kontrolle erreichen wollen. Das setzt freilich von vornherein genau jenes multilaterale Vorgehen voraus, dem sich die ältesten liberalen Demokratien zäh widersetzen, nämlich die Abgabe von Souveränitätsrechten an supranationale Entscheidungszentren, ob es nun die EU oder die UNO oder die WTO ist. Diesen Schritt, den vor allem das Mutterland des Parlamentarismus bisher sorgsam vermieden hat, hat ein «postnationales» Gemeinwesen wie die Bundesrepublik Deutschland 1949 schon in seiner Verfassung vorgezeichnet; zugleich hat das Bundesverfassungsgericht als «Hüter der Verfassung» aber klar gemacht, dass eine solche Delegation die Autonomie und Wirkungsweise deutscher Verfassungsorgane nicht beschädigen darf.

Irrweg: Supranationale Parlamente

Es ist nicht von vornherein ausgeschlossen, dass überregionale politische Gemeinschaften entstehen, die sich als eigenständiger Demos identifizieren und in Gestalt supranationaler Parlamente konstituieren. Darauf setzt die Denkschule, die Demokratisierung via Parlamentarisierung erreichen und die fortschreitende Einbeziehung parlamentarischer Gremien in politische Entscheidungsprozesse weiterführen möchte. Parlamente haben seit ihrem Ursprung in den Ständevertretungen des späten Mittelalters wachsenden Einfluß auf immer mehr Bereiche der Politik erhalten, einschließlich der Vertragspolitik und der Fragen von Krieg und Frieden, die lange eine Prärogative monarchischer, aristokratischer und gouvernementaler Eliten blieben. Während sich das Demokratieprinzip also lange Zeit am ehesten im Ausbau der parlamentarischen Rechte realisiert hat, ist nun eine mindestens ebenso starke Tendenz zur Entparlamentarisierung zu beobachten, die mit einer Devolution demokratischer Einflußmöglichkeiten überhaupt einhergeht. Zu den bekannten Tendenzen von Oligarchisierung und Bürokratisierung trat die Herrschaft «unsichtbarer Mächte», die Expertokratie und die «Revanche der Interessen» gegenüber dem Gemeinwohl (Bobbio 1988). Ohne den Einfluß des Mediensystems dramatisieren zu wollen, muß dieser Aufzählung von Gefährdungen der repräsentativen Demokratie die Abwanderung von Vermittlungsfunktionen aus den Parlamenten in die elektronischen Medien hinzugefügt werden; das unterstützt noch die Verkürzung parlamentarischer Volksvertretungen auf rein symbolische Politik, nachdem sich viele relevante Entscheidungsprozesse aus dem «Hohen Haus» in arkane und intransparente Verhandlungsarenen verlagert haben und Parlamente oft nur noch als Registrierungs- und Ratifizierungskammern andernorts getroffener Entscheidungen fungieren.

Klagen über die Erosion parlamentarischer Rechte sind bereits alt, und man darf dabei nicht vergessen, dass der Einflußverlust im «Mehrheitsparlamentarismus» selbst angelegt ist, wenn nämlich Regierungsfraktionen ihre wesentliche Aufgabe darin sehen, die aus ihren Reihen hervorgegangene Regierung zu stützen, und dies auch auf die supranationale Politikebene übertragen. Ein Parlament, das sich wenigstens teilweise auch als Gegenüber der Regierung begreift, verspürt größere Hemmungen, Rechte an ein anderes Parlament abzugeben, das in die Prärogative der nationalen Volksvertretung eingreift und dabei auch eine gewisse Parlamentarisierung der europäischen Außenpolitik einleitet. Als Gegenmittel ist etwa durch das Bundesverfassungsgericht die stärkere Einbeziehung der nationalen Parlamente bei der Formulierung von Verhandlungspositio-

nen und Vertragsabschlüssen nationaler Regierungen im Europäischen Rat angeregt worden. Auch in der Enquêtekommission des
Deutschen Bundestages ist eine sich über den gesamten Politikpro-
zeß erstreckende kontinuierliche parlamentarische Begleitung und
Beaufsichtigung der nationalen Verhandlungsdelegationen in inter-
gouvernementalen Arenen erörtert worden. Viele inter- und supranationale Regime, darunter selbst Militärbündnisse wie NATO und
WEU, haben im übrigen (inter-)parlamentarische Versammlungen
eingerichtet, doch sind diese vor allem auf kooperative Verhandlung
und Konsensbeschaffung zugeschnitten und als eventuell grenzüberschreitende Opposition gegen Entscheidungen der Exekutive
nicht einmal angelegt.

Die Alternative zu einer mehr oder weniger ausgeprägten Veto-
funktion der nationalen Parlamente wäre, wie schon erwähnt, der
Ausbau des EU-Parlaments zu einem regulären Vollparlament. Eine
solche Reform der europäischen Verfassung würde einer europäischen Regierung eine echte, mit allen Rechten ausgestattete Vertretung des europäischen Demos geben, und hier hätte die Exekutive
sozusagen selbst ihr Volk hervorgebracht. Dem muss die effektive
Übereinstimmung der Unionsbürger zugrunde liegen, indem sich
erstens Europäer vorrangig als Europäer fühlen, sie sich zweitens
eine gemeinsame Wertgrundlage erarbeiten und drittens die europäische Ebene der Politik auch als die wirklich maßgebliche
wahrnehmen (Fuchs 2000). Man sollte diese Perspektive nicht vor-
schnell, wie dies eine auf die «Ewigkeit» des Nationalstaates fixierte
Rhetorik tut, ins Reich der Utopie verweisen. Aber ihre Realisie-
rung dürfte, wenn überhaupt, am ehesten noch durch eine politisch-
kulturelle Abgrenzung nach außen gelingen, beispielsweise in der
Behauptung eines für Europa typischen «solidarischen Etatismus»
gegen den kompetitiven Individualismus Amerikas und die östlichen
Autokratien.

Nationale wie supranationale Parlamente werden realistisch gesehen künftig vor allem als Orte der Deliberation fungieren, womit
auch sie mehr Öffentlichkeit für grenzüberschreitende Entscheidungen schaffen, das heißt: sie werden kaum mehr sein als ein «Forum öffentlicher Beobachtung, Evaluierung und Kritik der internationalen
Politik» (Benz 2001:271). Dazu können soziale Bewegungen und
Nicht-Regierungs-Organisationen einen Beitrag leisten, indem sie
auf den parlamentarischen Prozeß in den Nationalstaaten einwirken.

Denkbar ist auch, dass die Parlamente den NRO gegenüber eine Art Akkreditierungsfunktion übernehmen, sobald diese in den supranationalen Entscheidungsprozeß eingreifen. Der «Deal» bestünde darin, dass die Volksvertretungen den Organisationen der Zivilgesellschaft mehr Repräsentativität verleihen, während die parlamentarische Opposition wieder stärkere Resonanz in der öffentlichen Meinung erhält. Bisher herrscht zwischen den beiden Ebenen der Politikvermittlung eher wechselseitige Distanz und Funkstille; zwischen Protestbewegungen und Volksvertretungen registriert man wachsende Entfremdung, was insbesondere das gestörte Verhältnis zwischen «Regierungslinken» und «Bewegungslinken» zu Ende des 20. Jahrhunderts erklärt (s. S. 168 ff.). Und das europäische Parlament ist als Adressat politischer Forderungen für außerparlamentarische Protestbewegungen bisher kaum in Betracht gezogen worden; für sie ist ein EU-Gipfel kaum von anderer Qualität als ein G8-Gipfel oder WTO-Treffen.

Fluchtweg: Verhandlungsdemokratie

Die Europäische Union wird oft technisch als ein Mehrebenensystem charakterisiert, womit der semi- oder quasi-staatliche Charakter dieses Gebildes umschrieben wird, das mehr ist als ein Staatenbund, aber etwas anderes als ein Bundesstaat. Die Anwendung der Mehrheitsregel ist hier nur sehr begrenzt möglich, womit alternative, postparlamentarisch genannte Legitimationsquellen erschlossen werden müssen. Als «nachparlamentarisch» kann man den Typus der Verhandlungsdemokratie kennzeichnen, die ein auf der nationalen Ebene vielfach erprobtes Modell politischer Steuerung auf die europäische Ebene überträgt und dort sogar in besonderem Maße zur Geltung bringt. Der kollektive Wille wird in diesem Fall nicht mehr durch eine (reversible) Mehrheitsentscheidung gebildet, der sich die unterlegene Seite beugen muß, sondern in Form einer horizontalen Selbstregulierung der beteiligten gesellschaftlichen Interessen, vor allem also mittels Kommunikation. An zwei Arten von Kommunikation ist hier vor allem gedacht: Verhandeln und Argumentieren. Ein Bargaining findet statt, wo Verteilungsaufgaben (who gets what?) anstehen, Arguing, wenn kognitive Probleme (why and how?) zu lösen sind. Ziel solcher Verhandlungsarrangements ist es, unter Heranziehung anerkannter Sprecher von Interessengruppen und unter Einbindung minoritärer Gruppen Konsens-Lösungen zu erzielen, anders gesagt: Wofür man keine Mehrheit bekommt, dafür muss man Übereinstimmung herstellen – statt Abstimmung also die Zustimmung möglichst aller oder vieler.

Der Staat kann in diesem Szenario weniger die gesellschaftlichen Akteure zu einem bestimmten Verhalten zwingen, eher initiiert er als primus inter pares, als Moderator oder Supervisor Kompromisse. Das staatliche Gewaltmonopol wird sozusagen in Reserve gehalten, und die Akteure agieren «im Schatten der Hierarchie», die als ultima ratio am Verhandlungstisch virtuell präsent ist. Die Vorgehensweise des kooperativen Staats zeigt sich, wenn seine Organe in zunehmend mehr Aufgabenbereichen und Konfliktsituationen nicht mehr qua Hoheitsakt (Gesetze) handeln, sondern mit den gesellschaftlichen Akteuren Entscheidungen aushandeln. Ministerien und Interessenverbände wirken zusammen, entweder um eine wirksame und nachhaltige Gesetzgebung einzuleiten, oder auch, um praktikable Regelungen unterhalb der Gesetzesebene zu finden.

Vorteile für die Effektivität staatlichen Handelns mögen gegeben sein, die Legitimationsprobleme liegen jedoch auf der Hand. So unterbleiben öffentliche Auseinandersetzungen um mögliche Handlungsalternativen, schwach organisierte und Gemeinwohlinteressen werden systematisch vernachlässigt. Und während die Parlamente nicht mehr hinreichend informiert sind und auf die Zuschauerrolle reduziert werden, ist «unsichtbaren Mächten» (Bürokratie, Interessengruppen, Experten) Tür und Tor geöffnet: Elitenkartelle handeln in diesem Arkanbereich der Politik in aller Ruhe Kompensations- und Koppelgeschäfte aus oder blockieren sich wechselseitig, die Erhaltung des Status quo wird riskanten Veränderungen und Innovationen vorgezogen.

Solche Verhandlungsarrangements sind nicht nur in erklärten «Konkordanzdemokratien» gang und gäbe, und stilbildend ist die «konkordanzpolitische Konfliktinstitutionalisierung» (Maurizio Bach) vor allem für supranationale und transnationale Entscheidungsprozesse geworden, wo, wie bereits dargelegt, eine parlamentarische Mehrheitsentscheidung die Ausnahme darstellt oder ganz ausgeschlossen ist. In diesem Sinne hat man die EU als «konsoziativen Staat» charakterisiert (Schmidt 1999:435), in dem sektorale Politik-Netzwerke mehr oder weniger exklusiv agieren; erst recht etabliert haben sich solche Netzwerke in transnationalen Regimen, wo man mittlerweile eine ganze Palette nicht-terrorialer oder funktionaler Politikarenen aufgezogen hat, beispielhaft in der Klima- und Geschlechterpolitik. Solche Themen sind der Sache nach grenzüberschreitend und können auf nationaler Ebene gar nicht sachgemäß behandelt werden.

In sektoralen Politik-Netzwerken arbeiten nunmehr nicht-staatliche Akteure systematisch mit, wozu an erster Stelle die seit den 1970er Jahren enorm ausgebreiteten NRO zählen. Sie haben das bisher aus der Regierungspolitik und den Interessenverbänden rekrutierte Elitenspektrum erheblich ergänzt und erweitert, und sofern sie in die Verhandlungen Wertdissense und Gegenmächte einbringen, fungieren sie in der Tat als kritische Öffentlichkeit, gerade wo sie auf massenhaften Straßenprotest «vor den Türen» verweisen können. Damit sind supra- und transnationale Verhandlungssysteme responsiver geworden, doch zugleich werden NRO als Experten in die *committees*, in das sektorale Ausschußwesen inkorporiert. Bestenfalls können sie globale Verhandlungssysteme durch ihre Präsenz und Mitwirkung in sektorale Repräsentativkörperschaften umgestalten, aber zugleich kann aufgrund des erheblichen Erfolgs- und Effizienzdrucks der «exekutivische» Politikstil auf die «Alternativ-Experten» überspringen und ihnen eine ebenso technokratielastige Politikformulierung aufzwingen.

Die transnationale Verhandlungsdemokratie, die unter dem Terminus *global governance* firmiert, ist janusköpfig. Sie kann rascher neue Interessen und Gruppen adaptieren und deren spezifische, oft irritierende Kompetenz aufnehmen, auch verhindert sie mit einer per se polykratischen Struktur autoritären Zentralismus. Doch auch die Kehrseite ist unübersehbar: Wer fügt, wie es klassische Aufgabe der Parlamente war, die sektoralen Politikergebnisse (zum Beispiel der Verkehrs- und Agrarmarktpolitik) zusammen? Wie kann man die tatsächliche Beteiligung und Kontrolle der «Laien», also der politisch interessierten Bürgerschaft gewährleisten? Legt man die oben als ausgesetzt bezeichneten Demokratieregeln – die Kongruenzregel und die Zurechenbarkeit von Entscheidungen – zugrunde, könnten mit dem Rekurs auf «Betroffenheit» Regelungsinteressenten und -adressaten wieder stärker übereinstimmen, auch könnten in dieser modernen Form der «Rätedemokratie» Teilhabeansprüche privater Akteure verankert werden. Gegen solche Hoffnungen sprechen aber, wie man an der Europäischen Union feststellen muß, die faktische Bevorzugung gut organisierter Privatinteressen und die Herausbildung einer Arkansphäre, womit eher das Experten-Konsortium die NRO verändert als umgekehrt. Nicht Demokratisierung, sondern fortschreitende Bürokratisierung wäre der ungewollte Effekt der Öffnung transnationaler Gremien für zivilgesellschaftliche Akteure.

Um dies zu verhindern oder wenigstens abzumildern, haben normative Demokratietheoretiker praktische Vorschläge unterbreitet, wie Akteure «von unten» gestärkt werden können – durch die Stärkung des «dritten Sektors», durch die Organisation egalitärer Diskurse und durch direkte Volksabstimmungen. Kernelemente dieser wichtigen Fach-Debatte seien hier wenigstens knapp skizziert:

a) Mit dem «dritten Sektor» ist sozusagen die bessere Hälfte der oft nebulös bleibenden Zivil- oder Bürgergesellschaft in Aktion, in Gestalt gemeinnützig tätiger Vereine und Verbände (engl./frz. *associations*). Diesen vielseitigen, gemeinwohlorientierten Akteuren traut man Steuerungsleistungen jenseits von und in Kooperation mit Staat und Markt zu, aber die offene Frage ist, wie ehrenamtlichem, zum guten Teil auch professionellem bürgerschaftlichen Engagement demokratische oder demokratiefördernde Aspekte abgewonnen werden können. Dem Konzept der «assoziativen Demokratie» (Cohen/Rogers 1994; Hirst 1994) zufolge kann man die ungleiche soziale Zusammensetzung und Organisationsfähigkeit von Gruppen, die in Verhandlungen regelmäßig zutage tritt, korrigieren, indem man für ressourcenschwache Gruppen mit staatlicher Unterstützung «sekundäre Assoziationen» ins Leben ruft und diese mit Sitz und Stimme an Runden Tischen und in Regionalkonferenzen platziert. Damit soll das Verhandlungssystem egalitärer und zugleich offener werden für Gemeinwohlinteressen.

Diesen Appell kann man durch Gutscheine untermauern (Schmitter 1994), welche Bürger an Verbände und Vereine ihrer Wahl verteilen; sie können gegen staatliche Finanzhilfen eingetauscht werden, womit Anreize entstehen, auch stärker gemeinwohlorientierte Interessen zu vertreten. So bekämen Bürger zwar die Möglichkeit, das Verhalten von Verbandsfunktionären zu sanktionieren, intransparent blieben aber weiterhin die Vorgänge im Verhandlungssystem selbst und vor allem die Verhaltensweise staatlicher Akteure, um deren Kontrolle es dem Demokratieprinzip zufolge vor allem geht. Für die NRO würde dieser Ansatz vor allem bedeuten, dass sie selbst ihre «assoziative» Dimension stärken müssen, also das lokale Vereinswesen ausbauen und ihre Organisationen transparenter und zugänglicher gestalten, was in vielen Fällen durchaus möglich erscheint, bei elitär strukturierten Organisationen (Beispiel: Greenpeace) aber erhebliche Schwierigkeiten bereiten dürfte.

b) Ein anderer, demokratieschädlicher Nachteil von Verhandlungssystemen besteht darin, dass die eingebrachte Verhandlungsmacht und situativ gewählte Verhandlungsstrategien zählen, nicht notwendig das bessere Argument. Abhelfen sollen dem zahlreiche Vorschläge zur Förderung einer «deliberativen Demokratie» (Dryzek 1990, 2000; Schmalz-Bruns 1999). Der demokratische Raum wird hier als relativ herrschaftsfreier Diskurs-Raum gedacht, insofern Autorität vor allem durch die Gültigkeit, Glaubwürdigkeit und Überzeugungskraft von Argumenten erlangt wird und der Zwang besteht, im öffentlichen Gespräch vor allem Positionen zu vertreten, die sich am Gemeinwohl orientieren müssen, damit sie breite Zustimmung finden. Auf die Arbeit der NRO in Verhandlungssystemen bezogen, bestünde ihr Vorzug darin, dass sie fachliche Expertise (also Sachangemessenheit) mit moralischer Integrität (Gemeinwohlverträglichkeit) koppeln und ihnen genau das gesellschaftsweiten Einfluß und Repräsentativität verschafft. Auch können in solchen Diskursen leicht nationale Grenzen überwunden werden, da sich die übliche Externalisierung der Kosten nationaler Entscheidungen argumentativ schwer rechtfertigen läßt. Zu bedenken ist allerdings, wie schwer sich solche deliberativen Foren praktisch verwirklichen lassen; dort, wo man es versucht hat (darunter in Internet-Foren), stößt die Erörterung öffentlicher Angelegenheiten regelmäßig an Grenzen, die erstens durch die anspruchsvolle Qualität der Kommunikation und zweitens durch den gewollten oder ungewollten Ausschluß «kommunikationsunwilliger» Privatleute gezogen sind. Diskurse führen besonders gut informierte Bürger, sie erreichen aber nicht jene Breite der Beteiligung, die in Wahlen und Volksabstimmungen immer noch zu erzielen ist. Insofern ist «deliberative Demokratie» eher eine Komplementärveranstaltung, welche die Qualität von Entscheidungsprozessen verbessern kann, aber keine Alternative zur parlamentarischen Legitimation.

c) Deliberative Verfahren verlieren stets an Attraktivität, wenn der öffentliche Austausch von Argumenten vom eigentlichen Entscheidungsprozeß abgetrennt bleibt, man also «miteinander geredet» hat, es aber letztlich «um nichts geht». Zur Ausfüllung der Legitimitätslücken in supra- und transnationalen Verhandlungsdemokratien ist deshalb auch das Instrumentarium direkter Demokratie vorgeschlagen worden (Abromeit 1998), genau wie Volksentscheide stets als Mittel gegen die Erlahmung des Parlamentarismus auf nationaler Ebene propagiert werden. Volksabstimmungen sollen abgehalten werden, wenn die Autonomie einer regionalen Einheit erheblich tangiert ist, beispielsweise bei grundlegenden Veränderungen der Vertragsstruktur der Europäischen Union. Noch interessanter für die demokratische Legitimation transnationaler Politikregime ist der Vorschlag, sektorale Volksentscheide mit analoger Veto-Funktion zuzulassen; in solchen werden die in Verhandlungen erzielten Ergebnisse dem «sektoralen Demos» zur Prüfung vorgelegt, die transnationalen Politik-Netzwerke also einer politischen Kontrolle «von unten» unterzogen.

Wenigstens konzeptionell ist hier erstmals der Schritt getan von einer territorial begründeten Legitimation nationalstaatlicher Politik hin zu einer sachlich oder funktional fundierten Legitimation nicht-staatlicher Politik. Die in Politik-Netzwerken tätigen Manager und Experten, Lobbyisten und Polit-Unternehmer, die grenzüberschreitende Politik produzieren, stehen «Konsumenten» gegenüber, die mit effektiver Vetomacht ausgestattet sind, womit die Postulate der Repräsentativität, Inklusivität und Transparenz berücksichtigt sind und man im «sektoralen Demos» auch wieder eine Kongruenz der Herrschaftsausübenden mit den von Herrschaft Betroffenen ansteuert. Beispiele für solche Referenden über Sachentscheidungen transnationaler Politik-Netzwerke wären die über eine EU-Richtlinie erlaubte genetische Veränderung von Lebensmitteln und eine Palette ähnlicher Fragen des Verbraucherschutzes. Der Teufel steckt, wie immer, im Detail: Wie grenzt man die sektorale *constituency* ab, wer ist von sektoralen Entscheidungen überhaupt und mehr oder weniger betroffen, welche Art von Vertretern werden in Politik-Netzwerke entsandt, fungieren sie als eine Art «Wahlmänner-Gremium», und wie kooperieren oder konfligieren sektorale und territoriale Entscheidungsebenen?

Ausweg: Weltbürgerföderation

Man sieht: Die demokratische Frage wirft im supra- und transnationalen Kontext große und neuartige Probleme auf. Die einfache Übertragung von Mechanismen und Prozeduren der direkten und repräsentativen Demokratie von der nationalstaatlichen auf transnationale Entscheidungsebenen ist offenbar unmöglich, und darauf zu hoffen, allein die Effektivität transnationalen Regierens könne hinreichend Legitimation schaffen, wäre eine demokratiepolitische Kapitulation. Um konzeptionell, aber auch praktisch weiterzukommen, muss man offenbar Abschied nehmen vom Denkmodell des (auf seinem Gebiet) allzuständigen, durch gewählte Vertreter repräsentierten Staatsbürgers und sich einstellen auf den in besonderen Politikbereichen speziell zuständigen Unions- und Weltbürger, also Formen demokratischer Legitimation entwickeln, die nicht mehr (allein) territorial, sondern funktional oder sektoral begründet sind.

Dabei soll die nationale Staatsbürgerschaft keinesfalls ersetzt oder gar abgeschafft werden, sie muss aber um Aspekte weltbürgerlicher Beteiligung ergänzt und in neuen Formen politischer Mitgliedschaft institutionalisiert werden. Man kann dieses Denkmodell als «föderalistisch» charakterisieren, insofern hier mehrere Ebenen und Verbindlichkeiten politischer Zugehörigkeit subsidiär verschachtelt sind, aber wiederum nicht im Sinne einer bundesstaatlichen Territorialföderation, sondern als Wechselwirkung nationaler, regionaler und sektoraler Mitwirkungs- und Mitentscheidungsebenen. Damit zeichnen sich, schon auf der Modellebene, ein erheblicher Komplexitätszuwachs und eine unübersichtliche Struktur der Repräsentativorgane ab, aber das Festhalten an den Prozeduren der Konkurrenzdemokratie und der national definierten Staatsbürgerschaft wären falsche Reduktionen von Komplexität.

Konklusion: Kein Königsweg zur transnationalen Demokratie

In diesem Zusammenhang sollen Beitrag und Bedeutung der NRO diskutiert werden. Wir hatten eingangs kritisch festgestellt, dass sie erstens häufig formell oder informell an Entscheidungsprozessen mitwirken, ohne sich einer Kontrolle durch die davon Betroffenen zu unterziehen, dass sie zweitens bewegungs- oder organisationsintern unter Mitgliedern und Anhängern selten ein repräsentatives Meinungsbild erstellen und ihre Sprecher in der Regel nicht mit einem Mandat ausstatten, und dass sie drittens oft ohne Rückbindung an solche Institutionen arbeiten, die mit dem Anspruch auftreten können, als Volksvertretungen den Willen der Gesamtbevölkerung oder als Interessengruppen Teile davon zu artikulieren. Diese Bewertungskriterien bleiben als Meßlatten bestehen, auch wenn man sie nicht im Sinne klassischer Repräsentativorgane operationalisieren kann. Sie stellen eine Chance zur Selbstbewertung der NRO dar, die den öffentlichen und Gemeinwohl-Charakter ihrer Intervention bestätigen müssen und nicht auf moralische Appelle und kulturelle Selbstinszenierung beschränken dürfen, wenn sie den Anspruch aufrechterhalten wollen, mit ihnen könne man auch in postnationalen Gesellschaften «mehr Demokratie wagen». Die Legitimationsquellen privater Akteure müssen auch jenseits von Information, Konsultation, Dialog liegen; proklamierte Gemeinwohlorientierung und Ausrichtung an universalistischen Normen, die eine Konsistenz von Vorhaben und Verhalten nachprüfbar machen, reichen in einem anspruchsvollen demokratiepolitischen Sinne nicht aus. Die Mobilisierung von «Weltöffentlichkeit» muss nicht die ultimative Funktion von NRO bleiben, sie können in einem weiteren, nicht-konventionellen Sinn repräsentive Funktionen übernehmen.

Wie dies geschehen kann, soll an den drei eingangs aufgeworfenen Fragestellungen konkretisiert werden:

– NRO müssen in Fällen, wo sie in Policy-Netzwerken an Entscheidungen mit regionaler oder globaler Reichweite mitwirken, einer sektoral dimensionierten «Wählerschaft» Rechenschaft ablegen, zu deren Konstitution sie im übrigen durch eigene Netzwerkaktivität selbst beitragen können. Auch Stiftungen, Einrichtungen der politischen Bildung und Wählererziehung sowie fachgebundene Foren können an diesem demokratischen Unterbau wirken.

– An die skizzierten Modalitäten deliberativer Demokratie angelehnt, müssen sich NRO stärker um die öffentliche Erörterung ihrer Zielsetzungen und Aktionspläne bemühen, und zwar auch jenseits der gewohnten Fachplena und symbolischen Auftritte. Da es sich in der Regel um grenzüberschreitende, im wahrsten Sinne des Wortes transnationale Problemlagen handelt, können

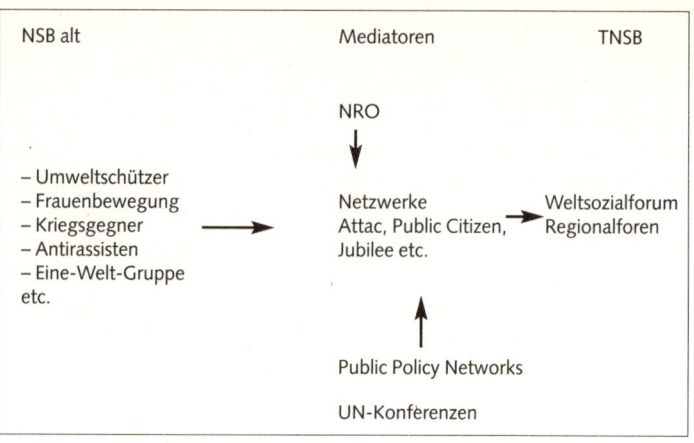

NSB alt	Mediatoren	TNSB
	NRO ↓	
– Umweltschützer		
– Frauenbewegung	Netzwerke	Weltsozialforum
– Kriegsgegner →	Attac, Public Citizen, →	Regionalforen
– Antirassisten	Jubilee etc.	
– Eine-Welt-Gruppe		
etc.		
	↑	
	Public Policy Networks	
	UN-Konferenzen	

Schaubild 4: Von den alten zu den neuen sozialen Bewegungen

hierbei die Möglichkeiten virtueller Kommunikation genutzt werden, die in den NRO bisher noch erstaunlich wenig oder als bloße Mobilisierungsinstrumente genutzt werden.

– Schließlich müssen NRO die Distanz gegenüber parlamentarischen Entscheidungsgremien aufgeben und die Illusion begraben, man könne die Organe von *global governance* mit Hilfe symbolischer Inszenierungen unvermittelt adressieren und konfrontieren. Dies setzt umgekehrt auch eine Öffnung der parlamentarischen Ausschüsse für Aktivitäten von NRO voraus und könnte zur Erneuerung parlamentarischer Repräsentationsfunktionen beitragen.

Mit solchen Initiativen könnte das formlos-utopische Konzept des «Weltbürgertums», das viele Globalisierungskritiker bisher symbolisch-affektiv in Anspruch genommen haben, ein institutionelles Gerippe erhalten und der Anspruch «We are democracy» mit mehr Glaubwürdigkeit vertreten werden. Es entstünde eine Weltöffentlichkeit in einem mehr als bloß appellatorischen, nämlich «demotischen» Sinne, als *politische* Weltgemeinschaft.

Als Resümee des zweiten Abschnitts kann man ziehen, dass mit den Nichtregierungsorganisationen und der transnationalen Protestbewegung arbeitsteilige, aber auch im inneren Konflikt stehende Akteure politischer Resistenz und Reform aufgetreten sind.

– Die NRO präsentieren im «Vorraum der Macht» und vor allem

bei internationalen Konferenzen praktische Politikalternativen zu diversen Problemfeldern und Policy-Arenen weltweiter Entwicklung. Sie treten dabei als Gegeneliten in einen Wettbewerb mit den etablierten Experten und Funktionseliten und erweitern das privat-öffentliche Netzwerk transnationalen Regierens.

– Die transnationale Protestbewegung positioniert sich dagegen eher als widerständige Kraft im Machtkampf mit transnationalen Regimen und Konzernen. Neu im Verhältnis zu älteren sozialen Bewegungen ist vor allem die globale Vernetzung sowie die Bündelung der diversen Issues im grundlegenden Widerspruch zum «Neoliberalismus», wobei südliche Initiativen und Süd-Süd-Netzwerke an Gewicht zugenommen haben. Hier zeichnen sich auch neue Formate politischer Beteiligung jenseits von Parteien und Parlamenten ab.

– Während NRO und Protestbewegung in vieler Hinsicht demokratisierende Funktionen besitzen, mangelt es ihnen selbst im Binnenverhältnis an Rechenschaftspflichtigkeit und auch an externer Legitimation. Eine Lösung dieses Demokratiedefizits ist noch nicht gefunden worden, es gibt aber Ansätze zu einer föderativen, nicht mehr territorial gebundenen Repräsentation.

Sind dies praktische Experimente mit einer «topischen» Variante von Weltbürgertum und transnationaler Zivilgesellschaft, müssen sich NRO und Protestbewegungen auch *hic et nunc* in politische Gelegenheitsstrukturen einordnen, die für sie eher ungünstig aussehen und im letzten Abschnitt thematisiert werden sollen.

Schluss:
Ein transnationaler Regimewechsel?

In Gestalt der transnationalen NRO und Protestnetzwerke hat sich ein politischer Akteur zu Wort gemeldet, an dem niemand mehr vorbeikommt. Aber welche *Gelegenheitsstrukturen* findet er vor, in den nationalen politischen Systemen wie in den internationalen Beziehungen? Wie verortet sich ein Weltbürgertum mit erstmals realpolitischem Fundament in diesem Koordinatensystem und ist in einer durch Anarchie und imperiale Bestrebungen gekennzeichneten Gesellschaftswelt ein demokratischer Friede noch zu gewährleisten? Fragen der inneren und äußeren Sicherheit vermengen sich hier. Der Ausbau eines Sicherheitsstaats, beispielhaft die amerikanische *Homeland Security*-Behörde, überschreitet alle Grenzen, womit abweichende Verfassungsgrundsätze ebenso berührt sind wie das überkommene Völker- und Kriegsrecht. So wird die «Beistimmung der Bürger, … ob Krieg sein solle oder nicht» (Immanuel Kant) immer unwahrscheinlicher (Teusch/Kahl 2001), denn mit der Erosion liberaler Staatlichkeit entfallen die in ihr liegenden Friedensgarantien, wonach demokratische Staaten gegeneinander keinen Krieg führen. Friedenspolitisches Engagement war bisher meist pazifistisch oder antimilitaristisch motiviert, jetzt bekommt es eine eminent demokratiepolitische Dimension.[45]

So nicht, Danny!

Blicken wir zunächst auf die «Innenseite» des politischen Koordinatensystems, wo vor allem die Reibungen zwischen «Partei» und «Bewegung» ins Gewicht fallen. NRO und Protestbewegung agieren definitionsgemäß außerparlamentarisch, und die Unterschiede zum Organisationsmuster und zu den Mobilisierungsformen von Parteien liegen auf der Hand: Sie bündeln heterogene Interessen und müssen, einmal an der Regierung (und meist in Koalitionen eingebunden), «faule» Kompromisse eingehen, während soziale Bewegungen (wenigstens eine Zeit lang) der reinen Lehre verpflichtet bleiben, ihre Identität pflegen und punktgenaue Kampagnen initiieren können. Allerdings können partei- und bewegungsförmige Aktivitäten in einem Mobilisierungszyklus auch aufeinanderfolgen und arbeitsteilig zusammenwirken. Die daraus resultierende «ewige» Spannung, exemplarisch in der europäischen Arbeiterbewegung und im «Fundi-Realo-Konflikt» der Grünen, aktualisiert sich heute im Gegensatz zwischen Regierungen der «linken Mitte» und Globalisierungskritikern bzw. zwischen «Regierungslinken» und «Bewegungslinken».

Drastisch zeigte sich deren Entfremdung bei den französischen Präsidentschafts- und Parlamentswahlen 2002. Der Sozialist Lionel Jospin, der die Tobin-Steuer parlamentarisch beraten ließ und den Straßenprotest als Ausdruck des Willens der Mehrheit der Menschheit begrüßt hatte, die Früchte der Globalisierung gerechter zu teilen, bekam von gleich drei linksradikalen Präsidentschaftskandidaten so viele Stimmen abgenommen, dass er im zweiten Wahlgang gegen Jacques Chirac nicht antreten konnte. An seiner Stelle tat dies der Chef der extremen Rechten, der ebenso europaskeptische wie globalisierungsfeindliche Jean-Marie Le Pen. Man wollte im illusionären Siegesgefühl das «gesamte rote Farbspektrum» aufleuchten lassen – und bekam «la droite pure et dure»; von der Tobin-Steuer ist nun keine Rede mehr, und man würde zu viel in die Tatsache hineininterpretieren, dass Jacques Chirac als «Präsident aller Franzosen» weniger neoliberal und proamerikanisch redete als noch vor einigen Jahren. Auf der Strecke blieb die «plurale Linke», deren Sozialpolitik im gesamteuropäischen und globalen Maßstab am ehesten eine Alternative zum «Neoliberalismus» darstellte.

Der Vorgang erinnert an die vorangegangene Präsidentschaftswahl in den Vereinigten Staaten, die bei allen Unterschieden der politischen Systeme (und nur einem Wahlgang in den USA) eine ähnliche Konstellation bewirkte: Auch dem Demokraten Al Gore fehlten gegenüber seinem republikanischen Herausforderer George W. Bush weniger Stimmen, als sie Ralph Nader, der Kandidat der Grünen und Favorit vieler Umweltschützer und Globalisierungskritiker, auf sich vereinigen konnte. Nummerisch brachte also auch hier der Repräsentant einer außerparlamentarischen, globalisierungskritischen Protestbewegung den Kandidaten derjenigen Partei zu Fall, die dieser Bewegung erheblich näher stand, und eine andere ans Ruder, die so gut wie alles verkörpert, was Kritikern der neoliberalen Globa-lisierung zuwider ist. Gewiss hätte Al Gore (im europäischen Sinne) ebenso wenig linke Politik gemacht wie Bill Clinton (und nebenbei gesagt Ralph Nader), doch die von ihm zu erwartende Umweltpoli-tik hätte sich signifikant von der aktuellen der Bush-Administration unterschieden, und auf internationaler Ebene – von den Klimakon-ferenzen bis zum Internationalen Strafgerichtshof – wären die Ver-einigten Staaten nicht mit solcher Wucht als Bremser und Verhinde-rer aufgetreten. Auch die Demokraten haben ihre Mehrheit im Kongress verloren und sind bei den Zwischenwahlen 2002 von der republikanischen Dampfwalze überrollt worden.

Die bittere Ironie ist, dass ausgerechnet in dem historischen Au-genblick, in dem der globale Kapitalismus an Legitimität verliert und eine politische Kontrolle des schrankenlosen Freihandels aus-sichtsreicher geworden ist, die möglichen Träger einer solchen Re-politisierung abgewählt werden. Manche freuten sich über den Nie-dergang der «gauche plurielle»: «Nirgendwo sonst in Europa hat es nach dem Scheitern einer linken Sozialdemokratie so wirkungsvolle Protestaktionen gegeben wie in Italien. Wir haben erlebt, wie die Gemüter plötzlich aufgeschreckt sind. Diese Erfahrung gibt uns die Gewissheit, dass das Netzwerk der *Multitude* keine Sozialdemo-kratie mehr braucht, um zu kämpfen und die Welt zu verändern. Die ‹Bewegung der Bewegungen› sucht nach neuen Ausdrucksformen, in der Theorie wie in der unmittelbaren Konfrontation; sie versucht, neue Dispositive der Hegemonie hervorzubringen. Das ‹Labor Ita-lien› hat den Betrieb wiederaufgenommen», jubelte etwa Toni Negri, der seinem alten Ziel, der Vernichtung der reformistischen Linken, näher gekommen scheint, während freilich die italienische Gesell-schaft mit der konsolidierten Machtposition Silvio Berlusconis und seines medialen Machtapparates zu kämpfen hat.[46]

Durch Politiker wie ihn droht die um dritte Wege zwischen altem Wohlfahrtsstaat und uraltem Manchester-Kapitalismus bemühte linke Mitte aufgerieben zu werden (Lloyd 2001). Die nationalpopu-listische Welle, die seit Ende des vergangenen Jahrzehnts über die OECD-Länder hinweggeht und vielerorts Koalitionsregierungen der gemäßigten und radikalen Rechten an die Macht gebracht hat, ging im Wesentlichen auf Kosten der linken Mitte, die sich zu Ende des 20. Jahrhunderts große Hoffnungen auf ein Ende der liberal-konservativen Hegemonie ausrechnen konnte. Spanien, Italien und die Niederlande können als weitere Beispiele für ihren rasanten Machtverlust herangezogen werden. Übrig blieben Tony Blairs *New Labour*, geschützt durch Mehrheitswahlrecht und die zur Selbstzerfleischung neigenden Tories, die schwedischen Sozialdemokraten und zuletzt das rot-grüne Bündnis in Deutschland – letzteres vor allem, weil mit der Flut in Ostdeutschland und der verbalen Distanzierung von der US-Politik gegenüber dem Irak «öko-pazifistische» Themen die eigene Basis mobilisierten und die PDS in den neuen Bundesländern marginalisierten.

Darüber brach bekanntlich niemand in Triumphgeheul aus. Denn am Rekrutierungsstopp jugendlicher Mitglieder und Wähler, die eigentlich «geborene» Anhänger der Linken wären, änderte das nichts. Zwischen Bewegungs- und Regierungslinken herrschte lange Funkstille, und die Signale, die von umwelt-, frauen- und entwicklungspolitischen NRO ausgingen, kamen bei Grünen und SPD nicht mehr an. Die in ihrer gouvernementalen Rolle eingerichtete linke Mitte überhörte die Botschaft der Protestbewegung; nach den militanten Auseinandersetzungen in Göteborg und Genua war etwa vom deutschen Außenminister Fischer eine schroffe Distanzierung zu hören, die auch sein Mentor Daniel Cohn-Bendit nicht wettmachen konnte. «So nicht, Danny!» erteilte ein Sprecher von Attac-Deutschland seinem Friedensangebot eine Abfuhr: «Eine Kooperation der Globalisierungskritiker mit den Grünen kommt nicht infrage, solange die Partei nicht mit ihrer zunehmend neoliberalen Wirtschaftspolitik bricht ... Grüne Wirtschaftspolitik muss zum Ziel haben, dass die internationalen Märkte für Kapital, Güter und Dienstleistungen nicht den Interessen weniger dienen, sondern wieder in erster Linie den Interessen der Mehrheit der Menschheit ... Wenn die Grünen für die Globalisierungskritiker interessant werden wollen, müssen sie diese Forderungen zu ihren zentralen Themen machen.» (Zeit 23.8.2001)

Hier sind offenbar Traditionen und Kontinuitäten einer politischen Sozialisation abgerissen, welche die Mitglieder- und Bewegungsparteien der Linken besonders stark in Mitleidenschaft ziehen, aber auch das Parteiwesen als ganzes und im Endeffekt alle intermediären Institutionen der Artikulation und Aggregation von Interessen betreffen. Der Unterschied zu den 1960er und 1970er Jahren liegt auf der Hand: Damals fungierte die Sozialdemokratie (und andernorts die vereinigte Linke) als Transmissionsriemen zwischen sozialer Bewegung und Parteiendemokratie, womit Zehntausende jüngere Menschen zu Parteibuchinhabern wurden. Die Mitgliedschaft in einer Partei *und* in einer Bürgerinitiative oder Protestbewegung wurde nicht als Gegensatz oder Widerspruch gedeutet; rückblickend kann man auch den innerparteilichen Realo-Fundi-Konflikt der Grünen als Zeichen von Vitalität deuten, das ihnen Mitglieder und einen kleinen, aber festen Wähleranteil sicherte. Inhaltlich liegen die Positionen der moderaten Globalisierungskritiker (was die große Mehrheit ist) und der «pluralen Linken» nicht so weit auseinander: Beide argumentieren, man müsse jenseits der unmittelbaren Gefahrenabwehr und -prävention dem Terror den Nährboden entziehen und eine entsprechende Entwicklungspolitik auflegen, beide befürworten statt einseitiger Maßnahmen der Vereinigten Staaten gegen die «Achse des Bösen» eine Friedenskonferenz nach dem Vorbild der KSZE im Mittleren Osten, beide haben sich klar gegen die Irak-Invasion ausgesprochen. Sieht man von den militanten Fantasien «autonomer» Linker ab, ist die Bewegungslinke in ihrem ausgefächerten Netzwerk internationaler NRO heute auch stärker Teil des politischen Establishments, als dies für die außerparlamentarischen Oppositionen der Jahre 1965–1985 galt.

Die Entfremdung beruht auf einer seit langem wirksamen Tendenz der Distanzierung von der etablierten Politik insgesamt. Mehr denn je in der deutschen Geschichte bejahen junge Menschen die Demokratie als Gesellschafts- und Lebensform, sie misstrauen dabei aber den herkömmlichen politischen Organisationen, vor allem den Parteien. Stattdessen setzen sie auf informelle Gruppierungen und punktuelle Partizipation und bevorzugen unkonventionelle Beteiligungsformate wie Demonstrationen und Unterschriftensammlungen, also genau jene «Protest-Politik» (Norris 2000), die mit den Namen «Seattle» und «Genua», Greenpeace und Attac assoziiert werden kann. Die präferierten Organisations- und Mobilisierungsformate sind informell und ephemer, während die aus der Arbeitsgesellschaft überkommenen Interessenvertretungen, die eine langfristige Bindung und langwierige Politikprozeduren erfordern, an Auszehrung leiden.

Exakt auf diesen Ruinen versucht sich das globalisierungskritische Netzwerk zu positionieren und eine Brücke zu den herkömmlichen Interessenvertretungen zu schlagen, wie man am deutschen

Beispiel sehen kann. Nach dem Elften September und im Blick auf die militärische Eskalation im gesamten Mittleren Osten fungierte es als Vorhut einer neuen Friedensbewegung, die jede Regierung der linken Mitte in die Bredouille bringt, und durch Bündnisse mit der Gewerkschaftsjugend des DGB (ver.di, IG Bau, IG Metall, NGG, Transnet) und einer Aktionseinheit mit der Dienstleistungsgewerkschaft fächerte Attac-D das Themenspektrum innen- und sozialpolitisch weiter aus. Im Juni 2002 gab es den Aktionstag «Gesundheit ist keine Ware», der sich gegen die Privatisierung des Gesundheitswesens richtete und insofern einen (von manchen vermissten) Bezug zur Globalisierung wahrte, als Gesundheitsdienstleistungen im Rahmen des WTO-Prozesses zu Waren werden, deren Fluß von einer nationalstaatlichen Gesundheitspolitik nicht mehr kontrolliert werden kann. In der Debatte um die Reform des gesamten Gesundheitswesens bezieht Attac-D am deutlichsten Stellung gegen Privatisierung und Internationalisierung (taz-Beilage 25.4.2002); einige Vorstellungen laufen auf die Abschaffung privater Krankenversicherungen hinaus, und neben Einkünften aus Lohnarbeit will Attac Dividenden, Mieterträge und Zinsen zur Finanzierung der Gesundheitskosten heranziehen.

Die Frage ist, ob sich eine ressourcenschwache Bewegung damit thematisch übernimmt und, wichtiger noch, am Ende im Traditionskonzert von Gewerkschaften und Linksparteien übertönt wird, die oft nur in die dogmatische Verteidigung des «Wohlfahrtsstaates, wie wir ihn kannten» (Bill Clinton) und von «Big Government» zurückfallen. Attac wäre dann kaum mehr als der Bewegungsarm einer linkskeynesianischen Alternativ-Ökonomie, die eine redistributive Steuerreform plausibel machen möchte und über eine höhere Besteuerung von Vermögen Bildungausgaben und Familieninvestitionen finanzieren will. Thematisch breiter angelegt war da die im Dezember 2002 gemeinsam mit dem DGB und VENRO (Verband Entwicklungspolitik Deutscher Nicht-Regierungs-Organisationen e.V.) verabschiedete Erklärung «Globalisierung gerecht gestalten», deren sieben Schwerpunkte man als aktuelle Schnittstelle zwischen alten und neuen, nationalen und transnationalen Bewegungen folgendermaßen zusammenfassen kann:
– Armutsbekämpfung (vor allem entwicklungspolitische Maßnahmen, darunter der Schuldenerlass für die armen und ärmsten Länder und die Tobin-Steuer);

- nachhaltige Entwicklung und Umweltschutz (Nutzungsentgelte für globale öffentliche Güter, sozialverträgliche Handelsliberalisierung, Umstellung auf erneuerbare Energien);
- Reform der Finanzarchitektur (strengere Bankenkontrolle, Devisenumsatzbesteuerung, Kapitalverkehrskontrollen, Koordination der Währungszonen von Dollar, Euro und Yen; Schließung von Steueroasen);
- soziale Gestaltung des Welthandels (Aufhebung von Handelshemmnissen gegenüber Entwicklungsländern, Ausnahmen von der Handelsliberalisierung, Einführung von Sozial- und Menschenrechtsstandards, Stärkung der ILO und deren enge Kooperation mit WTO, Weltbank und IWF, Aufnahme von Kernarbeitsnormen);
- Verlangsamung der Liberalisierung der Dienstleistungsmärkte (Herausnahme öffentlicher Dienstleistungen, Wahrung des Universaldienste-Prinzips, nachhaltige Wettbewerbsordnungen, Sicherung der öffentlichen Daseinsvorsorge durch den Staat);
- Regeleinbindung transnationaler Unternehmen (Verhaltenskodices, Vereinbarungen mit Gewerkschaften, sozialverträgliche Investitionsordnung);
- Demokratisierung des Globalisierungsprozesses (Informationsfreiheit, Sicherung von Mitbestimmung, Herstellung der Bedingungen zivilgesellschaftlicher Partizipation).

Eine genauere Lektüre dieser Plattform beantwortet die oft gestellte Frage, was die Protestbewegung konkret vorschlägt und «positiv» zu einer neuen Weltordnung beizutragen hätte: ein transnational angelegtes Reformprogramm, das die NRO in die öffentlichen und privaten Politiknetzwerke einbringen. Dabei herrscht in Europa eine «gouvernementale» Orientierung auf das transnationale Institutionensystem (*global governance*) vor, das auf einem Konzept globaler Kollektivgüter beruht (Kaul u. a. 1999) und in der guten Tradition des Republikanismus und des fürsorglichen Staates verankert ist. Demgegenüber zielen die in den Vereinigten Staaten, einer klassischen «Gesellschaft ohne Staat», formulierten Reformansätze eher auf die Ermächtigung der Bürgergesellschaft (*citizen empowerment*) zu eigener Handlungsfähigkeit ab, und solche herrschen auch in Ländern der Dritten Welt vor, wo die Erfahrungen sozialrevolutionärer Bewegungen nachschwingen und kein Vertrauen in die Steuerungsfähigkeit des Staates besteht. Die Schwierigkeit, aber auch die Chance einer transnationalen sozialen Bewegung besteht genau darin, diese divergierenden Strategien miteinander kompatibel zu machen und zu kombinieren.

Gefragt war hier nach den «politischen Gelegenheitsstrukturen». In den reichen OECD-Ländern, aber auch in einigen Schwellenländern sind sie günstiger als in Osteuropa oder in Afrika, und allgemein haben die außerparlamentarischen Protestbewegungen folgende Optionen:

(a) Für die Entstehung *neuer Parteien* aus ihrem Schoß gibt es derzeit wenig Anzeichen; dazu sind die Spaltungs- und Konfliktlinien der westlichen Gesellschaften nicht ausgeprägt genug, und für transnationale Konstellationen geben sie kaum Raum. Die Parteiensysteme bleiben weiterhin nationalstaatlich orientiert und erlauben, wie der Fall der Europäischen Union zeigt, kaum tragfähige regionale Parteizusammenschlüsse.

(b) Wie man am Fall der PDS demonstrieren kann, stehen *postkommunistische Formationen* bereit, unzufriedene Anhänger linker und grüner Parteien aufzusammeln; als Mobilisierungsthema dienen Fragen von Krieg und Frieden und die Kritik an der amerikanischen Hegemonialpolitik. In anderen EU-Ländern sind auf dieser Basis Parteien wie die *Rifondazione Communista* in Italien oder die Linkssozialisten in Dänemark (*Venstre Socialisterne*) und Schweden (*Vänsterpartiet*) im Parlament vertreten und teilweise auch an Koalitionsregierungen der linken Mitte beteiligt (gewesen).

(c) Eine andere Option ist der Versuch, im so genannten «vorpolitischen Raum», unterhalb der gouvernementalen Regelungsebene, *aus eigener Kraft* (subpolitisch) kollektive Änderungen der Lebensweisen zu erreichen; dies geschieht vor allem im beruflichen Sektor und in Selbsthilfegruppen, im Verbraucherschutz und in entwicklungspolitischen Netzwerken, wobei Aspekte der Globalisierungskritik mehr oder weniger stark berücksichtigt und «kleingearbeitet» werden.

(d) Ein Teil der Wählerschaft, die den Regierungsparteien der linken Mitte verloren gegangen ist, lässt sich durch die Globalisierungskritik *rechtspopulistischer* Parteien ansprechen und zur *Protestwahl* mobilisieren.

(e) Für grüne und Umwelt-Parteien ergeben sich Koalitionsmöglichkeiten auch außerhalb des rot-grünen Spektrums; am prominentesten ist hier die «schwarz-grüne Option», die jenseits der kommunalen Ebene bisher aber nur Außenseiter beider Lager favorisieren.

Ein erstes Fazit zu den politischen Gelegenheitsstrukturen kann man ziehen: Trotz der unübersehbaren Entfremdung und Distanzierung bleibt eine Kooperation zwischen außerparlamentarischer Opposition und Parteien bzw. Regierungen der linken Mitte möglich und auch unerläßlich. Ein Irrweg ist die Verparteilichung der sozialen Bewegungen, die manche Globalisierungskritiker im Sinn haben; auf der anderen Seite müssen sich die Parteien der linken Mitte bewegungsartiger und als Netzwerke mit flacheren Hierarchien rekonstituieren (Machnig/Bartels 2001). Ein arbeitsteiliges Verhältnis ist hier denkbar: Der Beitrag der Bewegungen bestünde vor allem im Agenda-Setting, in der breiten Mobilisierung und in der Bereitstellung fachlicher Expertise, während Parteien in der Demokratie ihre klassischen Funktionen der Aggregation und Legitimation von Interessen ausspielen könnten. Transnationale Bewegungen erlauben zugleich eine grenzüberschreitende Vernetzung, die den Parteien auf Grund des territorialen Zuschnitts klassischer Akteure bisher fehlt.

Wenn sich Regierungs- und Bewegungslinke hingegen in eine verschärfte Konfrontation begeben und ihr wechselseitiges Misstrauen schüren, stehen am Ende wohl beide im politischen Abseits. Das Theorem vom kleineren Übel mag mehr denn je selbst als ein «Übel» angesehen werden, aber angesichts der dargelegten Optionen in relativ stabilen Parteisystemen mit zunehmend «flatterhaften» und unkalkulierbaren Elektoraten bleibt es gültig. Basisdemokratie, Anti-Parteien-Affekt und das ominöse Transmissionsmodell, mit dessen Hilfe sich eine *volonté générale* auf die Entscheidungsebene durcharbeitet, ohne noch von der «Berufspolitik» angetastet und verdorben zu sein, sind Illusionen, von denen sich offenbar aber jede neue soziale Bewegung neu verabschieden muss.

Hegemonie statt Globalisierung?

Die «Außenseite» der politischen Gelegenheitsstrukturen ist bestimmt durch die eminente Kriegsgefahr. Heraufbeschworen wurde sie, nein: nicht durch die Vereinigten Staaten, sondern durch einen entgrenzten, der anarchischen Globalisierung kongenialen Terrorismus (Münkler 2002), aber in Reaktion darauf auch durch den unverkennbar imperialen Kurs, der die mit dem Elften September herausgeforderte Suprematie der Vereinigten Staaten sichern soll. Die Bush-Administration legt auf multilaterale Kooperation noch weniger Wert als ihre Vorgänger zu Zeiten und am Ende des Kalten Krieges, und sie hat zugleich in der Tradition Woodrow Wilsons und Franklin D. Roosevelts einen «idealistischen Internationalismus» reaktiviert, der «die Welt sicher macht für die Demokratie» (Ninkovich 1999). Die Europäische Union hat darauf keine schlüssige Antwort entwickelt, ebenso wenig einzelne europäische Mittelmächte wie die Bundesrepublik Deutschland, die sich mit ihrem (im Prinzip richtigen) Nein zu einem Präventivkrieg gegen den Irak in eine gewisse Isolation begeben und die Vereinten Nationen ebenso in Frage gestellt hat.

Allerdings war nicht der deutsche Sonderweg das Problem: Vielmehr kann sich der amerikanische Unilateralismus zu einem sicherheitspolitischen und geoökonomischen Alleingang steigern, der nicht nur das atlantische Bündnis unterminiert, sondern die Architektur der gesamten Weltordnung beschädigen würde. Damit stellt sich am Ende dieses Buches die Frage, ob eine im Guten wie im Schlechten entgrenzte Welt die *Pax americana* als faktische Weltregierung aushält und vielleicht sogar benötigt, oder wie andernfalls eine kooperative multilaterale Variante der Globalisierung aussehen und wer sie tragen soll. Auch in den USA sind Meinungsführer und die Mehrheit der Bevölkerung weiterhin davon überzeugt, dass Amerika zwar militärisch in einem historisch unbekannten Maße dominiert, aber bei der Lösung globaler Aufgaben abhängig bleiben wird von der Mitwirkung anderer; dies gilt in klima- und entwicklungspolitischer Hinsicht ebenso wie bei der Bekämpfung des Terrors. Brächten ein vereintes Europa und ein weltoffenes Amerika ihre (durchaus verschiedenen) Ideen und Ressourcen gemeinsam ein, würde dies zwar eine antiwestliche Reaktion nicht ausschließen, ihr aber eine nicht-militärische Antwort auf globale Gefahren entgegensetzen.

Doch erscheint eine horizontale Architektur transnationalen Weltregierens derzeit utopisch; weder die Vereinten Nationen noch andere transnationale Regime haben die Kraft zu einer föderalen und interdependenten Herrschaftsstruktur. Vor allem aber steht die damit notwendig verbundene Abgabe nationaler Souveränität im Gegensatz zum Selbstverständnis der amerikanischen Führung, deren Maßnahmen seit dem Elften September auf einen im Inneren wie nach außen abgeschotteten Sicherheitsstaat hinauslaufen. Einwände gegen den amerikanischen Unilateralismus, aber auch Zweifel daran, ob die Vereinigten Staaten sicherheits- wie wirtschaftspolitisch noch ein wohlwollender Hegemon sind, bildeten den Kern der von Bundeskanzler Gerhard Schröder verwendeten Formel vom «deutschen Weg», an deren Zweideutigkeit berechtigte Kritik geübt worden ist. Gemeint sein kann nicht der deutsch-nationale Sonderweg oder ein Rückfall in den National-Neutralismus der Schumacher-SPD, sondern nur die Selbstbehauptung des europäischen Wohlfahrtsstaates und seiner Konfliktlösungsmuster. Nicht mehr Sozialismus oder Kapitalismus, wohl aber die Ausgestaltung der kapitalistischen Wirtschaftsweise ist ein Spannungsthema der transatlantischen Beziehungen, die sich nach Meinung vieler Beobachter zum innerwestlichen *clash* ausweiten können (Leggewie 2000).

Der Widerstand des «alten Europa» (US-Verteidigungsminister Rumsfeld) lief auf zwei elementare und legitime Bedenken hinaus: Ist Europas Sicherheit im Gefolge des amerikanischen Vorgehens tatsächlich gewährleistet, und tangiert eine Zustimmung zu diesem Vorgehen (nicht zuletzt im Erfolgsfall!) europäische Interessen im Blick auf die Wahrung des Völkerrechts, eine multilaterale Weltordnung und die kollektive Sicherheit? Weil daran berechtigte (und keinesfalls «antiamerikanisch» zu stigmatisierende) Zweifel bestanden, setzte sich die Bundesregierung dafür ein, dass die UN-Waffenkontrolleure mit erweitertem Mandat und in verlängerter Dauer in den Irak zurückkehrten; deshalb war sie nicht bereit, einen militärischen Präventivschlag zu unterstützen und auf das Mittel des Regimesturzes zu setzen. Die deutschen Prioritäten waren andere: die Identifizierung und Bekämpfung des von Al-Qaida und anderen Netzwerken ausgehenden Terrors, der Wiederaufbau Afghanistans und die Sicherung regionaler Stabilität in Zentralasien, wobei geoökonomische Interessen, etwa an den dortigen Erdölressourcen, nachrangig eingestuft werden. Schuldig blieb man freilich eine Antwort auf die Frage, wie man mit einer Diktatur umgehen will, die wiederholt über Nachbarstaaten hergefallen ist, die Opposition im Inneren brutal unterdrückt und über Massenvernichtungswaffen verfügt (und diese auch bereits eingesetzt hat).

Der transatlantische Dissens betraf nicht allein die Ziele, sondern auch die Mittel der Politik: Deutschland wollte das geltende Völkerrecht nicht durch einen in der Charta der Vereinten Nationen ausdrücklich untersagten Präventivschlag zerstört sehen. Deutschland, der einstige Unrechts- und Machtstaat (worauf man in den USA fast täglich hingewiesen wird), wollte nicht, dass Macht systematisch vor Recht geht – und dies (wieder) zum Gesetz des Handelns in der internationalen Politik wird. Deutschland artikulierte also Dissens vor allem, weil sich ein amerikanischer Alleingang für die internationalen Beziehungen gegenwärtig und in Zukunft ungünstig auswirken kann und die Welt damit eben nicht sicherer wird für Frieden, Freihandel und Demokratie. Zugleich bekundete Deutschland ein vitales Interesse an der Aufrechterhaltung der Rolle der Vereinten Nationen und der NATO, die in den USA viele rechtskonservative Kräfte als Relikte des Kalten Krieges verabschieden möchten (Czempiel 2002). (Widersprüchlich war allerdings, dass auch die deutsche «Sturheit» als Unilateralismus gedeutet werden konnte, womit die Vereinten Nationen ebenfalls geschwächt wurden.) Ein anderer, nicht minder bedeutsamer Kritikaspekt betraf die Formen der zwischenstaatlichen Kooperation, die in transnationalen Regimen nicht eben zweitrangig ist; dass die USA die NATO-Partner oftmals wie Vasallen oder Hilfstruppen behandeln, war bereits die 1990er Jahre über ein Problem, etwa im Kosovo-Krieg.

Die Frage war, ob eine Welt, in der Macht und Souveränität von Nationalstaaten erheblich relativiert sind, eine Vormacht wie die USA aushalten kann, oder ob die *Pax americana* sogar eine notwendige Bedingung für eine demokratische Weltrepublik ist. Bereits Immanuel Kant sah die Nützlichkeit einer solchen Weltregierung, aber mehr fürchtete er, dass von ihr zugleich der schrecklichste Despotismus ausgehen werde. Und genau diese Gefahr droht derzeit vor allem vom Ausbau und Ausgreifen des amerikanischen Sicherheitsstaates auf den Rest des Globus. Die amerikanische Heimatverteidigung macht ihre Maßstäbe weltweit geltend, und bei der Bekämpfung von Terroristen und Schurkenstaaten gab es kaum eine Debatte über unterschiedliche Bewertungen des geltenden Völkerrechts; sogar in die Grenzziehung der erweiterten Europäischen Union griff der US-Präsident Bush ungeniert ein, indem er etwa die Aufnahme der Türkei als Garant amerikanischer Sicherheit empfahl. In der Tendenz wird damit amerikanisches Recht Weltrecht, so wie der Dollar noch ein faktischer Goldstandard ist und die US-Armee der unangefochtene Weltpolizist, während sich die Vereinigten Staaten zugleich allen anderen, ihnen widerstrebenden Versuchen der Vereinheitlichung des Umwelt- und Strafrechts entziehen, am prominentesten im Fall des Internationalen Strafgerichtshofes.

Dass man gegen Terrornetzwerke vom Schlage der Al-Qaida mit einer gemeinsamen Polizeiaktion vorgehen muss, wird von niemandem ernsthaft bestritten. Doch ein solches globales Gewaltmonopol ist nur gewährleistet, wenn es nicht unter dem Diktat der «letzten verbliebenen Weltmacht» steht, sondern ein Sicherheitsorgan der Vereinten Nationen darstellt. Davon ist die wirkliche Welt derzeit Lichtjahre entfernt. Die Vereinigten Staaten haben es weniger denn je nötig, sich einem derartigen Gremium unterzuordnen, und ihr Verhalten gegenüber dem UN-Sicherheitsrat in der Irak-Krise hat deutlich gemacht, was sie selbst von dieser Schwundform einer multilateralen Institution halten. Sicher war das geltende Völkerrecht auf die Herausforderungen nach dem Ende des Kalten Krieges nicht eingestellt; deswegen wurden nationale Verfassungen wie das Grundgesetz der Bundesrepublik Deutschland den neuen Verhältnissen angepasst. In diesem Sinne haben sich die Vereinten Nationen auf humanitäre Interventionen eingestellt und die Bundesrepublik Deutschland auf *out of area*-Einsätze, die das Grundgesetz erheblich strapazieren. Nun aber liegt die Vermutung nahe, dass die Vereinigten Staaten in Folge des Schocks, den der Elfte September ausgelöst hat, aus der Globalisierung eine faktische Amerikanisierung machen wollen, die bisher weder auf wirtschaftlichem noch auf kulturellem Gebiet zu erreichen und von den USA im übrigen auch nicht angestrebt war.

Würde dieses Kalkül in Washington tatsächlich verfolgt, hieße das nichts anderes, als dass sich die Vereinigten Staaten faktisch als Weltregierung betätigen und diese an die Stelle multilateraler Weltpolitik treten würde. Dieses Szenario wird in amerikanischen Denkfabriken gesponnen und auf seine ganz und gar unamerikanische Tendenz durchdacht. Anders als Robert Kagan es sieht, gibt es in den USA durchaus noch Anhänger Kants und Fürsprecher einer multilateralen Einbindung, die in bester amerikanischer Tradition steht. Hier muss ein runderneuerter transatlantischer Dialog anknüpfen, den, wenn nicht die europäischen Regierungen, so doch transnationale Netzwerke jenseits der gouvernementalen Ebene führen können. Es ist eine seltsame Ironie der Geschichte, dass das immer schon transnationale und imperiale Amerika, das sich bis heute als «Gesellschaft ohne Staat» geriert, beim Übergang in die reale Weltgesellschaft und unter dem Druck der verinnerlichten Bedrohung nun offenbar in eine Art nachholende Staatsbildung eingetreten ist, während dem säkularisierten und supranationalen Europa in der Tat nicht viel mehr einfällt als ratlose Neutralität zu allen Gotteskriegern dieser Welt, es im Ernstfall aber wieder die amerikanische Supermacht um Schutz und Beistand anrufen muß.

Eine wirkliche Globalisierung, die diesen Namen verdient, erfordert das Ende des *American exceptionalism* und damit einer räumlich gebundenen, von nur einer Kraftquelle ausgehenden Mission, wie sie die Vereinigten Staaten seit ihrer Gründung in Anspruch genommen haben. Diesbezüglich weisen sie, nicht Europa oder Afrika, den größten Rückstand auf. Die Welt erträgt keinen arroganten Hegemon. Amerika muss sich nolens volens selbst «globalisieren» und die im Hinterland wie in den Machtzentralen ironisierte internationale Gemeinschaft anerkennen. Die Auseinandersetzung um den Kurs der ökonomischen und kulturellen Entgrenzung der Welt wird also zunehmen, und Europa und der Rest der Welt brauchen sich von amerikanischen Politikern, Managern und Talkmastern keine Lektionen geben zu lassen. Unter der verführerischen Last historischer Analogien hat die Führung der Vereinigten Staaten die Herausforderungen der Gegenwart und Zukunft verkannt. Kurz- und mittelfristig ist dies die Bekämpfung der ungebrochenen Gefahr durch einen entgrenzten Terror, mittel- und langfristig eine Weltordnung, die gerechter, nachhaltiger, vielfältiger und demokratischer ist. Der unilaterale Internationalismus der Vereinigten Staaten trägt zur regionalen wie transnationalen Demokratisierung faktisch wenig bei, und für die Erfüllung aller anderen Politikziele ist die Präsenz und Wirkungsweise eines arroganten Hegemons völlig kontraproduktiv. Auf der einen Seite ist Amerika ohnmächtig, auf der anderen Seite agiert es imperial. Nur eine Rückkehr zum Multilateralismus kann seine Schwächen ausgleichen und seine Stärken nutzbar machen. Sonst wird ausgerechnet die Macht zum stärksten Gegner der Globalisierung, die sie wie keine zweite propagiert hat.

Zusammenfassung in
sieben Thesen

1. Das Ende der Globalisierung, wie wir sie kannten

Das gängige Konzept der Globalisierung blieb ganz auf den finanz-wirtschaftlichen Aspekt beschränkt; dagegen müssen die kulturel-len und kommunikativen Dimensionen der Weltgesellschaft berück-sichtigt werden, womit transnational nicht nur die Standards der Geldwirtschaft, Konsummuster und Expertensysteme greifen, son-dern auch viel stärker Tendenzen der Differenzierung und Frag-mentierung zu beachten sind. Kompromittiert durch Hochstapelei und Größenwahn, erlebt der Kapitalismus die stärkste Legitimati-onskrise seit Jahrzehnten; Optionen der nachhaltigen Marktwirt-schaft und Netzwerkgesellschaft müssen an die Stelle der quantitati-ven «Tonnen-Ideologie» treten, die auf unbrauchbare Paradigmen wirtschaftlichen Wachtums und globaler *economies of scale* setzt. Die Zukunft liegt nicht in einer protektionistischen Panikreaktion, sondern in einer intelligenten Deglobalisierung.

2. Varianten der Kritik

Es haben sich mindestens fünf Varianten der Gegnerschaft zur neoliberalen Ideologie herauskristallisiert. Sie laufen hinaus a) auf eine Devolution der Weltgesellschaft, b) auf die Mobilisierung zum Teil militanter Resistenz gegen transnationale Konzerne und Regime, c) auf den Aufbau weltweiter Politiknetzwerke, d) auf die Bewertung weltgesellschaftlichen Handelns unter transzendenten, ethisch-moralischen Gesichtspunkten, vor allem der globalen Ge-rechtigkeit, e) auf Gegenexpertise und Elitenkonkurrenz. Damit ergeben sich politische Alternativen zum vorherrschenden Globa-lisierungsmuster, der dem scheinbar alternativlosen Kapitalismus eine Chance zur Selbsterneuerung verleihen.

3. Von der Nicht-Regierung zur Mitregierung

In Gestalt der NRO haben sich Mitregierungsorganisationen herausgebildet, die themen- und regionalspezifisch per Lobbytätigkeit in die
Beratungs- und Entscheidungsgremien (trans-)nationalen Regierens
vorgedrungen sind und dort auf die Bereitstellung weltöffentlicher
Kollektivgüter pochen. Sie haben operationale Konzepte sozial-öko-
logischer Nachhaltigkeit entwickelt, welche auch die Interessen von
Arbeitnehmern und Migranten wahren, Minderheiten- und Menschenrechte respektieren, die Gleichstellung der Geschlechter vorantreiben und politische Beteiligung fördern. Hier zeichnen sich Übereinstimmungen und Konvergenzen ab mit Reformansätzen transnationalen Regierens innerhalb der internationalen Organisationen.

4. Globale Politisierung

Nachdruck verleiht dem eine globale «Streitpolitik», in der sich
transnationale Regime und transnationale Protest-Netzwerke ge-
genüberstehen. Letztere schließen an die neuen sozialen Bewegungen der 1960er und 1970er Jahre an, aktualisieren aber auch die Vorhaben der Arbeiterbewegung und der postkolonialen Befreiung.
Dem lose gekoppelten Netzwerk lokaler und globaler Initiativen ist
es in Ansätzen gelungen, eine globale Konfliktlinie zu politisieren.

5. Demokratische Bringschuld

NRO und Protestbewegung haben demokratisierende Funktion,
leiden aber vor allem dort, wo sie in Entscheidungsprozesse involviert sind, selbst noch an einem Demokratiedefizit. Dieses ist nicht
auf konventionellem Wege, etwa durch eine transnationale Reprä-
sentativverfassung, zu beheben; aussichtsreicher sind Experimente
mit nicht-territorialen Formen transnationaler Partizipation und
Repräsentation, die eine föderative Vertretung weltbürgerlicher Akteure erlauben.

6. Mangel an Gelegenheit

Liegen hier die aussichtsreichsten Formen unkonventioneller politischer Beteiligung, die eine Unterscheidung von Innen- und Außen-

politik obsolet machten, so scheitern weltbürgerliche Aspirationen zum einen an den überwiegend nationalstaatlichen Parametern der Aggregation und Artikulation von Interessen, zum anderen an einem grenzüberschreitenden Terror und in Reaktion darauf an unilateralen Diktaten und Eingriffen durch die Vereinigten Staaten. Das Äquivalent der ökonomischen Deglobalisierung und kulturellen Differenzierung liegt in regional verfassten Föderationen.

7. Globale Verantwortung

Eine andere Globalisierung bleibt möglich, ihre Verwirklichung steht aber (wieder) unter dem Vorbehalt einer «planetarischen» Konfrontation mit Massenvernichtungswaffen. Diese Lage legt den Gegnern der Globalisierung, wie wir sie kannten, eine hohe politische Verantwortung auf – mehr als bisher müssen sie formulieren und erproben, wie eine Politik ohne Krieg aussehen kann und wie die Ursachen der Globalisierungsschäden zu bekämpfen sind. Die meisten Gegner der Globalisierung, wie wir sie kannten, sind keine Feinde der offenen Gesellschaft, sondern, bewusst oder unbewusst, ihre heutigen Verfechter und Herausforderer. Karl Popper schrieb im Mai 1992: «... unsere offene Gesellschaft ist die beste und reformfreudigste, die es je gegeben hat» und fügt an: «Natürlich ist sie bei weitem nicht gut genug» (Popper 1992: XIV). Die Ironie besteht darin, dass vor allem die Kritiker den Kapitalismus vor sich selbst retten können, und zugespitzt wird sie noch dadurch, dass sie dabei weder auf eine ominöse Autoevolution setzen können noch auf eine antikapitalistische Revolution, sondern angewiesen sind auf die Bereitschaft und Zustimmung der wirtschaftlichen, kulturellen und politischen Eliten zu einer wahrhaft planetarischen Politik. Denn letztlich können nur «Wandel durch (fairen!) Handel» und die (weltöffentlich verbreitete) Botschaft von einer *besseren* Welt Frieden und Freiheit auf Dauer sichern.

Anhang

Abkürzungen

AP	The American Prospect
APUZ	Aus Politik und Zeitgeschichte
Blätter	Blätter für deutsche und internationale Politik
BZ	Berliner Zeitung
FA	Foreign Affairs
FAS	Frankfurter Allgemeine Sonntagszeitung
FAZ	Frankfurter Allgemeine Zeitung
FR	Frankfurter Rundschau
FTD	Financial Times Deutschland
HA	Hamburger Abendblatt
HIR	Handbook of International Relations, hrsg. von Walter Carlsnaes u.a., London 2002
IPG	Internationale Politik und Gesellschaft
KNA	Katholische Nachrichtenagentur
KZfSS	Kölner Zeitschrift für Soziologie und Sozialpsychologie
LI	Lettre Internationale
LMD	Le Monde Diplomatique
NY	The New Yorker
NYRB	The New York Review of Books
PVS	Politische Vierteljahresschrift
SW	Soziale Welt
SZ	Süddeutsche Zeitung
taz	tageszeitung
WW	Wirtschaftswoche
ZfP	Zeitschrift für Politik
ZfS	Zeitschrift für Soziologie
ZIB	Zeitschrift für internationale Beziehungen

Anmerkungen

1 David gegen Goliath. Seattle und die Folgen, in: APUZ B 48/2000, S. 3–4; mein Bericht vom Weltsozialforum 2002 erschien unter dem Titel «Die Umkehr der Beweislast» in: FR 9.2.2002.

2 Der Verfasser freut sich über konstruktive Stellungnahmen unter claus.leggewie@zmi.uni-giessen.de

3 Vgl. Smith u. a. 1997, Keck/Sikkink 1998, Tarrow 1998, Della Porta 1999, Rucht 1999, Anheier u. a. 2000, Brecher u. a. 2000, Cohen/Rai 2001, Florini 2000, Fox/Brown 2000, Guidry u. a. 2000, Starr 2000, Coy 2001, Gills 2001, Hamel 2001, Klein u. a. 2001, Murphy 2002, Smith/Johnston 2002.

4 Den Krieg denken, in: FR 30.10.2001 und UNI-Forum 10/2001 der Justus-Liebig-Universität Gießen.

5 Vgl. meinen Bericht «Neoliberaler Jargon und antikapitalistisches Esperanto» in: FR 23.1.2003.

6 In Anspielung auf einen Ausspruch des früheren US-Präsidenten Bill Clinton, der «the end of welfare as we knew it» (das Ende des Sozialstaates, wie wir ihn kannten) ankündigte.

7 Nach Robertson 1998 und Goetz/Clarke 1993, vgl. auch ältere Theoreme der «strukturellen Heterogenität» (Córdova 1973) und der partiellen Modernisierung (Rüschemeyer 1970).

8 Dazu Leggewie 2001, dort weitere Literatur.

9 Luhmann 1971:52. Der Terminus wurde aufgegriffen und diskutiert bei Forschungsgruppe Weltgesellschaft 1996 und Richter 1997, vgl. auch die Working Papers der World Society Research Group, Darmstadt-Frankfurt/Main.

10 Staatssouveränität wird hier definiert als Fähigkeit von Staatsapparaten, über ihr Territorium und ihre Bevölkerung Kontrolle auszuüben, grenzüberschreitende Bewegungen aller Art zu kontrollieren und andere Staaten davon auszuschließen. In diesem strengen Sinne ist Souveränität seit langem «anachronistisch» geworden (Czempiel 1970, Krasner 1999, Biersteker 2002) so dass man heute von der interdependenten Gesellschaftswelt (Czempiel 1991) spricht.

11 Auf die Vorgeschichte der Globalisierung kann hier nicht eingegangen werden, vgl. dazu das kontrovers diskutierte Buch von Landes 1998 und Borchardt 2001, aber auch die außerokzidentale Frühgeschichte (etwa Markovits 2000) und die koloniale Seitengeschichte (Cooper 2001).

12 Robert von Heusinger: Wer gibt Deutschland noch Kredit?, in: Zeit 18.12.2002; Hillebrand 2001.

13 Genauer bei www.debatte.org und die Berichte in Zeit 7.1.1999, WW

13.6.2002 und FTD 22.6.2002, ferner The Economist 8.9.2002 und Peter von Ham: Die neue S-Klasse. Image ist alles. Der Aufstieg des Markenstaates, in: SZ 30.8.2001.

14 Hybridisierung wird neuerdings intensiv in den Kulturwissenschaften (Hörning/Winter 1999) und in der vergleichenden Literaturwissenschaft (Galster 2002) diskutiert.

15 Beispiel: die «Bollywood» genannte Filmindustrie Indiens, dazu die Rezension von Diedrich Diedrichsen zu «Monsoon Wedding» der Regisseurin Mira Nair in: taz 17.4.2002.

16 Vgl. Economist 7.12.2002 und FAZ 7.12.2002 sowie www.missworld. org, allgemein dazu Cohen 1995 und Craig 2002.

17 Carl Christian von Weizsäcker im Streitgespräch mit Susan George, in: SZ 29./20.9.2001.

18 Eindrucksvoll hier das Theaterstück «Täglich Brot» von Gesine Danckwart (Jena, Premiere Mai 2001).

19 Exemplarisch hat sich das Wirtschaftsmagazin «The Economist» mehrfach fundiert mit den Argumenten der Globalisierungskritik auseinandergesetzt, vgl. die Ausgaben vom 23.9.2000 (The Case for Globalization) und vom 29.9.2001 (Globalization and its critics). Ähnlich differenziert (und durchgängig pro Globalisierung) der Wirtschaftsteil der SZ mit der 24-teiligen Serie «Die Globalisierung und ihre Kritiker». Eine exemplarische journalistische Verteidigungsschrift ist etwa Friedman 2000, vgl. dagegen aber die polemischen Kolumnen des Wirtschaftswissenschaftlers Paul Krugman in der New York Times und die scharfe Abrechnung von Joseph Stiglitz 2002c, die man als Einstieg in eine Revision der Wirtschaftsgeschichtsschreibung der 1990er Jahre ansehen kann.

20 *Global Governance* ist ein neues, im angelsächsischen Raum entwickeltes Konzept zur Beschreibung und Analyse von politischen Regulierungsansätzen und Regimeformen jenseits des Nationalstaates, hier übersetzt mit «transnationales Regieren» – ohne die auf nationaler Ebene vorhandenen gouvernementalen Instrumente von Staatlichkeit. Vgl. Rosenau/Czempiel 1992, Commission on Global Governance 1995 und Nye 2000 sowie die deutsche Diskussion zwischen Messner/Nuscheler 1996 und Brand u.a. 2000 sowie die laufende, vor allem von der Stiftung Entwicklung und Frieden geführte Debatte, darunter das Politikforum «Prozesse der internationalen Verrechtlichung»; zu diesem Aspekt auch Teubner 2000 und Günther/Randeria 2000.

21 Dazu unveröffentlichte Papiere von Richard Stöss und Armin Pfahl-Traughber zum Symposium des Bundesamtes für Verfassungsschutz im Juni 2002; zum Rechtsradikalismus als soziale Bewegung vgl. Leggewie 1993.

22 Vgl. aber die Einfühlung des Schriftstellers Gore Vidal in das Denken des Oklahoma-Attentäters Timothy McVeigh, Vidal 2002.

23 Dazu die Initiative französischer Wirtschaftsstudenten und -professo-
ren unter http//:soz.ganymed.org/texte/autistoek.pdf. Die Bewegung
hat auch nach Großbritannien und in die USA ausgegriffen, vgl. die
Plattform des post-autistic economic network (www.paecon.net) und
Nils Goldschmidt, SZ 3.4.2002.

24 Dessen Pendant könnte der amerikanische Regisseur Michael Moore
sein, vgl. zuletzt sein Buch «Stupid White Men» (2002) und seinen Film
«Bowling for Columbine» (2002).

25 Buruma/Margalit 2002; vgl. auch die Rede Roys zum Weltsozialforum
2003, in: FAZ 5.2.2003. Zum Tiersmondismus, einer aus postkolonialen
Schuldgefühlen geborenen Haltung der pauschalen Inschutznahme nach-
kolonialer Regime, vgl. die polemische Analyse von Bruckner 1984, vgl.
auch ders. in: Figaro 6.12.2002. Diese noch immer nicht überwundene
Haltung führt dazu, dass der venezolanische Diktator Hugo Chavez auf
dem Weltsozialforum 2003 als vermeintlicher Antiimperialist gefeiert
wurde, auch Staatspräsident Robert Mugabe, der Zimbabwe in Hunger
und Elend gestürzt hat, entschuldigt wird und – nicht zuletzt – selbst Saddam Hussein von Kritik verschont bleibt, wenn Friedensdemonstranten
Forderungen wie «Hände weg vom Irak» oder «Irakisches Öl den Ira-
kern» hochhalten.

26 Kritisch zu Hardt/Negri haben sich Jörg Lau, Zeit 23.5.2002 und vor allem Alan Wolfe, The New Republic 27.9.2001 geäußert, vgl. zur Rezeption auch Mark Siemons, FAZ 24.5.2002.

27 So die Berichterstattung über meine Einwände gegen Bourdieu bei der
erwähnten Veranstaltung in der Humboldt-Universität, BZ 13.6.2000.

28 Vgl. meinen Bericht über die Castelgandolfo-Gespräche 1996 in: Krzy-
sztof Michalski (Hrsg.): Aufklärung heute, Stuttgart 1997, S. 236–251
und Pontifical Academy 2002.

29 Ins Visier der Kritik gerieten zunächst auch der US-Präsident und sein
Vize Dick Cheney, die selbst eine unternehmerische Vergangenheit im
texanischen Ölgeschäft haben, dazu FAZ 13.7.2002 und Paul Krugman,
Schlicht außer sich, in: SZ 5.7.2002.

30 Dazu die interessanten Experimente in der japanischen Gemeinde Shi-
buya, die eine Parallelwährung zum Yen geschaffen hat und auf gemeinnützige Arbeit setzt (FAZ 23.12.2002), die Entwicklung lokaler
Tauschringe (Zeit 4.7.2002) und die Überlebenstechniken in Argentinien, einem Land ohne Geld (NZZ 22.6.2002).

31 Als ausgezeichnete Einführung in das Thema NRO empfehle ich Heins
2002, dort auch die weiterführende Literatur, vgl. ferner UNESCO
(Hrsg.): Courier de la Planète, Bd. III, H. 63, Themenheft Global Civil
Society, und die kritische Diskussion in Altvater u.a. 2000; Brühl u.a.
2001; Brunnengräber u.a. 2001; Klein u.a. 2001.

32 Zum Begriff der Nachhaltigkeit Reid 1995, Sachs 1995 und 2002 und

weitere Beiträge in Mander/Goldsmith 2002, ferner Themenheft B31-32 von APUZ sowie der (höchst enttäuschende) Bericht der Bundesregierung, Perspektiven für Deutschland. Unsere Strategie für eine nachhaltige Entwicklung, Berlin 2002.

33 Beispiel: MAI, für viele Akteure das Erfolgserlebnis, das die globalisierungskritische Bewegung ausgelöst hat (s. S. 113).

34 http://wblnoo18.wolrdbank.org/essd.nsf/NRO/home (8. 6.2001).

35 Martin Wolf, What we Need from the Uruguay Round, in: World Today 46, 3, S. 43–46.

36 Dazu Hellmann/Koopmans 1998 und das Forschungsjournal Neue Soziale Bewegungen (1988 ff.). Für die transnationalen sozialen Bewegungen ist besonders zu verweisen auf die Hefte 1/2000 und 1/2002, ferner auf die Anm. 3 zitierte Literatur.

37 Dazu jetzt Gordon 2000 und Harrod 2002, ferner das Themenheft von FNSB 15, 2/2002 sowie Transit 24/2003.

38 So die militanten Genua-Fahrer «Bernd und Martin» im taz-Interview 1.8.2001: «Wir wollten den Krawall. Wir wollten diesen Gipfel verhindern. (…)Attac will offensichtlich etwas anderes als wir. Attac will Reformen, eine Stärkung der Nationalstaaten. Wir stehen nach wie vor für eine grundlegende Umwälzung der herrschenden Verhältnisse, sprich für eine Revolution (…).»

39 So im Theaterstück «Zeugenstand» von Andreas Dresen (Deutsches Theater Berlin 2002) und im Kinofilm «Baader» (2002), dazu das Streitgespräch zwischen Daniel Cohn-Bendit und dem Regisseur Christopher Roth in: taz 15.2.2002 sowie Niklas Maak, SZ 24./25.2.2001. Zur Ermordung des italienischen Arbeitsrechtlers Marco Biago vgl. Zeit 27.3.2002.

40 E-Mail von Peter Wahl an die Mitglieder des Wissenschaftlichen Beirats von Attac-Deutschland.

41 Einen guten Eindruck davon vermittelt das Gespräch mit Susan George, die zu den Initiatoren von Attac-International gehörte, in: Blätter 4/2002, S. 419–430, vgl. auch George 2001.

42 Erklärung vom 12.9.2001, in der zugleich vor Überreaktionen gewarnt und eine Lösung des Nahost-Konfliktes angemahnt wurde. Weiter heißt es: «Sicherheit ist heute weniger denn je militärisch, sondern muss vor allem sozial, kulturell, ökonomisch und politisch begriffen werden. Sicherheit ist letztlich eine Frage der Gerechtigkeit. (…) Daher kommt dem Engagement für eine Globalisierung von sozialer Gerechtigkeit, Demokratie, Menschenrechten, Geschlechtergerechtigkeit und umweltgerechtem Verhalten eine noch größere Bedeutung zu als je zuvor.» (www.attacberlin.de/position.html, 2.11.2001).

43 Bundesamt für Verfassungsschutz, Symposium «Politischer Extremismus in der Ära der Globalisierung», 20.6.2002 (Köln), Konrad-Ade-

nauer-Stiftung (Hrsg.), Wer oder was ist Attac. Globalisierungsdebatte I, Arbeitspapiere 74, November 2002.

44 Dazu den kritische Kommentar von Katharina Koufen, taz 20.1.2003 und die Berichte der Teilnehmer Peter Wahl (Ms. Januar 2003) und Ulrich Brand/Michael Brie (Freitag 7.2.2003). Interessanterweise war der brasilianische Staatspräsident Lula Starredner in Porto Alegre *und* Davos, das 2003 unter dem Motto «Building Trust» stand und globalisierungskritischen NRO Raum bot.

45 Die folgenden Aspekte sind detaillierter ausgeführt in Leggewie 2002 und 2003.

46 Eine scharfe Kritik von links erfährt auch der einstige Vorkämpfer des Weltsozialforums und heutige brasilianische Staatspräsident Lula, von dem Staudammgegner (wohl vergeblich) eine radikal andere Energiepolitik erwarten und sich Abgeordnete des linken Flügels der eigenen Partei (PT) zu distanzieren beginnen; vgl. taz 10.1.2002 und FAZ 8.2.2003, dazu auch Ignacio Ramonet, Lula Paradigma, in: LMD 17.1.2003 und Economist 4.1.2003

Literaturverzeichnis

(Beiträge aus Zeitschriften sind teilweise aus der Internet-Version zitiert)

Abromeit, Heidrun 1998: Democracy in Europe. Legitimising Politics in a Non-State Polity, New York-Oxford

Aguiton, Christophe 2002: Was bewegt die Kritiker der Globalisierung? Von Attac zu Via Campesina, Köln

Albert, Mathias 1998: Entgrenzung und Formierung neuer politischer Räume, in: Kohler-Koch, Beate (Hrsg.): Regieren in entgrenzten Räumen, PVS SH 29, S. 49–76

Altvater, Elmar/Brunnengräber, Achim 2002: NGOs im Spannungsfeld von Lobbyarbeit und öffentlichem Protest, in: APUZ B 6–7, S. 6–14

–/Mahnkopf, Brigitte 1996: Grenzen der Globalisierung. Ökonomie, Ökologie und Politik in der Weltgesellschaft, Münster

– u.a. 2000: Vernetzt und verstrickt. Nicht-Regierungs-Organisationen als gesellschaftliche Produktivkraft, Münster

Anheier, Helmut u.a. (Hrsg.) 2001: Global Civil Society, Oxford

Appadurai, Arjun 1996: Modernity At Large. Cultural Dimensions of Globalization, London

Appelbaum, Richard/Dreier, Peter 1999: The Campus Anti-Sweatshop Movement, in: AP, 46

Archibugi, Daniele (Hrsg.) 1998: Re-imagining Political Community. Studies in cosmopolitan democracy, Stanford

–/Held, David 1995. Cosmopolitan Democracy: An Agenda for a New World Order, London

Arendt, Hannah 1986: Über die Revolution, München

Attac (Hrsg.) 1999: Contre la dictature des marchés, Paris

Attac (Hrsg.) 2001: Zwischen Netzwerk, NGO und Bewegung. Das Selbstverständnis von ATTAC, http://www.attac-netzwerk.de/

Bach, Maurizio 2000: Die europäische Integration und die unerfüllten Versprechen der Demokratie», in: Klingemann, Hans-Dieter/Neidhardt, Friedhelm (Hrsg.): Zur Zukunft der Demokratie. Herausforderungen im Zeitalter der Demokratisierung, Berlin, S. 182–213

Barber, Benjamin R. 1996: Jihad vs. McWorld, New York

– 2002: Beyond Jihad Vs. McWorld, in: The Nation 21.1.2002

Barlow, Maude/Clarke, Tony 1998: MAI. The Multilateral Agreement on Investment and the Threat to American Freedom, o.O.

Barsky, Robert F. 1997: Noam Chomsky: A Life of Dissent, Cambridge/Mass.

Bayne, Nicholas 2000: Why did Seattle Fail? Globalization and the Politics of Trade, in: Government and Opposition 35,2, S. 131–151

Beck, Ulrich (Hrsg.) 1998: Perspektiven der Weltgesellschaft, Frankfurt/Main
– 2002: Macht und Gegenmacht im globalen Zeitalter, Frankfurt/Main

Beisheim, Marianne 1997: Nichtregierungsorganisationen und ihre Legitimität, in: APUZ 43, S. 21–29

– 2001: Demokratisierung einer klimapolitischen Global Governance durch NGOs? in: Brunnengräber u.a., S. 115–136

Bello, Walden u.a. 2001: Die Krisen sind systembedingt. Zurück zu einer Strategie binnenmarktorientierter Entwicklung, in: E+Z 12, S. 367–370

– 2002: Die Strukturanpassungsprogramme von IWF und Weltbank, in: Mander/Goldsmith, S. 190–201

Benhabib, Sheila 2000: Kulturelle Vielfalt und demokratische Gleichheit. Politische Partizipation im Zeitalter der Globalisierung, Frankfurt/Main

Benz, Arthur 2001: Postparlamentarische Demokratie und kooperativer Staat, in: Leggewie/Münch, S. 263–280

Bertrand, Angès/Kalafatides, Laurence 2002 : Die WTO und die Liberalisierung des Handels im Gesundheits- und Dienstleistungsbereich, in: Mander/Goldsmith, S. 355–364

Bewernitz, Torsten 2002: Global X. Kritik, Stand und Perspektiven der Antiglobalisierungsbewegung, Münster

Biersteker, Thomas J. 2002: Forms of State, States of Sovereignty: The Changing Meanings of State, Sovereignty and Territory in the Theory and Practice of International Relations, in: HIR, S. 157–176

Binas, Susanne 2001: Populäre Musik als Prototyp globalisierter Kultur, in: Wagner (Hrsg.), S. 93–105

Birle, Peter u.a. (Hrsg.) 2002: Globalisierung und Regionalismus, Opladen

Bischoff, Joachim 2000: Neoliberales Zeitalter? Abend- oder Morgendämmerung des Laissez-faire-Kapitalismus?, Hamburg

Bobbio, Norberto 1988: Die Zukunft der Demokratie, Berlin

Bobbitt, Philip 2002: The Shield of Achilles. War, Peace and the Course of History, New York

Bohnet, Armin /Schratzenstaller, Margit 2001: Gewinner und Verlierer der Globalisierung aus (intra-)nationaler Sicht, in: List Forum für Wirtschafts- und Finanzpolitik, 27,1, S. 1–21

Bolz, Norbert u.a. (Hrsg.) 2000: Weltbürgertum und Globalisierung, München

Borchardt, Knut 2001: Globalisierung in historischer Perspektive, München

Bourdieu, Pierre 1998a: Gegenfeuer, Konstanz
– 1998b: Über das Fernsehen, Frankfurt/Main
– 2001a: Gegenfeuer 2. Für eine europäische soziale Bewegung, Konstanz
– 2001b: Uniting to better dominate, in: Items 2, S. 1–6
– 2002: Die feinen Unterschiede. Kritik der gesellschaftlichen Urteilskraft, Frankfurt/Main

– u.a. 1991: Titel und Stelle. Über die Reproduktion sozialer Macht. Frankfurt/Main

– u. a 1997: Das Elend der Welt. Konstanz

Bowden, Charles 2002: Down By The River. Drugs, Money, Murder, and Family, New York

Boxberger, Gerald/Klimenta, Harald 1998: Die zehn Globalisierungslügen. Alternativen zur Allmacht des Marktes, München

Brand, Ulrich 2001: Nichtregierungsorganisationen und postfordistische Politik. Aspekte eines kritischen NGO-Begriffs, in: Brunnengräber u.a., S. 73–94

– (Hsrg.) 2000: Reflexionen einer Rebellion. «Chiapas» und ein anderes Politikverständnis, Münster

– u.a. 2000: Global Governance: Alternative zur neoliberalen Globalisierung? Münster

– u.a. (Hrsg.) 2001: Nichtregierungsorganisationen in der Transformation des Staates, Münster

Brecher, Jeremy u.a. 2000: Globalization from below: The Power of Solidarity, Cambridge/Mass.

Breidenbach, Joana/Zukrigl, Ina 2000: Tanz der Kulturen, Kulturelle Identität in einer globalisierten Welt, München

Brinkmann, Manfred (Red.) 2002: Vom Süden lernen. Porto Alegres Beteiligungshaushalt wird zum Modell für direkte Demokratie, o.O.

Bröckers, Mathias 2002: WTC Conspiracy, 24. Aufl. Frankfurt/Main

Bruckner, Pascal 1984: Das Schluchzen des weißen Mannes. Europa und die dritte Welt. Eine Polemik, Berlin

Brühl, Tanja 2001: Mehr Raum für die unbequemen Mitspieler? Die Einbeziehung von NGOs in die internationalen (Umwelt-)Beziehungen, in: Brunnengräber u.a., S. 137–156

– u.a. 2001: Die Privatisierung der Weltpolitik. Entstaatlichung und Kommerzialisierung im Globalisierungsprozess, Bonn

Brunkhorst, Hauke 2002: Solidarität. Von der Bürgerfreundschaft zur globalen Rechtsgenossenschaft, Frankfurt/Main

–/Kettner, Matthias (Hrsg.) 2000: Globalisierung und Demokratie: Wirtschaft, Recht, Medien, Frankfurt/Main

Brunnengräber, Achim u.a. 2001: Legitimationsressource NGOs. Zivilgesellschaftliche Partizipationsformen im Globalisierungsprozess, Opladen

Buchholz, Christiane u.a. (Hrsg.) 2002: Unsere Welt ist keine Ware. Handbuch für Globalisierungskritiker, Köln

Bundesverband deutscher Banken 2000: Der Wirtschaftsstandort im Zeichen der Globalisierung. Ergebnisse repräsentativer Meinungsumfragen, Berlin

– 2002: Der Wirtschaftsstandort im internationalen Wettbewerb. Ergebnisse repräsentativer Meinungsumfragen, Berlin

Buruma, Ian/ Margalit, Avishai 2002: Occidentalism, in: NYRB 17.1.2002

Campbell, John L. (Hrsg.) 2001: The Rise of Neoliberalism and Institutional Analysis, Princeton

Casanova, José 1994: Religion und Öffentlichkeit. Ein Ost-/Westvergleich. In: Transit 8, S. 21–41

Cassen, Bernard u.a. 2002: Eine andere Welt ist möglich. Das Buch zum Attac-Kongress, Hamburg

Castells, Manuel 2001: Die Netzwerkgesellschaft, Bd. 1, Opladen

Cerny, Philip 1995: Globalization and the Changing Logic of Collective Action, in: International Organization, 49, 4 (http://www.mtholyoke.edu/acad/intrel/cerny.htm)

Chase-Dunn, Christopher 1999: Globalization: A World-Systems Perspective, in: Journal of World-Systems Research 2,2, S. 165–195

Ching, Miriam/Yoon, Louie 2001: Sweatshop warriors. Immigrant women workers take on the global factory, Cambridge/Mass.

Chomsky, Noam 2000: Profit Over People: Neoliberalismus und globale Weltordnung, Hamburg-München

– 2001: War Against People. Menschenrechte und Schurkenstaaten, Hamburg-München

– 2002: The Attack. Hintergründe und Folgen, Hamburg-München

Chossudovsky, Michel 2002: Global brutal. Der entfesselte Welthandel, die Armut, der Krieg, Frankfurt/Main

Clifford, James 1992: Travelling Cultures, in: Grossberg, Lawrence u.a. (Hrsg.): Cultural Studies, London, S. 96–116

Cohen, Colleen B. u.a. (Hrsg.) 1995: Beauty Queens on the Global Stage: Gender, Contests, and Power, London

Cohen, Daniel 1998: Fehldiagnose Globalisierung. Die Neuverteilung des Wohlstands nach der dritten industriellen Revolution, Frankfurt/Main

Cohen, Joshua/Rogers, Joel 1994: Solidarity, Democracy, Association, in: Streeck, Wolfgang (Hrsg.): Staat und Verbände, Opladen, S. 136–159

Cohen, Robin/Rai, Shirin M. (Hrsg.) 2000: Global Social Movements, London

Commission on Global Governance 1995: Nachbarn in einer Welt. Der Bericht der Kommission für Weltordnungspolitik, Bonn

Conrad, Sebastian/Randeria, Shalini (Hrsg.) 2002: Jenseits des Eurozentrismus. Postkoloniale Perspektiven in den Geschichts- und Kulturwissenschaften, Frankfurt/Main

Cooper, Frederick 2001: What is the Concept of Globalization good for? An African Historian's Perspectice, in: AA, 1000, S. 399

Córdova, Armando 1973: Strukturelle Heterogenität und wirtschaftliches Wachstum. Drei Studien über Lateinamerika, Frankfurt/Main

Corsten, Hans (Hrsg.) 2001: Unternehmungsnetzwerke. Neuere Formen der unternehmungsübergreifenden Zusammenarbeit, München-Wien

Coy, Patrick (Hrsg.) 2001: Political Opportunities, Social Movements, and Democratization, Amsterdam

Craig, Maxine Lees 2002: Ain't I a Beauty Queen? Black women, beauty, and the politics of race, Oxford-New York

Czempiel, Ernst-Otto 1991/2002: Weltpolitik im Umbruch. Das internationale System nach dem Ende des Ost-West-Konflikts/Die Pax Americana, der Terrorismus und die Zukunft der internationalen Beziehungen, München

– (Hrsg.) 1970: Die anachronistische Souveränität. Zum Verhältnis von Innen- und Außenpolitik, PVS SH 1

Della Porta, Donatella u.a. (Hrsg.) 1999: Social Movements in a Globalizing World, London

Deutsch, Karl W. 1966: Nationalism and Social Communication. An inquiry into the foundations of nationality, Cambridge/Mass.

Deutscher Bundestag (Hrsg.) 2002: Schlussbericht der Enquête-Kommission Globalisierung der Weltwirtschaft, Opladen

Dittgen, Herbert 1999: Grenzen im Zeitalter der Globalisierung. Ende des Nationalstaates, in: ZfP 1, S. 3–26

Dryzek, John S. 1990: Discursive Democracy: Politics, Policy and Political Science, New York

– 2000: Deliberative Democracy and Beyond. Liberals, Critics, Contestations, Oxford

Eder, Klaus 2000: Die Zukunft sozialer Bewegungen zwischen Identitätspolitik und politischem Unternehmertum, in: FNSB, 13,1, S. 43–47

Ehrenreich, Barbara 2001: Arbeit poor. Unterwegs in der Dienstleistungsgesellschaft, München

Elias, Norbert 1987: Engagement und Distanzierung, hrsg. von M. Schröter, Frankfurt/Main

Erler, Gernot u.a. 2002: Mehrheiten mit Links. Werkstattberichte aus Berlin für eine moderne Politik zur Gestaltung der Globalisierung, Bonn

Eschle, Catherine 2001: Global Democracy, Social Movements, and Feminism, Boulder/Col.

Escola, Kaisa/Kolb, Felix 2002: Attac. Erfolgsgeschichte einer transnationalen Bewegungsorganisation, in: FNSB 15,1, S. 27–33

Faist, Thomas 2000: Transstaatliche Räume: Politik, Wirtschaft und Kultur in und zwischen Deutschland und der Türkei, Bielefeld

Falk, Richard 2002: Predatory globalization. A critique, Cambridge

Fallaci, Oriana 2002: Die Wut und der Stolz, München

Faux, Jeff 1999: Slouching Toward Seattle, in: AP 11, 2

Florini, Ann M., (Hrsg.) 2000: The Third Force: The Rise of Transnational Civil Society, Tokio/Washington

Forrester, Viviane 1997: Der Terror der Ökonomie, München

Forschungsgruppe Weltgesellschaft 1996: Weltgesellschaft: Identifizierung eines ‹Phantoms›, in: PVS Bd. 37, H. 1, S. 14 ff.

Fox, Jonathan A./Brown, David (Hrsg.) 2000: The Struggle for Accountability: The World Bank, NGOs, and Grassroots Movements, Cambridge/Mass.

Frey, Bruno S. 2001: Flexible Citizenship for a Global Society», Ms. Zürich

Fuchs, Dieter 2000: Demos und Nation in der Europäischen Union, in: Klingemann, Hans-Dieter/Neidhardt, Friedhelm (Hrsg.): Zur Zukunft der Demokratie. Herausforderungen im Zeitalter der Globalisierung, Berlin, S. 215–236

Fues, Thomas/Hamm, Brigitte I. 2001: Die Weltkonferenzen der 90er Jahre: Baustellen für Global Governance, Bonn

Galbraith, James K. 1999: The Crisis of Globalization, in: Dissent 46,3

Galster, Christian 2002: Hybrides Erzählen und hybride Identität im britischen Roman der Gegenwart, Frankfurt/Main

Gehring, Thomas 1997: Internationale Umweltregime. Umweltschutz durch Verhandlungen und Verträge, Opladen

George, Susan 2001: Der Lugano-Report oder: Ist der Kapitalismus noch zu retten?, Reinbek

Gerhards, Jürgen/Rössel, Jörg 1999: Zur Transnationalisierung der Gesellschaft der Bundesrepublik, in: ZfS 28,5, S. 325–344

Gerstenberger, Heidi 2002: Illegale. Literaturbericht, in: Mittelweg 36, 11,6, S. 45–56

Giddens, Anthony 1997: Die Konstitution der Gesellschaft. Grundzüge einer Theorie der Strukturierung, Frankfurt/Main

– 2001: Konsequenzen der Moderne, Frankfurt/Main

Giersch, Herbert 2001: Abschied von der Nationalökonomie. Wirtschaften im weltweiten Wettbewerb, Frankfurt/Main

Gills, Barry K. (Hrsg.) 2000: Globalization and the Politics of Resistance, Basingstoke

Glotz, Peter 2001: Die beschleunigte Gesellschaft. Kulturkämpfe im digitalen Kapitalismus, Reinbek

Gössner, Rolf 2001: Reisefreiheit 2001, in: Ossietzky 15

Goetz, Edward G./Clarke, Susan E. (Hrsg.) 1993: The New Localism, London

Gordon, Michael E. (Hrsg.) 2000: Transnational cooperation among labor unions, Ithaca

Grande, Edgar/Risse, Thomas (Hrsg.) 2000: Globalisierung und die Handlungsfähigkeit des Nationalstaates, Themenheft der ZIB, Bd. 7, H. 2, S. 235–267

Gray, John 2001: Die falsche Verheißung. Der globale Kapitalismus und seine Folgen, Frankfurt/Main

Grefe, Christiane u.a. 2002: Attac. Was wollen die Globalisierungskritiker?, Berlin

Grözinger, Gerd 2001: Die Tobin-Steuer: machbar, wünschenswert, erfolg-versprechend? In: Blätter 12, S. 1473–1478

Günther, Klaus/Randeria, Shalini 2002: Recht im Globalisierungsprozess, Frankfurt/Main

Guidry, John A. u.a. (Hrsg) 2000: Globalization and Social Movements: Culture, Power, and the Transnational Public Sphere, Ann Arbor

Gusy, Christoph 2000: Demokratiedefizite postnationaler Gemeinschaften unter Berücksichtigung der Europäischen Union, in: Brunkhorst/Kettner 2000, S. 131–150

Härtel, Hans-Hagen 2001: Irrlicht Tobin-Steuer, in: Wirtschaftsdienst IX; 492

Hamel, Pierre (Hrsg.) 2001: Globalization and Social Movements, Basingstoke

Hannertz, Ulf 1996: Transnational Connections. Culture, People, Places, London-New York

Hardt, Michael/ Negri, Antonio 2002: Empire. Die neue Weltordnung, Frankfurt am Main

Harrod, Jeffrey (Hrsg.) 2002: Global Unions? Theory and strategies of organized labour in the global political economy, New York

Hasse, Michael 2000: Protest und Bewegung im 21. Ahrhundert. Delphi-Befragung zur Zukunft soziler Bewegungen, in: FNSB 13,1.S. 17–25

Heins, Volker 2002: Weltbürger und Lokalpatrioten. Eine Einführung in das Thema Nichtregierungsorganisationen, Opladen

Hellmann, Kai-Uwe/Koopmans, Ruud (Hrsg.) 1998: Paradigmen der Bewegungsforschung, Opladen

Hengsbach, Friedhelm 2000: «Globalisierung» – eine wirtschaftsethische Reflexion, in: APUZ 33–34, S. 10–16

Henkel, Hans-Olaf 2002: Die Ethik des Erfolgs. Spielregeln für die globalisierte Gesellschaft, München

Herzberg, Carsten/Kasche, Christian 2002: Modell Porto Alegre. Der Bürgerhaushalt auf dem Prüfstand, in: Blätter 11, S. 1375–1384

Hierlmeier, Josef 2002: Internationalismus. Eine Einführung in die Ideengeschichte des Internationalismus. Von Vietnam bis Genua, Stuttgart

Hillebrand, Ernst 2001: Schlüsselstellung im globalisierten Kapitalismus. Der Einfluss privater Rating-Agenturen auf Finanzmärkte und Politik, in: Brühl u.a., S. 150–171

Hirsch, Joachim 1999: Das demokratisierende Potential von «Nichtregierungsorganisationen», Wien

Hirschman, Albert O. 1970: Exit, Voice, and Loyalty. Responses to decline in firms, organizations, and states, Cambridge/Mass. (dt.: Abwanderung und Widerspruch, Tübingen 1974)

Hirst, Paul 1994: Associative Democracy, Cambridge-Oxford

–/Thompson, Graham 1996: Globalisation in Question, Cambridge

Hoeber Rudolph, Susanne 1997: Transnational Religion and Fading States, Boulder/Col.

Hörning, Karl H./Wunter, Rainer (Hrsg.) 1999: Widerspenstige Kulturen. Cultural Studies als Herausforderung, Frankfurt/Main

Hoffmann, Jürgen 1999: Ambivalenzen des Globalisierungsprozesses. Chancen und Risiken der Globalisierung, in: APUZ B23, S. 3–10

Hofstaedter, Richard 1965: The Paranoid Style in American Politics and Other Essays, New York

Holland-Cunz, Barbara 2001: Perspektiven der Verhandlungsdemokratie – Governance-Prozesse aus frauenpolitischer Sicht, in: Leggewie/Münch, S. 281–296

Holzapfel, Miriam/König, Karin 2001: Chronik der Anti-Globalisierungs-proteste, in: Mittelweg 10, 6, S. 24–34

Horn, Eva u.a. (Hrsg.) 2002: Grenzverletzter. Von Schmugglern, Spionen und anderen subversiven Gestalten, Berlin

Horx, Matthias 2001: Smart Capitalism. Das Ende der Ausbeutung, Frankfurt/Main

Huntington, Samuel P. 1996: Der Kampf der Kulturen. The Clash of Civilizations. Die Neugestaltung der Weltpolitik im 21. Jahrhundert, München-Wien

Hutchings, Kimberly (Hrsg.) 1999: Cosmopolitan Citizenship, Basingstoke

Hutton, Will/Giddens, Anthony (Hrsg.) 2001: Die Zukunft des globalen Kapitalismus, Frankfurt/Main

Jordan, Grant 2001: Shell, Greenpeace and the Brent Spar, Basingstoke

Kaiser, Jürgen 2002: erlassjahr.de. Kampagne für Entschuldung, in: FNSB 15,1, S. 47–51

Kaiser, Karl 1970: Transnationale Politik, in: PVS SH 1, S. 80–109

Katzenstein, Peter J. 2000: Asian regionalism, Ithaca/NY

Kaul, I. u.a. (Hrsg.) 1999: Global Public Goods. International Cooperation in the 21st Century, New York-Oxford

Keck, Margaret E./Sikkink, Kathryn 1998: Activists Beyond Borders: Advocacy Networks in International Politics, Ithaca

Kersting, Wolfgang 2002: Kritik der Gleichheit. Über die Grenzen der Gerechtigkeit und der Moral, Weilerswist

Klein, Ansgar 2002: Überschätzte Akteure? Die NGOs als Hoffnungsträger transnationaler Demokratisierung, in: APUZ 6–7, 3–5

– u.a. (Hrsg.) 2001: Globalisierung – Partizipation – Protest, Opladen

Klein, Naomi 2001: No Logo! Der Kampf der Global Players um Marktmacht, München

– 2002: Über Zäune und Mauern. Berichte von der Globalisierungsfront, Frankfurt am Main

Klingebiel, Ruth/Shalini Randaria (Hrsg.) 1998: Globalisierung aus Frauensicht. Bilanzen und Visionen, Bonn

Krasner, Stephen D. 1999: Sovereignty. Organized Hypocrisy, Princeton

Kraushaar, Wolfgang, 2001: Die Grenzen der Anti-Globalisierungsbewegung, in: Mittelweg 36, 6, S. 4–23

Krugman, Paul 1999: Der Mythos vom globalen Wirtschaftskrieg. Eine Abrechnung mit den Pop-Ökonomen, Frankfurt/Main

Küng, Hans 1990: Weltethos, München

Lafontaine, Oskar 2002: Die Wut wächst. Politik braucht Prinzipien, München

Lahusen, Christian 1996: The Rhetoric of Moral Protest. Public campaigns, celebrity endorsement and political mobilization, Berlin

– 2002: Transnationale Kampagnen sozialer Bewegungen. Grundzüge einer Typologie, in: FNSB 15,1, S. 40–46

Landes, David S. 1998: The Wealth and Poverty of Nations: Why Some Are So Rich and Others So Poor, New York

Leggewie, Claus 1993: Druck von rechts. Wohin treibt die Bundesrepublik?, München

– 2000: Amerikas Welt. Die USA in unseren Köpfen, Hamburg

– 2001: Das Erasmus-Programm. Gibt es eine transnationale Bürgergesellschaft? In: Leggewie/Münch, S. 458–479

– 2002: Bewegungslinke schlägt Regierungslinke? Das politische Dilemma der Globalisierungskritik, in: Blätter H. 9, S. 1055–1064

– 2003: Globalisierung versus Hegemonie: Zur Zukunft der transatlantischen Beziehungen, in: IPG H. 1, S. 87–111

–/Münch, Richard (Hrsg.) 2001: Politik im 21. Jahrhundert, Frankfurt/Main

Lessig, Lawrence 2001: The Future of Ideas. The Fate of the Commons in a Connected World, New York

Lind, Michael 2002: The Free Trade Fallacy, in: Prospect (www.prospect-magazine.co.uk, 24.12.02)

Lloyd, John 2001: The Protest Ethic: How the anti-globalisation movement challenges social democracy, London

Loch, Dieter/Heitmeyer, Wilhelm (Hrsg.) 2001: Schattenseiten der Globalisierung. Rechtsradikalismus, Rechtspopulismus und seperatistischer Regionalismus in westlichen Demokratien, Frankfurt/Main

Lovink, Geert 2002: Nach dem Dotcom-Crash, in: LI 46/2002

Lucke, Albrecht von 2002: Made by Attac. Eine Marke und ihr Marketing, in: FNSB 15,1, S. 22–26

Luhmann, Niklas 1971: Die Weltgesellschaft, in: ders.: Soziologische Aufklärung. Aufsätze zur Theorie der Gesellschaft, Bd. 2, Opladen, S. 51–71

– 1996: Die Realität der Massenmedien, Opladen

Machnig, Matthias/Bartels, Hans Peter (Hrsg.) 2001: Der rasende Tanker, Göttingen

Mander, Jerry 2002: Regeln im Verhalten von Unternehmen, in: ders./Goldsmith, S. 125–141

–/Goldsmith, Edward (Hrsg.) 2002: Schwarzbuch Globalisierung. Eine fatale Entwicklung mit vielen Verlierern und wenigen Gewinnern, München

Markovits, Claude 2000: The Global World of Indian Merchants 1750–1947. Traders of Sind from Bukara to Panama, Cambridge

Martin, Hans-Peter/Schumann, Harald 1996: Die Globalisierungsfalle. Der Angriff auf Demokratie und Wohlstand, Reinbek

Mazur, Jay 2000: Labor's New Internationalism, in: FA Januar/Februar 2000

McGrew, Anthony, 1997: The Transformation of Democracy: Globalization and Territorial Democracy, Cambridge

Meier, Charles 1997: Territorialisten und Globalisten. Die beiden neuen «Parteien" in den heutigen Demokratien, in: Transit 14, S. 5–14

Meier, Jürgen 2001: Transparenz oder Lobby hinter den Kulissen? Zum Einfluss privater Akteure in der Klimapolitik, in: Brühl u.a., S. 282–298

Messner, Dirk (Hrsg.) 1999: Die Zukunft des Staates und der Politik. Möglichkeiten und Grenzen politischer Steuerung in der Weltgesellschaft, Bonn

–/Nuscheler, Franz 1996: Global Governance. Organiationselemente und Säulen einer Weltordnungspolitik, in: dies. (Hrsg.) Wetkonferenzen und Weltberichte. Ein Wegweiser durch die internationale Diskussion, Bonn

Meyer, Karl Ulrich (Hrsg.) 2001: Die beste aller Welten? Marktliberalismus versus Wohlfahrtsstaat, Frankfurt/Main

Mittelstädt, Hanna (Hrsg.) 1997: Der Wind der Veränderung. Die Zapatisten und die soziale Bewegung in den Metropolen. Kommentare und Dokumente, Hamburg

Moes, Johannes 2002: Netzkritik als Ansatz transnationaler Politik im Internet: in: Transit 24, S. 140–153

Müller, Christoph 2002: Verurteilt zur Innovation. Zum Absturz der Neuen Ökonomie, in: Merkur (www.online-merkur.de/seiten/muellerde)

Müller, Stefan/Kornmeier, Martin 2001: Globalisierung als Herausforderung für den Standort Deutschland, in: APUZ B9, S. 6–14

Münkler, Herfried 2002: Die neuen Kriege, Reinbek

Murphy, Craig N. (Hrsg.) 2002: Egalitarian Politics in the Age of Globalization, Basingstoke

Negri, Antonio 2002: Die neue Bewegung Ringelreihen, in: LMD, August, 3

Neidhardt, Friedhelm/Rucht, Dieter 1993: Auf dem Weg in die Bewegungsgesellschaft? Über die Stabilisierbarkeit sozialer Bewegungen, in: SW 43,3, S. 305–326

Ninkovich, Frank 1999: The Wilsonian century: U.S. foreign policy since 1900, Chicago

Norberg-Hodge, Helena 2002: Richtungswechsel: Von globaler Abhängigkeit zu lokaler Interdependenz, in: Mander/Goldsmith, S. 443–462

Norris, Pippa 2000: A Virtuous Circle. Political communications in postindustrial societies, Cambridge/Mass.

Nunnenkamp, Peter 2000: Globalisierung und internationales Finanzsystem, in: APUZ B37–38, S. 3–11

Nye, Joseph A. (Hrsg.) 2000: Governance in a Globalizing World, Cambridge/Mass.

O'Brien, Robert u.a. 2000: Contesting Global Governance. Multilateral Economic Institutions and Global Social Movements, Cambridge

Ortmann, Günther/Sydow, Jörg 1998: Reflexion über Grenzen. Neue Konturen der Unternehmungslandschaft, in: Kohler-Koch, Beate (Hrsg.): Regieren in entgrenzten Räumen, PVS SH 29, S. 29–48

Oy, Gottfried 2002: Die Nutzung neuer Medien durch internationale Protestnetzwerke, in: FNSB 15,1, S. 68–79

Passet, René 2000: L'illusion néo-liberale, Paris

Paul, James A. 2001: Der Weg zum Global Compact. Zur Annäherung von UNO und multinationalen Unternehmen, in: Brühl u.a., S. 104–129

Phillips, Kevin 2002: Wealth and Democracy. A Political History of the American Rich, New York

Pinzani, Allessandro 2000: Demokratisierung als Aufgabe. Lässt sich Globalisierung demokratisch gestalten? in: APUZ B 33–34, S. 32–38

Pontifical Academy of Social Sciences (Hrsg.) 2002: Globalization and inequalities, Vatican City

Popper, Karl R. 1957: Die offene Gesellschaft und ihre Feinde, Tübingen

Reich, Robert 1996: Die neue Weltwirtschaft. Das Ende der nationalen Ökonomien, Frankfurt/Main

Reid, David 1995: Sustainable Development. An introductory guide, London

Reimon, Michel 2002: Days of action. Die neoliberale Globalisierung und ihre Gegner, Wien

Reinicke, Wolfgang H. 1998: Global Public Policy. Governing without government?, Washington D.C.

Richter, Emanuel 1997: Demokratie und Globalisierung. Das Modell einer Bürgergesellschaft im Weltsystem, in: Klein, Ansgar/Schmalz-Bruns, Rainer (Hrsg.) Politische Beteiligung und Bürgerengagement in Deutschland, Baden-Baden, S. 173–202

Rieger, Elmar/Stephan Leibfried 2001: Grundlagen der Globalisierung. Perspektiven des Wohlfahrtsstaates, Frankfurt/Main

Rifkin, James 2000: Access – Das Verschwinden des Eigentums, Frankfurt/Main

Ritzer, George 1998: The McDonaldization Thesis: Explorations and Extensions, London

Robert, Rüdiger (Hrsg.) 2002: Bundesrepublik Deutschland – Globalisierung und Gerechtigkeit, Münster usw.

Robertson, Roland 1998: Glokalisierung: Homogenität und Heterogenität in Raum und Zeit, in: Beck, Ulrich (Hrsg.): Perspektiven der Weltgesellschaft, Frankfurt/Main, S. 192–220

Rödel, Ulrich u.a. 1989: Die demokratische Frage, Frankfurt/Main

Rorty, Richard 1999: Stolz auf unser Land. Die amerikanische Linke und der Patriotismus, Frankfurt/Main

– 2000: Wahrheit und Fortschritt, Frankfurt/Main

Rosenau, James N./Czempiel, Enst-Otto (Hrsg.) 1992: Governance without Government. Order and change in world politics, Cambridge

Roth, Roland 2001: NGO und transnationale soziale Bewegungen: Akteure einer «Weltzivilgesellschaft»?, in: Brand u.a., S. 43–63

Rucht, Dieter, 1999: The Transnationalization of Social Movements : Trends, Causes, Problems, in: Della Porta (Hrsg.), S. 206–222

– 2000: Soziale Bewegungen und ihre Rolle im System politischer Interessenvermittlung, in: Klingemann/Neidhardt, S. 51–69

– 2002a: Social Movements Challenging Neo-liberal Globalization, Ms. Berlin

– 2002b: Rückblicke und Ausblicke auf die globalisierungskritischen Bewegungen, Ms. Berlin

Rüschemeyer, Dieter 1970: Partielle Modernisierung, in: Zapf, Wolfgang (Hrsg.): Theorien des sozialen Wandels, Köln, S. 382–396

Ruschkowski, Eick von 2002: Lokale Agenda 21 in Deutschland – eine Bilanz, in: APUZ B31–32, S. 17–24

Saage, Richard 1999: Innenansichten Utopias: Wirkungen, Entwürfe und Chancen des utopischen Denkens, Berlin

Sabel, Charles 1991: Moebius-Strip Organizations and Open Labor Markets: Some Consequences of the Reintegration of Conception and Execution in a Volatile Economy, in: Coleman, James/Bourdieu, Pierre (Hrsg.): Social Theory for a Changing Society, Boulder, S. 23–63

Sachs, Wolfgang 1995: Nachhaltige Entwicklung. Zur politischen Anatomie eines Schlagwortes, Düsseldorf

– 2002: Wie zukunftsfähig ist Globalisierung?, in: Mander/Goldsmith, S. 386–417

Sandall, Roger 2001: The Culture Cult. Designer Tribalism and Other Essays, Oxford

Scharpf, Fritz W. 1998: Demokratie in der transnationalen Politik, in: Beck, Ulrich (Hrsg.) Politik der Globalisierung, Frankfurt/Main, S. 228–253

Scherrer, Christoph 1999: Kann den Konzernen Benimm beigebracht werden, Gutachten für die Friedrich-Ebert-Stiftung, Bonn (Kurzfassung FR 26.11.1999)

Schmalz-Bruns, Rainer 1999: Deliberativer Supranationalismus. Demokratisches Regieren jenseits des Nationalstaates, in: ZIB, 6, 2,1 S. 85–244

Schmidt, Johannes Dragsbaek 2002: Globalization and social change, London

Schmidt, Helmut 1998: Globalisierung. Politische, ökonomische und kulturelle Herausforderungen, Stuttgart

Schmidt, Hilmar/Take, Ingo 1997: Demokratischer und besser? Der Beitrag von Nichtregierungsorganisationen zur Demokratisierung internationaler Politik und zur Lösung globaler Probleme, in: APUZ 43, S. 12–20

Schmidt, Manfred G. 1999: Der konsoziative Staat. Hypothesen zur politischen Struktur und zum politischen Leistungsprofil der Europäischen Union, Bremen

Schmitter, Philip C. 1994: Interests, Associations and Intermediation in Reformed Post-Liberal Democracy, in: Streeck, Wolfgang (Hrsg.): Staat und Verbände, Opladen, S. 160–171

Schuler, Douglas 1996: New Community Networks. Wired for change, New York

Sen, Amartya 1999: Development as Freedom, New York

Senghaas, Dieter 2002: Kulturelle Globalisierung – ihre Kontexte, ihre Variablen, in: APUZ 12, S. 6–9

Sennett, Richard 1998: Der flexible Mensch. Die Kultur des neuen Kapitalismus, Berlin

Shapiro, Michael J./Alker, Hayward R. (Hrsg.) 1976: Challenging Boundaries. Global Flows, Territorial Identities, Minneapolis/Minn.

Shiva, Vandana 2002: Die WTO und die Landwirtschaft in den Entwicklungsländern, in: Mander/Goldsmith, S. 305–326

Sinn, Hans-Werner 2001: Der neue Systemwettbewerb, Ms. Magdeburg

Sklair, Leslie 2001: The Transnational Capitalist Class, Oxford

Smith, Jackie (Hrsg.) 1997: Transnational Social Movements and Global Politics. Solidarity Beyond the State, Syracuse

–/Johnston, Hank 2002: Globalization & Resistance. Transnational Dimensions of Social Movements, Lanham/MD

Soros, George, 2000: Die Krise des globalen Kapitalismus. Offene Gesellschaft in Gefahr, Frankfurt/Main

– 2001. Die offene Gesellschaft. Für eine Reform des globalen Kapitalismus, Berlin

– 2002: Der Globalisierungsreport. Weltwirtschaft auf dem Prüfstand, Berlin

Spahn, Paul Bernd 2002: Zur Durchführbarkeit einer Devisentransaktionssteuer, Gutachten im Auftrag des Bundesministerium für Wirtschaftliche Zusammenarbeit und Entwicklung, Bonn

Starr, Amory 2000: Naming the Enemy. Anti-Corporate Movements Confront Globalization, Annendale

Stiglitz, Joseph E. 2002a: Die Schatten der Globalisierung, Berlin

– 2002b: A Fair Deal for the World, in: NYRB 49,9, 24–28

– 2002c: The Roaring Nineties, in: AM Oktober (www.theatlantic.com, 3.10.2002)

Tarrow, Sidney 1998: Power in Movement. Social Movements and Contentious Politics, Cambridge

– 2001: Transnational Politics: Contention and Institutions in International Politics, Annual Review of Political Science 4, S. 1–20

Teubner, Gunther 2000. Das Recht der globalen Zivilgesellschaft, in: FR 31.10.2000

Teusch, Ulrich/Kahl, Martin 2001: Ein Theorem mit Verfallsdatum? Der «demokratische Frieden» im Kontext der Globalisierung, in: ZIB 8,2, S. 287–320

Therborn, Göran 2001: Globalization and Inequality. Issues of Conceptualization and Explanation, in: SW 52, S. 449–476

Thielking, Sigrid 2000: Weltbürgertum. Kosmopolitische Ideen in Literatur und politischer Publizistik seit dem achtzehnten Jahrhundert, München

Thomas, Henk (Hrsg.) 1995: Globalization and Third World Trade Unions. The Challenge of Rapid Economic Change, London-New Jersey

Thürer, Daniel 2000: ‹Citizenship› und Demokratieprinzip: Föderative' Ausgestaltungen im innerstaatlichen, europäischen und globalen Rechtskreis, in: Brunkhorst/Kettner, S. 177–207

Tilly, Charles 1978: From Mobilization to Revolution, Reading/Mass.

– 1993: European Revolutions 1492–1992, Oxford

Tobin, James 1978: A Proposal for International Monetary Reform, in: The Eastern Economic Journal 3–4

Tomlinson, John 1999: Globalization and Culture, Cambrigde

Touraine, Alain 2001 : Beyond Neoliberalism, Cambridge

– u.a. 1984: Le Mouvement ouvrier, Paris

Van der Pijl, Kees 1998: Transnational Classes and International Relations, London-New York

Vidal, Gore 2002: Ewiger Krieg für ewigen Frieden. Wie Amerika den Hass erntet, den es gesät hat, Hamburg

Waddington, Jeremy (Hrsg.) 1999: Globalisation and Patterns of Labour Resistance, London-New York

Wagner, Bernd (Hrsg.) 2001: Kulturelle Globalisierung. Zwischen Weltkultur und kultureller Fragmentierung, Frankfurt/Main-Essen

Wahl, Peter 2000: Zwischen Hegemonialinteressen, Global Governance und Demokratie, in: IPG 3

– 2001: Dienstleistungen im Visier. Die GATS-Gespräche in der Welthandelsorganisation, in: Blätter 10, S. 1208–1217

–/Waldow, Peter 2001: Devisenumsatzsteuer. Ein Konzept mit Zukunft, Bonn

Wallach, Lori 2002: Fünf Jahre Welthandelsorganisation: Ein trauriges Fazit, in: Mander/Goldsmith, S. 261–282

–/Sforza, Michelle 1999: Whose Trade Organizations? Corporate Globalization and the Erosion of Democracy, Washington

Walk, Heike 2000: ‹Ein bißchen bi schadet nie›: Die Doppelstrategie von NGO-Netzwerken, in: Altvater u.a., S. 196–222

–/Brunnengräber Achim 2000: Die Globalisierungswächter. NGOs und ihre transnationalen Netze im Konfliktfeld Klima, Münster

Waterman, Peter 2001: Globalization, Social Movements and the New Internationalisms, London-New York

Weiler, Joseph H.H. 1999: The Constitution of Europe: «Do the new clothes have an emperor?» and other essays on European integration, Cambridge

Weizsäcker, C. Christian von 2001: Logik der Globalisierung, Göttingen

Weizsäcker, Ernst von 2001: Zur Frage der Legitimität von NGOs im globalen Machtkonflikt, in: Brunnengräber u.a., S. 23–26

Wiemeyer, Joachim 2000: Globalisierung der Wirtschaft als sozialethische Herausforderung, in: Communio 29, S. 210–221

Wiesenthal, Helmut 1999: Globalisierung als Epochenbruch – Maximaldimensionen eines Nichtnullsummenspiels, in: SW (SB) 13, S. 503–534

– 2000: Globalisierung. Soziologische und politikwissenschaftliche Koordinaten im neuartigen Terrain, in: Brunkhorst/Kettner, S. 21–52

Wignarajy, Ponna u.a. (Hrsg.) 1993: New Social Movements in the South. Empowering the People, London-New Jersey

Wikan, Unni 2002: Generous Betrayal. Politics of Culture in the New Europe, Chicago-London

Wolf, Klaus Dieter 2000: Die Neue Staatsräson – Zwischenstaatliche Kooperation als Demokratiemodell in der Weltgesellschaft, Baden-Baden

– 2002: Globalisierung: Global Governance und Demokratie. Gutachten für die Enquête-Kommission «Globalisierung der Weltwirtschaft – Herausforderungen und Antworten» (AU Stud 14/13), Darmstadt/Berlin

Womack, John Jr. 1998: Chiapas, el obispo de San Cristobal y la revuelta zapatista, México

World Bank 2002: Global Economic Propects and the Developing Countries, Washington D.C.

Ziegler, Jean 1992: Die Schweiz wäscht weißer. Die Finanzdrehscheibe des internationalen Verbrechens, München

– 1998: Die Schweiz, das Gold und die Toten, München

– 1999: Die Barbaren kommen. Kapitalismus und organisiertes Verbrechen, München

– 2002: Les Nouveaux Maitres du Monde, Paris

Zürn, Michael, 1998: Regieren jenseits des Nationalstaats. Globalisierung und Denationalisierung als Chance, Frankfurt/Main

– 2001: From Interdependence to Globalization, in: HIR, S. 235–254

Internet-Adressen

http://

www.alternet.org (Independent Media Institute)
www.attac.org
www.attac.org/france
www.attac-netzwerk.de
www.commondreams.org/
www.fpif.org (International Policy in Focus, Washington)
www.forumsocialmundial.org.br (World Social Forum, Porto Alegre)
www.focusweb.org (Focus on the Global South, Thailand)
www.globalexchange.org/ (San Francisco)
www.theglobalist.com (Research Center, Washington D.C.)
www.globalresearch.ca (Center for Research on Globalization, Montréal)
www.ifg.org/ (International Forum on Globalization, San Francisco)
www.indymedia.org/
www.nord-sued-netz.de (DGB Bildungswerk, Düsseldorf)
www.oneworld.net/
www.opendemocracy.net/debates/
http://www.protest.net/
www.questia.com/popularSearches/globalization.jsp
www.twnside.org (Third World Network, Malaysia)
www.weedbonn.org (Weltwirtschaft, Ökologie & Entwicklung, WEED, Berlin/Bonn)
www.zmag.org/

Politik und Zeitgeschehen

Verlag C. H. Beck München

Politik und Zeitgeschehen

Klaus J. Bade
Europa in Bewegung
Migration vom späten 18. Jahrhundert bis zur Gegenwart
2002. 510 Seiten. Broschierte Sonderausgabe
Europa bauen

Ernst-Otto Czempiel
Kluge Macht
Außenpolitik für das 21. Jahrhundert
1999. 274 Seiten. Leinen

Ralf Dahrendorf
Die Krisen der Demokratie
Ein Gespräch mit Antonio Polito
Aus dem Italienischen von Rita Seuß
2002. 116 Seiten. Klappenbroschur

Navid Kermani
Schöner neuer Orient
Berichte von Städten und Kriegen
2003. Etwa 240 Seiten mit etwa 6 Abbildungen. Gebunden

Sudhir Kakar
Die Gewalt der Frommen
Zur Psychologie religiöser und ethnischer Konflikte
Aus dem Englischen von Barbara Hörmann
1997. 312 Seiten. Broschiert

Rupert Neudeck
Die Menschenretter von Cap Anamur
2002. 315 Seiten mit 29 Abbildungen. Gebunden

Verlag C. H. Beck München